DISCLAIMER

The author and publisher are providing this book and its contents on an "as is" basis and make no representations or warranties of any kind with respect to this book or its contents. The author and publisher disclaim all such representations and warranties, including but not limited to warranties of merchantability. In addition, the author and publisher do not represent or warrant that the information accessible via this book is accurate, complete, or current.

Except as specifically stated in this book, neither the author nor publisher, nor any authors, contributors, or other representatives will be liable for damages arising out of or in connection with the use of this book. This is a comprehensive limitation of liability that applies to all damages of any kind, including (without limitation) compensatory; direct, indirect, or consequential damages; loss of data, income, or profit; loss of or damage to property; and claims of third parties.

BESTACTIVITYBOOKS.COM

FIRST EDITION - Published 2022

Extra Graphic Material From: www.freepik.com
Thanks to: Alekksall, Starline, Pch.vector, Rawpixel.com, Vectorpocket, Dgim-studio, Upklyak, Macrovector, Stockgiu, Pikisuperstar & Freepik.com Designers

This Book Comes With Free Bonus Puzzles

Available Here:

BestActivityBooks.com/WSBONUS20

5 TIPS TO START!

1) HOW TO SOLVE

The Puzzles are in a Classic Format:

- Words are hidden without breaks (no spaces, dashes, ...)
- Orientation: Forward & Backward, Up & Down or in Diagonal (can be in both directions)
- Words can overlap or cross each other

2) ACTIVE LEARNING

To encourage learning actively, a space is provided next to each word to write down the translation. The **DICTIONARY** allows you to verify and expand your knowledge. You can look up and write down each translation, find the words in the Puzzle then add them to your vocabulary!

3) TAG YOUR WORDS

Have you tried using a tag system? For example, you could mark the words which have been difficult to find with a cross, the ones you loved with a star, new words with a triangle, rare words with a diamond and so on...

4) ORGANIZE YOUR LEARNING

We also offer a convenient **NOTEBOOK** at the end of this edition. Whether on vacation, travelling or at home, you can easily organize your new knowledge without needing a second notebook!

5) FINISHED?

Go to the bonus section: **MONSTER CHALLENGE** to find a free game offered at the end of this edition!

Want more fun and learning activities? It's Fast and Simple!
An entire Game Book Collection just one click away!

Find your next challenge at:

BestActivityBooks.com/MyNextWordSearch

Ready, Set... Go!

Did you know there are around 7,000 different languages in the world? Words are precious.

We love languages and have been working hard to make the highest quality books for you. Our ingredients?

A selection of indispensable learning themes, three big slices of fun, then we add a spoonful of difficult words and a pinch of rare ones. We serve them up with care and a maximum of delight so you can solve the best word games and have fun learning!

Your feedback is essential. You can be an active participant in the success of this book by leaving us a review. Tell us what you liked most in this edition!

Here is a short link which will take you to your order page.

BestBooksActivity.com/Review50

Thanks for your help and enjoy the Game!

Linguas Classics Team

Ready, Set... Go!

Did you know there are around 7,000 different languages in the world? Words are precious.

We love languages and have been working hard to make the highest quality books for you. Our ingredients?

A selection of indispensable learning themes, three big slices of fun, then we add a spoonful of difficult words and a pinch of rare ones. We serve them up with care and a maximum of delight so you can solve the best word games and have fun learning!

Your feedback is essential. You can be an active participant in the success of this book by leaving us a review. Tell us what you liked most in this edition!

Here is a short link which will take you to your order page.

BestBooksActivity.com/Review50

Thanks for your help and enjoy the Game!

Linguas Classics Team

1 - Antiques

ಣ	ದ	ಶ	ಕ	ಗ	ಳ	◌ು	ಗ	ಯ	ಣ	◌್	◌ಾ	ನ	ಸ	ರ	ಶ
ಫ	ನ	ಣ	ಥ	ಳ	ಡ	ಸ	ಪ	ಳ	ಫ	ಭ	ಲ	◌ಾ	◌ೊ	ಹ	◌ೈ
ಮ	ಟ	ಷ	ಬ	ಧ	ಚ	ಚ	ಲ	ಭ	ಆ	ಜ	ಟ	ಮ	ಗ	ರ	ಲ
ಬ	ಉ	ಗ	◌ು	ಣ	ಮ	ಟ	◌್	ಟ	ಕ	ಭ	ಳ	ತ	ಸ	◌ಾ	◌ಿ
ಒ	ಅ	ಹ	ಉ	ಧ	ಸ	ಓ	◌ಿ	ಚ	ಸ	ಭ	ರ	ಶ	◌ಾ	ಜ	ಅ
ಹ	ಳ	◌ೆ	ಯ	ಧ	ಭ	◌ೂ	ಶ	ಖ	ಸ	ಅ	ಷ	ಣ	ದ	◌ು	ಲ
ನ	ವ	ಹ	ನ	ತ	ಬ	ಒ	◌ೆ	ಖ	ಕ	ಹ	ಟ	ರ	ಳ	ಜ	◌ಂ
ಉ	◌ಾ	ಕ	◌್	ಲ	ಆ	ಳ	ರ	ಲ	◌ೆ	◌ೆ	ಬ	◌ಿ	ಅ	ಧ	ಕ
ಡ	ಡ	ದ	ಮ	ಖ	ಓ	ಅ	ಧ	◌ಿ	ಕ	◌ೃ	ತ	ಲ	ಒ	ರ	◌ಾ
◌ೂ	◌ಂ	ವ	◌ಾ	ಜ	ಸ	ಕ	ಮ	ಓ	ಈ	ಮ	ಸ	ಯ	ಹ	ಭ	ರ
ಉ	ಬ	ಚ	◌ಾ	ಉ	ಳ	ಬ	ಖ	ಈ	ಕ	ಟ	ಚ	◌ಾ	ಹ	ಜ	◌ಿ
ಆ	ಈ	ಚ	ಸ	ಶ	ಕ	ದ	ಬ	ಖ	ಫ	ಯ	ಲ	◌್	◌ೌ	ಮ	ಕ
ಲ	ಡ	ಈ	ಅ	ಪ	◌ೀ	ಠ	◌ೋ	ಪ	ಕ	ರ	ಣ	ಗ	ಳ	◌ು	ಜ
ಆ	ಉ	ಮ	ಪ	◌ು	ನ	◌ಃ	ಸ	◌್	ಥ	◌ಾ	ಪ	ನ	◌ೆ	◌ೂ	ಶ
◌ೂ	ಕ	ಧ	ಓ	ಶ	ಅ	◌ೂ	ನ	ಢ	ಢ	ಧ	ಣ	ಸ	ಧ	ಒ	ಚ
ಭ	ಆ	ರ	ಳ	ಒ	ಭ	ಫ	ಓ	ಟ	ಡ	ತ	ಮ	ಖ	ಕ	ಧ	ಜ

ಕಲೆ
ಹರಾಜು
ಅಧಿಕೃತ
ಶತಮಾನ
ನಾಣ್ಯಗಳು
ದಶಕಗಳ
ಅಲಂಕಾರಿಕ
ಸೊಗಸಾದ
ಪೀಠೋಪಕರಣಗಳು
ಗ್ಯಾಲರಿ

ಬಂಡವಾಳ
ಆಭರಣ
ಹಳೆಯ
ಬೆಲೆ
ಗುಣಮಟ್ಟ
ಪುನಃಸ್ಥಾಪನೆ
ಶಿಲ್ಪ
ಶೈಲಿ
ಅಸಾಮಾನ್ಯ
ಮೌಲ್ಯ

2 - Food #1

ಸ	ಫ	ಖ	ಅ	ಸ	ದ	ಕ	ವ	ಚ	ತ	◌ು	ಳ	ಸ	◌ಿ	ಟ	◌ೂ
ಪ	◌್	ನ	◌ಿ	◌್	ರ	ಟ	ಶ	ಣ	ಟ	ಲ	ಖ	ಷ	ಒ	ಚ	ತ
ನ	ಬ	ಟ	ಕ	ಡ	ಲ	◌ೇ	ಕ	◌ಾ	ಯ	◌ಿ	ರ	ಸ	ಫ	ನ	ಉ
ನ	ಒ	ನ	◌್	ಡ	ಆ	ಹ	ಢ	ಕ	ಟ	ಉ	ಲ	ಣ	ಹ	ಜ	ಭ
ಸ	ಛ	ಓ	ಭ	ರ	ನ	ಳ	◌ಿ	ಳ	◌್	ಳ	◌ು	ಳ	◌್	◌ೆ	ಬ
ಢ	ಲ	◌ಿ	ರ	◌್	◌ಾ	ಬ	ಖ	ಓ	ಯ	ಷ	◌ಾ	ಟ	ಧ	ಟ	ದ
ಚ	ಈ	ಕ	ಟ	ಯ	ಶ	ಬ	ಚ	ಣ	◌ೂ	ಖ	ಹ	ಷ	ಖ	ಖ	ಳ
ಒ	ಛ	◌ೂ	ಸ	◌ಿ	ಸ	ಛ	◌ೆ	ಜ	ನ	ಅ	ಲ	ವ	ಬ	ದ	ಏ
ಸ	◌ೂ	ಪ	◌್	ಪ	ಕ	ಲ	ಫ	ರ	◌ೆ	ಕ	◌್	ಕ	ಸ	ಣ	ಪ
ಸ	ಫ	ಹ	ನ	◌ು	ದ	◌್	◌ಾ	ಳ	◌ಿ	ಳ	◌್	◌ು	ರ	ಈ	◌್
ಜ	ಳ	ಒ	ಉ	◌್	ಹ	ಲ	ಯ	ಡ	ಚ	ಧ	ಲ	ಬ	ಚ	◌ೂ	ರ
ನ	ಈ	ಖ	ಆ	ಪ	ಓ	ದ	ಧ	◌ಾ	◌್	ಣ	ಲ	ಹ	ನ	ಕ	◌ಿ
ಅ	ತ	ಜ	ನ	ಉ	ದ	ಣ	ವ	ನ	ರ	ಚ	ಜ	ದ	◌ಿ	ಲ	ಕ
ದ	◌ಾ	ಲ	◌್	ಚ	◌ಿ	ನ	◌್	ನ	◌ಿ	◌ೆ	ಬ	ಅ	◌ಂ	ಫ	◌ಾ
ವ	ಡ	ಸ	ಫ	ನ	ತ	ಶ	ರ	ರ	ಡ	ಷ	ಟ	ರ	ಬ	ಣ	ಟ
ಪ	◌ಾ	ಲ	ಕ	ನ	ಒ	ಅ	ರ	ಟ	ಲ	ಖ	ಒ	◌್	◌ೆ	◌ೂ	◌್

ಏಪ್ರಿಕಾಟ್
ಬಾರ್ಲಿ
ತುಳಸಿ
ಕ್ಯಾರೆಟ್
ದಾಲ್ಚಿನ್ನಿ
ಬೆಳ್ಳುಳ್ಳಿ
ರಸ
ನಿಂಬೆ
ಹಾಲು
ಈರುಳ್ಳಿ
ಕಡಲೇಕಾಯಿ
ಪಿಯರ್
ಸಲಾಡ್
ಉಪ್ಪು
ಸೂಪ್
ಪಾಲಕ
ಸ್ಟ್ರಾಬೆರಿ
ಸಕ್ಕರೆ
ಟ್ಯೂನ
ಟರ್ನಿಪ್

3 - Measurements

ಗ	ಟ	ಬ	◌ೈ	ಟ	◌್	ಸ	ಕ	◌ಿ	ಲ	◌ೋ	ಮ	◌ೀ	ಟ	ರ	◌್
◌್	ಷ	ಟ	ಡ	ಕ	ಟ	ಆ	ಮ	ಭ	ಗ	ನ	ಎ	ತ	◌್	ತ	ರ
ರ	◌್	ಟ	◌ೀ	ಮ	ಇ	ಳ	ಭ	◌ೂ	ಅ	ಜ	ಟ	ಭ	ನ	ಉ	◌್
◌ಾ	ಭ	ಓ	ಜ	ವ	ಬ	ಹ	ದ	ಭ	ಹ	ಜ	ಉ	ಕ	ನ	ಈ	ಟ
◌ಂ	ಆ	ಳ	ಪ	ಇ	ಸ	ಇ	ಜ	ಉ	ವ	ನ	ಮ	ತ	ಇ	ಅ	◌ೀ
ಉ	◌ೂ	ಒ	ದ	ಹ	◌ೂ	ದ	ಓ	ಕ	ನ	ಭ	ಭ	ಬ	ಟ	ಓ	ಲ
ಸ	ಢ	ಚ	ವ	ಭ	ಆ	ಓ	ವ	◌ಿ	ಜ	ವ	ಶ	ಹ	ಜ	ಚ	ಶ
ಟ	◌ೆ	◌ು	◌ಿ	ಚ	ಕ	ಇ	ಢ	ಲ	ಈ	ಶ	ಸ	ಈ	ಕ	ಜ	ಷ
ನ	ಶ	◌ಂ	◌ಾ	ಮ	ಶ	ದ	◌ೂ	◌ೋ	ಓ	ಸ	ಔ	ನ	ಖ	ಜ	ಢ
ವ	◌ಿ	ಇ	ಟ	ಪ	◌ು	◌ಂ	ಸ	ಗ	ಕ	ಷ	ನ	ಭ	ಆ	ಫ	ಡ
ಕ	ಅ	ಮ	ದ	◌ಿ	ಭ	ಹ	ಆ	◌್	ಒ	ಲ	◌್	ಧ	ದ	ಜ	ಭ
ಭ	ಚ	ಶ	◌ಿ	ಧ	ಮ	ಧ	ಷ	ರ	ಟ	ಇ	ಸ	ಫ	ದ	ದ	ಭ
ಟ	ನ	◌್	ಳ	ಷ	◌ೂ	◌ೀ	ಭ	◌ಾ	ಉ	ಸ	◌್	ತ	◌ೂ	ಕ	ರ
ದ	ಈ	ಖ	ತ	ಒ	ದ	ಫ	ಟ	◌ಂ	ರ	ಒ	ರ	ಲ	ಡ	ಭ	ಫ
ಭ	ಟ	ಭ	ಉ	ಷ	ಮ	ಢ	ಫ	ರ	ತ	ಮ	ಉ	ಫ	ಳ	ಓ	ರ
ಭ	ಅ	ಓ	ಕ	ಫ	ಢ	ಅ	ಉ	ದ	◌್	ದ	ಉ	ಬ	ದ	ಅ	ಮ

ಬೈಟ್
ಸೆಂಟಿಮೀಟರ್
ದಶಮಾಂಶ
ಪದವಿ
ಆಳ
ಗ್ರಾಂ
ಎತ್ತರ
ಇಂಚು
ಕಿಲೋಗ್ರಾಂ
ಕಿಲೋಮೀಟರ್
ಉದ್ದ
ಲೀಟರ್
ಸಮೂಹ
ಮೀಟರ್
ನಿಮಿಷ
ಔನ್ಸ್
ಟನ್
ಸಂಪುಟ
ತೂಕ
ಅಗಲ

4 - Farm #2

ಭ	ಜ	ವ	ಊ	ಬ	ಟ	ಬ	ಸ	ಭ	ಆ	ಭ	ಸ	ಇ	ಆ	ರ	◌ೂ
ಹ	◌ೇ	◌ಿ	ಧ	◌ಾ	ಡ	◌್	◌ೆ	ಕ	◌ಾ	ರ	◌್	ನ	◌್	ಓ	ಹ
◌ಾ	ನ	◌ಂ	ಧ	ತ	ಫ	ಒ	ರ	ಳ	ಖ	ಆ	ಹ	◌ಾ	ರ	ಒ	ಇ
ಲ	◌ು	ಡ	ಷ	◌ು	ಕ	ಷ	◌ಿ	◌ಾ	◌ೆ	ಡ	ಗ	◌ೊ	ಧ	◌ಿ	◌್
◌ು	ಗ	◌್	ತ	ಕ	ಓ	◌ೂ	◌ು	ಲ	ಕ	ಯ	ಖ	ಬ	ಡ	ಆ	ಇ
ಭ	◌ೂ	ಮ	ಬ	◌ೆ	ಟ	ನ	ಕ	ಫ	ಬ	◌್	ಲ	ಈ	ಈ	ಹ	◌ು
ಮ	ಡ	◌ಿ	ಅ	◌ೂ	ತ	ರ	ಕ	◌ಾ	ರ	◌ಿ	ಟ	◌ು	ಆ	◌ೂ	◌ೂ
ಕ	◌ು	ಲ	ಪ	◌ೕ	ಚ	ತ	ಭ	ಳ	ಹ	ಜ	ಧ	ರ	ಒ	ಢ	◌ೂ
ಲ	◌ು	◌್	ಅ	ಳ	◌ೂ	ಬ	ಯ	ಗ	◌ೆ	ಟ	◌ಿ	ಟ	◌್	◌ೊ	ಕ
ನ	ತ	ರ	ಟ	◌ಿ	ಪ	◌್	ರ	◌ಾ	ಇ	◌ಿ	ಗ	ಳ	◌ು	ಫ	ಖ
ರ	ದ	◌ಿ	◌ು	ಓ	ಆ	ಲ	◌ಿ	ರ	◌್	◌ಾ	ಬ	ಮ	ರ	◌ೈ	ತ
ಲ	ಧ	ಪ	ವ	ಬ	ಕ	◌ಾ	ಡ	ಈ	ಹ	ಈ	ದ	ಭ	ಧ	ಊ	ಟ
ವ	ಮ	ರ	ಖ	ಷ	ಖ	ಮ	ಟ	ಆ	ದ	ಓ	ಅ	ನ	ರ	ಷ	ನ
ಡ	ಕ	◌ಾ	ಈ	ಓ	ಆ	◌ಾ	ಊ	ಜ	ಕ	ಭ	ಬ	ಭ	ಊ	ಶ	ದ
ಇ	ಳ	◌ೀ	ಅ	ಜ	ತ	ಲ	ಢ	ಇ	ಚ	ನ	ಭ	ಭ	ಢ	ಅ	ಒ
ವ	ಅ	ನ	ಹ	◌ು	ಲ	◌್	ಲ	◌ು	ಗ	◌ಾ	ವ	ಲ	◌ು	ಊ	ಖ

ಪ್ರಾಣಿಗಳು
ಬಾರ್ಲಿ
ಕೊಟ್ಟಿಗೆಯ
ಜೇನುಗೂಡು
ಕಾರ್ನ್
ಬಾತುಕೋಳಿ
ರೈತ
ಆಹಾರ
ಹಣ್ಣು
ನೀರಾವರಿ

ಲಾಮಾ
ಹುಲ್ಲುಗಾವಲು
ಹಾಲು
ಕುರಿ
ಕುರುಬ
ಬೆಳೆಯಲು
ಟ್ರಾಕ್ಟರ್
ತರಕಾರಿ
ಗೋಧಿ
ವಿಂಡ್ ಮಿಲ್

5 - Books

ರ	ಷ	ಓ	ನ	ಹ	ಈ	ಹ	ರ	ಗ	◌್	◌ಂ	ಸ	ಚ	ರ	◌ೂ	ದ
ಉ	ಆ	ಟ	◌ಿ	ಧ	ಢ	◌ಾ	ಛ	ಳ	ಚ	ಇ	ಜ	ಓ	ಭ	ಒ	◌್
ಟ	ಶ	ಖ	ರ	ಅ	ಹ	ಸ	ನ	ಫ	ಮ	ವ	◌ೂ	ಮ	ಳ	ಶ	ವ
ಖ	ಸ	ಳ	◌ೂ	ಲ	ಲ	◌್	ಸ	◌ೃ	ಜ	ನ	ಶ	◌ೀ	ಲ	ಮ	◌ಂ
ಸ	◌ಾ	ಇ	ಪ	ಬ	ಚ	ಯ	ತ	ಢ	ಈ	ಡ	ಟ	ಚ	ಒ	ಆ	ದ
ರ	ಹ	ಆ	ಕ	ಓ	ನ	ಮ	ತ	ರ	◌ಂ	◌ು	ದ	ಸ	ಓ	ಕ	◌್
ಖ	ಸ	ಫ	ಪ	◌ು	ಟ	ಯ	ವ	◌್	ಕ	◌ಾ	◌ಾ	ಹ	ಮ	ವ	ವ
ಐ	ಶ	ಫ	ಹ	ಕ	ವ	ನ	ಫ	ಧ	ಹ	ದ	ಷ	ಇ	ಭ	◌ಿ	ತ
ಭ	ತ	ಧ	◌ಿ	ಬ	◌ಂ	◌ಂ	ಸ	ಚ	ಈ	◌ಿ	ಲ	ಆ	ಸ	ತ	◌ೆ
ಹ	ಶ	◌ಿ	ಕ	◌ಾ	ದ	◌ಂ	ಬ	ರ	◌ಿ	ರ	◌ಾ	ಚ	ನ	◌ೆ	ಥ
ಧ	ಷ	ವ	ಹ	ಖ	ಶ	ಡ	ಛ	ಫ	ಭ	ಖ	ಭ	ಸ	◌್	◌ೂ	ಕ
ಡ	ರ	ಭ	ದ	◌ಾ	ಜ	ಉ	ದ	ಟ	ಈ	ಸ	◌ೂ	ಕ	ನ	ಶ	ಖ
ಧ	ನ	◌ೀ	ಚ	ಷ	ಸ	ಕ	ಅ	ಷ	ಳ	ಸ	ಕ	ಈ	◌ಿ	ಢ	◌ೇ
ಒ	ದ	ಹ	ಡ	ಅ	ಕ	◌ಿ	ರ	ಓ	ಚ	ಈ	ಷ	ವ	ವ	ಲ	ಲ
ನ	ಫ	ಳ	ವ	ರ	ಮ	ಬ	ಕ	ಧ	ಉ	ಈ	ಷ	◌ೂ	◌ೇ	◌ೂ	ಓ
ಈ	ಒ	ಢ	ಉ	ಆ	◌್	ಅ	ಛ	ಚ	ಬ	ಉ	ಜ	◌ೂ	ಶ	ಶ	ಒ

ಸಾಹಸ
ಲೇಖಕ
ಸಂಗ್ರಹ
ಸನ್ನಿವೇಶ
ದ್ವಂದ್ವತೆ
ಮಹಾಕಾವ್ಯ
ಐತಿಹಾಸಿಕ
ಹಾಸ್ಯಮಯ
ಸೃಜನಶೀಲ
ಸಾಹಿತ್ಯ

ನಿರೂಪಕ
ಕಾದಂಬರಿ
ಪುಟ
ಕವಿತೆ
ಕವನ
ರೀಡರ್
ಸಂಬಂಧಿತ
ಕಥೆ
ದುರಂತ

6 - Meditation

ಪ	ಆ	ಫ	ಓ	ರ	ಆ	ಕ	ಸ	ಭ	◌ಾ	ವ	ನ	◌ೆ	ಗ	ಳ	◌ು
ದ	◌್	ಅ	ಉ	ಲ	ಕ	ಲ	◌್	ಹ	ಷ	ರ	◌ೌ	ಯ	ಫ	ಸ	ಆ
◌ೃ	ಸ	ರ	ತ	ಟ	ಅ	◌ಿ	ವ	ಲ	ಇ	ಇ	ಮ	ದ	ಅ	◌್	ಲ
ಷ	ವ	ತ	ಕ	ವ	ರ	ಯ	◌ೀ	ಮ	ನ	ಸ	◌್	ಸ	◌ು	ಪ	◌ೊ
◌್	ಥ	ದ	ಬ	◌ೃ	ಇ	ಲ	ಕ	ದ	ಇ	ಮ	ಮ	ಷ	ದ	ಷ	ಚ
ಟ	ಕ	ಶ	ತ	ವ	ತ	◌ು	◌ಾ	ಧ	ಒ	ಳ	ನ	◌ೊ	ಟ	◌್	ನ
◌ಿ	ಶ	ಆ	◌ಾ	ಬ	ಮ	◌ಿ	ರ	ಫ	ಷ	ಶ	ರ	ದ	ರ	ಟ	◌ೆ
ಕ	ರ	ಡ	ಜ	◌ಂ	ಜ	ಮ	ಶ	ನ	ಆ	ಛ	ಗ	ಮ	ನ	ತ	ಗ
◌ೊ	ಚ	ಳ	ಳ	ಮ	ತ	◌ೆ	ಞ	ಜ	◌್	ತ	◌ೃ	ಕ	ಹ	◌ೆ	ಳ
ನ	ಈ	ಡ	ಥ	◌ಾ	ಗ	◌ಿ	ಓ	ಉ	ಷ	ಈ	ಶ	ಫ	ಈ	ಆ	◌ು
ಲ	ರ	ತ	ಧ	ನ	◌ೀ	ಒ	ಶ	◌ೂ	ಖ	ಥ	ಲ	ಆ	ಭ	ಥ	ಓ
ಚ	ಓ	ಸ	ಈ	ಸ	◌ಂ	ಇ	◌ೆ	ಷ	ಕ	◌್	◌ೀ	ವ	ಭ	ಟ	ಇ
ಶ	◌ಾ	◌ಂ	ತ	◌ಿ	ಸ	ಹ	◌ಾ	ನ	◌ು	ಭ	◌ೂ	ತ	◌ಿ	ಖ	ಷ
ಫ	ಇ	ಈ	ಮ	ಕ	ನ	ತ	ಫ	ಉ	ಲ	ಹ	ಉ	ರ	ಲ	ಚ	ಧ
ಳ	ಭ	ತ	ವ	ಛ	ಳ	ಶ	ಳ	ಧ	ಥ	ಚ	ಚ	ಉ	ಮ	ಛ	ಹ
◌ೂ	ಡ	ಷ	ಬ	ತ	ಒ	ಆ	ಧ	ಚ	ಓ	ಇ	ಲ	ತ	ಧ	ಖ	ಅ

ಸ್ವೀಕಾರ
ಗಮನ
ಶಾಂತ
ಸ್ಪಷ್ಟತೆ
ಸಹಾನುಭೂತಿ
ಭಾವನೆಗಳು
ಕೃತಜ್ಞತೆ
ಒಳನೋಟ
ದಯೆ
ಮಾನಸಿಕ

ಮನಸ್ಸು
ಚಲನೆ
ಸಂಗೀತ
ಪ್ರಕೃತಿ
ವೀಕ್ಷಣೆ
ಶಾಂತಿ
ದೃಷ್ಟಿಕೋನ
ಮೌನ
ಆಲೋಚನೆಗಳು
ಕಲಿಯಲು

7 - Days and Months

ಶ	ದ	ರ	ಊ	ಮ	ಹ	ಛ	ತ	ಆ	ಜ	ಖ	ವ	ಢ	ಡ	ಧ	ಊ
ನ	◌ೂ	ಅ	ಭ	◌ಂ	ಳ	ಭ	◌ಿ	ಧ	ಗ	ನ	ಟ	ವ	ಟ	ಓ	ಆ
◌ಿ	ವ	◌ಾ	ರ	ಗ	ಕ	ಭ	◌ಂ	ತ	ಙ	ಸ	ವ	ಜ	ಫ	ದ	ಧ
ವ	ಶ	ಶ	ವ	ಳ	◌್	ಛ	ಗ	ಅ	ಙ	ಚ	◌್	ರ	◌್	◌ಾ	ಮ
◌ಾ	ಡ	◌ೂ	◌ಾ	ವ	ಯ	ಮ	ಳ	ಫ	ಕ	ಷ	ಜ	ಟ	◌ಿ	ಖ	ಚ
ರ	ಬ	ಧ	ಮ	◌ಾ	◌ಾ	ಷ	◌ು	ದ	ಲ	◌್	ರ	◌ಿ	◌್	ಪ	ಏ
ಳ	◌ು	ಟ	◌ೊ	ರ	ಲ	◌ೈ	◌ು	ಜ	ಷ	ರ	ಟ	ಭ	ಶ	ಅ	ವ
ಙ	ಧ	ದ	ಸ	◌ೂ	◌ೆ	ಬ	ಲ	ವ	ದ	ವ	ಒ	◌ೊ	ಊ	ಚ	ಕ
ಓ	ವ	ವ	ದ	ಡ	◌ಂ	ಭ	◌ಾ	ನ	◌ು	ವ	◌ಾ	ರ	ಬ	ಳ	ದ
ಸ	◌ಾ	ಷ	ಮ	ವ	ಡ	ತ	ಮ	ಟ	ರ	ಅ	◌ೂ	ಆ	ಲ	ರ	ಡ
ಭ	ರ	ಬ	ಒ	ಖ	ರ	ಈ	ನ	ವ	◌ೆ	◌ಂ	ಬ	ರ	◌್	ಅ	◌್
ಓ	ಟ	ಳ	ಖ	ಭ	◌್	ಸ	◌ೆ	ಪ	◌್	ಟ	◌ೆ	◌ಂ	ಬ	ರ	◌್
ಶ	◌ು	ಕ	◌್	ರ	ವ	◌ಾ	ರ	◌ಿ	ವ	ರ	ಬ	◌್	◌ೆ	ಫ	ವ
ಒ	ಅ	ಧ	ಲ	ಭ	ಢ	ಈ	ಡ	ದ	ಓ	ಳ	ಒ	ಚ	ರ	ಶ	ಷ
ನ	ಹ	ರ	ಟ	ತ	ಲ	ಲ	ಗ	◌ು	ರ	◌ು	ವ	◌ಾ	ರ	ಓ	ಚ
ಲ	ಫ	ಷ	ಈ	ಳ	ಈ	ಚ	ದ	ಢ	ಫ	ಳ	ರ	ಧ	ಚ	◌ೂ	ಓ

ಏಪ್ರಿಲ್
ಆಗಸ್ಟ್
ಕ್ಯಾಲೆಂಡರ್
ಫೆಬ್ರುವರಿ
ಶುಕ್ರವಾರ
ಜನವರಿ
ಜುಲೈ
ಮಾರ್ಚ್
ಸೋಮವಾರ
ತಿಂಗಳು
ನವೆಂಬರ್
ಅಕ್ಟೋಬರ್
ಶನಿವಾರ
ಸೆಪ್ಟೆಂಬರ್
ಭಾನುವಾರ
ಗುರುವಾರ
ಮಂಗಳವಾರ
ಬುಧವಾರ
ವಾರ
ವರ್ಷ

8 - Energy

ಡ	ಆ	ಫ	ಪ	ಒ	◌ೂ	ಮ	ಸ	ಜ	ಕ	ಕ	ಕ	ಲ	ನ	ತ	ಜ
ಉ	ಓ	ಢ	◌ೊ	ರ	ಒ	ಛ	ಳ	ಲ	ಬ	ನ	ಟ	ಕ	ವ	ಢ	ಢ
ಫ	ಮ	ಮ	ರ	ಟ	◌ಿ	ಫ	ಹ	ಜ	ಕ	◌್	ರ	ವ	◌ೀ	ಟ	ಡ
ಣ	ಳ	ಧ	ಒ	ಜ	◌ಾ	ಸ	ಹ	ನ	ಷ	ಲ	◌್	◌ಿ	ಕ	ಒ	ಕ
ಡ	ಖ	ಕ	ಟ	◌ೂ	ರ	ನ	ರ	ಕ	ದ	◌ಿ	ಬ	ದ	ರ	ಜ	ಮ
ಓ	ಈ	ಎ	ಉ	ಒ	◌್	ಣ	◌್	ನ	ಓ	ಸ	◌ೈ	◌್	◌ಿ	ಎ	ಡ
ಡ	ಳ	ಲ	ರ	◌ಿ	ಟ	ಯ	◌ಾ	◌್	ಬ	◌ೊ	ನ	ಯ	ಸ	◌ಂ	ಈ
ಇ	ಎ	◌ೆ	ಚ	ಮ	◌ಾ	ಲ	◌ಿ	ನ	◌್	ಯ	◌್	◌ು	ಬ	ಜ	ಪ
◌ಂ	◌ಂ	ಕ	ದ	ಯ	◌ೊ	◌್	ಗ	ಖ	ಓ	◌ಾ	ಢ	ತ	ಹ	◌ಿ	ರ
ಧ	ಟ	◌್	ಟ	◌್	ಮ	ಸ	ಒ	◌ಾ	ಅ	◌್	ರ	◌್	◌ು	ನ	ಮ
ನ	◌್	ಟ	ಟ	ದ	ಟ	◌ೆ	ಬ	ಶ	◌ಂ	ಗ	ಸ	ಫ	ದ	◌್	◌ಾ
ಅ	ರ	◌್	ತ	ಉ	ಬ	◌ೀ	ರ	ಧ	ಓ	ಇ	ಳ	◌ಿ	◌ಾ	ಗ	ಣ
ನ	◌ೊ	ರ	ಭ	ಓ	ಣ	ಡ	ಷ	ಳ	ಕ	ಟ	ಚ	ವ	ದ	ಲ	◌ು
ಉ	ಪ	◌ಾ	ಷ	ವ	ಸ	ಛ	ಡ	ಟ	ಖ	ಟ	ಬ	ಕ	ಲ	ಹ	ರ
ಮ	◌ಿ	ನ	ಒ	ಶ	ಖ	ರ	ಷ	ಬ	ಅ	ಚ	ಕ	ಉ	ಆ	ಧ	ಭ
ಒ	ಉ	◌್	ಜ	ಅ	ವ	ಭ	ವ	ಛ	ಟ	ಜ	ಮ	ಡ	ದ	ಆ	ಖ

ಬ್ಯಾಟರಿ
ಇಂಗಾಲ
ಡೀಸೆಲ್
ವಿದ್ಯುತ್
ಎಲೆಕ್ಟ್ರಾನ್
ಎಂಜಿನ್
ಎಂಟ್ರೋಪಿ
ಪರಿಸರ
ಇಂಧನ
ಗ್ಯಾಸೋಲಿನ್
ಶಾಖ
ಜಲಜನಕ
ಉದ್ಯಮ
ಮೋಟಾರ್
ಪರಮಾಣು
ಫೋಟಾನ್
ಮಾಲಿನ್ಯ
ನವೀಕರಿಸಬಹುದಾದ
ಟರ್ಬೈನ್
ಗಾಳಿ

9 - Chess

ಚ	ಬ	ಭ	ಹ	ಆ	ಟ	ತ	ಥ	ಭ	ಬ	ವ	ಹ	ಸ	ತ	ಶ	ಖ
ನ	ಉ	ತ	ಕ	ಟ	ಶ	ಟ	ಓ	ಥ	◌ಿ	ಉ	ಥ	ವ	ಉ	ಧ	ಚ
ಓ	◌ಿ	ಸ	ಥ	ಗ	ಯ	◌ಾ	◌್	ತ	ಳ	ಭ	ಟ	◌ಾ	ತ	ಭ	ರ
ಶ	ಳ	ಯ	ಅ	◌ಾ	ಭ	ಈ	◌ೂ	ಧ	◌ಿ	ನ	ಉ	ಲ	◌ಂ	ನ	◌ಾ
ಧ	ವ	ವ	ಮ	ರ	ಷ	ಬ	ಳ	ಈ	ನ	ಹ	ಮ	◌ು	ತ	◌ಿ	ಔ
ಕ	ಈ	ಈ	ಷ	ಗ	ಟ	ಟ	ಹ	ಷ	ಹ	ಳ	ರ	ಗ	◌್	ಷ	◌ಿ
ಚ	ಥ	ರ	ಟ	◌ೂ	ಳ	◌ಿ	ರ	◌ಾ	◌ು	ದ	ಎ	ಳ	ರ	◌್	ಕ
◌ಾ	ಷ	ಚ	ಳ	ಳ	ರ	◌ು	ತ	ಚ	ಆ	ಒ	ಮ	◌ು	ಆ	ಕ	ಭ
◌ಂ	ಡ	ಕ	ಲ	◌ು	ಯ	◌ಿ	ಲ	ಕ	ಟ	ಷ	◌ೂ	ವ	ಬ	◌್	ಒ
ಪ	◌ೂ	ಷ	ಇ	ಗ	ಳ	ಧ	◌ೆ	ರ	◌್	ಪ	◌್	ಸ	◌ೂ	ರ	ಷ
◌ಿ	ಹ	ಜ	ಈ	ಕ	ಇ	ಶ	ಟ	◌್	ಳ	◌ೂ	ಭ	ಧ	ಧ	◌ಿ	ಚ
ಯ	◌ೂ	ತ	ಜ	◌ಂ	ಫ	◌ೂ	ಧ	ಇ	ಕ	ಪ	◌್	ಪ	◌ು	ಯ	ಚ
ನ	ಈ	ಋ	ಟ	ಅ	ಭ	ರ	ಸ	ದ	ದ	ಧ	ಬ	ತ	ಹ	ಭ	ಸ
◌್	ಸ	ಮ	ಯ	ವ	ಓ	ನ	ನ	ಷ	ಆ	ಸ	ರ	◌ಾ	ಜ	ಥ	ಖ
◌ೂ	ಮ	ಉ	ಧ	ರ	ಕ	ವ	ಶ	◌ೂ	ಓ	ಳ	ರ	ಧ	ದ	ಅ	ಜ
ಳ	ಖ	ಓ	ಹ	ಬ	ದ	ದ	ಸ	ಧ	ಷ	ಫ	ಶ	ಳ	ಟ	ಇ	ಷ

ಕಪ್ಪು
ಸವಾಲುಗಳು
ಚಾಂಪಿಯನ್
ಚತುರ
ಸ್ಪರ್ಧೆ
ಕರ್ಣ
ಆಟ
ರಾಜ
ಎದುರಾಳಿ
ನಿಷ್ಕ್ರಿಯ
ಆಟಗಾರ
ಅಂಕಗಳು
ರಾಣಿ
ನಿಯಮಗಳು
ತ್ಯಾಗ
ತಂತ್ರ
ಸಮಯ
ಕಲಿಯಲು
ಬಿಳಿ

10 - Archeology

ರ	ಈ	ದ	ನ	ಚ	◌ೀ	ರ	◌ಾ	◌್	ಪ	ಛ	ಚ	ವ	ಐ	ಒ	ಧ
ಉ	ಭ	ಫ	ಖ	ತ	ಳ	ಹ	ಕ	ಸ	ಳ	ಶ	ಧ	◌ಿ	◌ಾ	ಮ	ಸ
ಚ	ಈ	ಬ	ಡ	ಓ	◌ು	ಸ	ತ	ಡ	◌ೆ	ಳ	ಢ	ಶ	ಟ	ಕ	ಸ
ಐ	ಖ	ಉ	ಫ	◌ಂ	ಗ	◌್	ಉ	ಐ	ಯ	ಹ	ಳ	◌್	ಳ	ಛ	ಲ
ಈ	ದ	ಮ	ರ	ಛ	ತ	ಯ	ಲ	ಗ	◌ು	ಯ	◌ು	ಲ	ಷ	ಫ	ಳ
ಉ	ಚ	ಮ	ಉ	ಓ	◌ು	ಜ	ಕ	ಒ	ಳ	ಮ	ಗ	◌ೇ	ಕ	ಹ	ಆ
ದ	ಐ	ಧ	ಳ	ಕ	◌್	ವ	◌್	ಚ	◌ಿ	ಟ	ನ	ಷ	ಈ	ತ	ಖ
ಫ	ಜ	ಉ	ಲ	ತ	ಸ	ಶ	ಬ	ಞ	ಕ	ಈ	◌ೆ	ಐ	ದ	ಐ	ಲ
ಡ	ಸ	ಷ	◌ೇ	ಶ	ವ	ಅ	ಕ	ನ	◌ೆ	ಧ	ಧ	◌ೆ	ಷ	ನ	ಛ
ಮ	ರ	◌ೆ	ತ	◌ು	ಹ	◌ೊ	ಗ	◌ಿ	ದ	◌ೆ	ಶ	ಆ	ನ	ಳ	◌ೂ
ಮ	◌ೌ	ಲ	◌್	ಯ	ಮ	◌ಾ	ಪ	ನ	ಮ	ಷ	◌ೊ	◌ೊ	ಶ	ಜ	ಅ
ನ	◌ಾ	ಗ	ರ	◌ಿ	ಕ	ತ	◌ೆ	ಯ	ವ	ಐ	◌ಂ	ಶ	◌ಂ	ಖ	ಉ
ಪ	◌್	ರ	◌ಾ	ಚ	◌ೀ	ನ	ತ	◌ೆ	ಟ	ಸ	ಸ	ತ	ಓ	ಸ	ಚ
ದ	◌ೇ	ವ	◌ಾ	ಲ	ಯ	ಅ	ಜ	◌್	ಞ	◌ಾ	ತ	ಆ	ಅ	ಆ	ಭ
ವ	◌ಂ	ಶ	ಸ	◌್	ಥ	ರ	◌ು	ಮ	◌ೂ	ಳ	◌ೆ	ಗ	ಳ	◌ು	ಆ
ಟ	ಷ	ರ	ಷ	ಭ	ಲ	ಅ	ಮ	ಫ	ಹ	ಳ	ಟ	ದ	ಭ	ಆ	ವ

ವಿಶ್ಲೇಷಣೆ
ಪ್ರಾಚೀನ
ಪ್ರಾಚೀನತೆ
ಮೂಳೆಗಳು
ನಾಗರಿಕತೆಯ
ವಂಶಸ್ಥರು
ಯುಗ
ಮೌಲ್ಯಮಾಪನ
ತಜ್ಞ
ಸಂಶೋಧನೆಗಳು
ಮರೆತುಹೋಗಿದೆ
ಪಳೆಯುಳಿಕೆ
ರಹಸ್ಯ
ವಸ್ತುಗಳು
ಅವಶೇಷ
ಸಂಶೋಧಕ
ತಂಡ
ದೇವಾಲಯ
ಸಮಾಧಿ
ಅಜ್ಞಾತ

11 - Food #2

◌ೂ ಣ ◌ು ಣ ◌್ ◌ಿ ಗ ಮ ◌ೀ ನ ◌ು ನ ಹ ಶ ಫ ಮ
ರ ◌ು ಸ ◌ೊ ಮ ಣ ಳ ಭ ನ ಈ ಓ ಓ ಷ ಅ ಲ ಷ
ರ ಣ ಲ ಉ ಖ ಚ ಚ ಟ ಅ ರ ಷ ತ ಳ ಆ ಢ ಒ
ಹ ◌್ ಯ ◌ಾ ಮ ◌್ ◌ೆ ಧ ◌ೊ ಕ ◌ಿ ವ ◌ಿ ಜ ಢ ರ
ಲ ಹ ಗ ◌ೊ ಧ ◌ಿ ಬ ರ ಭ ಮ ಖ ತ ◌ೊ ಧ ಣ ಧ
ಒ ಳ ಫ ಖ ವ ಫ ಣ ಮ ◌್ ಒ ◌ೇ ಚ ಕ ಮ ನ ◌ೂ
ಢ ◌ೆ ಡ ರ ◌ು ವ ಅ ಷ ◌ೂ ರ ಣ ಟ ತ ಆ ಳ ಖ
ಜ ◌ಾ ಭ ಧ ಹ ಅ ಕ ◌್ ಕ ◌ಿ ◌ಿ ಈ ◌ೊ ಭ ಹ ಆ
ಕ ಬ ಉ ◌ೂ ◌ೂ ಬ ◌ಿ ಳ ◌ಿ ಬ ದ ನ ◌ೆ ಉ ಡ ಳ
ಚ ◌ಾ ಕ ◌ೊ ಲ ◌ೇ ಟ ◌್ ತ ಕ ◌ು ಮ ವ ಉ ಶ ನ
ಸ ಡ ಡ ◌ೂ ◌ೆ ಧ ಅ ವ ಳ ಷ ತ ◌ೇ ಢ ಣ ಕ ಟ
ವ ಡ ◌ೆ ಡ ◌್ ಗ ಸ ◌ು ◌ೊ ಕ ◌ೂ ಉ ಸ ಢ ಬ ಸ
ಓ ಕ ರ ◌ಿ ಲ ◌ೆ ಸ ದ ◌್ ರ ◌ಾ ಕ ◌್ ಷ ◌ಿ ಆ
ಢ ಚ ಚ ಭ ಪ ಭ ಈ ಫ ದ ಳ ಕ ವ ಡ ಷ ಕ ಉ
ಷ ಉ ಳ ಢ ಮ ◌ೊ ಟ ◌್ ಟ ◌ೆ ಲ ಒ ಉ ಬ ಭ ತ
ಶ ಮ ಲ ಕ ಹ ಕ ಡ ಟ ತ ಡ ಧ ಧ ಚ ತ ಓ ಸ

ಸೇಬು
ಪಲ್ಲೆಹೂವು
ಬಾಳೆಹಣ್ಣು
ಕೋಸುಗಡ್ಡೆ
ಸೆಲರಿ
ಗಿಣ್ಣು
ಚೆರ್ರಿ
ಕೋಳಿ
ಚಾಕೊಲೇಟ್
ಮೊಟ್ಟೆ
ಬಿಳಿಬದನೆ
ಮೀನು
ದ್ರಾಕ್ಷಿ
ಹ್ಯಾಮ್
ಕಿವಿ
ಅಣಬೆ
ಅಕ್ಕಿ
ಟೊಮೇಟೊ
ಗೋಧಿ
ಮೊಸರು

12 - Chemistry

ಸ	ವ	ಣ	ಉ	ಪ	◌್	ಪ	◌ು	ತ	ವ	ಜ	ಮ	ಡ	ನ	ಡ	ದ
ವ	ಜ	◌ೆ	ಈ	ಢ	ಬ	ಫ	ಶ	◌ೂ	ಧ	ಳ	ಶ	ಶ	ಶ	ಛ	ಭ
ಭ	ಛ	ಲ	◌ೕ	ಜ	ಫ	ಳ	ಧ	ಕ	ಈ	ರ	ಹ	ಕ	ಜ	ಈ	ತ
ಕ	ಷ	◌ೋ	ಅ	ಗ	ಮ	ಅ	ಅ	ಯ	◌ಾ	ನ	◌್	ದ	◌್	ರ	ವ
ತ	ಕ	ಹ	◌ೂ	ಎ	ವ	ಳ	ಧ	ಬ	ಳ	ರ	ಜ	◌ೂ	ದ	ಚ	ಕ
ಶ	◌ಿ	ಗ	ಈ	ಲ	ಯ	ರ	ವ	ಜ	ಭ	ತ	ಉ	ಓ	ಉ	◌ೂ	ಭ
◌ಾ	ಣ	ಳ	ಇ	◌ೆ	ವ	ನ	◌್	ರ	◌ಿ	ಲ	◌ೋ	◌್	ಕ	ಡ	◌ೂ
ಖ	◌್	◌ು	◌ಂ	ಕ	◌ಾ	ಟ	ಒ	ಧ	ಕ	◌್	ಷ	◌ಾ	ರ	◌ೀ	ಯ
ದ	ವ	ಫ	ಗ	◌್	ಸ	ಆ	ಸ	ಚ	ಕ	ನ	ಜ	ಲ	ಜ	ಛ	ಚ
ಬ	ಧ	ಅ	◌ಾ	ಟ	ಡ	ಆ	ಷ	ಸ	ರ	ನ	ಜ	ಷ	ಢ	ನ	ಸ
ಳ	ಳ	ಣ	ಲ	◌್	ಮ	ಆ	ಹ	ಮ	ಛ	ಅ	ಜ	◌ೂ	ಸ	ಶ	ಧ
ಜ	ಶ	◌ು	◌ು	ರ	ಬ	ಷ	ಷ	ಉ	ಬ	ರ	ಅ	ಲ	◌ಿ	ನ	ಅ
ದ	ದ	ಕ	ನ	◌ಾ	ರ	ಷ	ಳ	ಬ	ಖ	ಹ	ದ	ಟ	◌್	ಅ	ಳ
ಅ	ಡ	ಶ	ಉ	ನ	ಮ	ಹ	ಅ	ತ	ವ	ಬ	ಭ	ಜ	ಆ	ಮ	ದ
ಧ	ಚ	ಲ	ಮ	◌್	ವ	ರ	ಡ	ತ	◌ಾ	ಪ	ಮ	◌ಾ	ನ	ಮ	ಆ
ಧ	ಫ	ಲ	ವ	ನ	ತ	ರ	ಪ	ತ	ವ	ಓ	ಖ	ಖ	ಭ	ಷ	ಡ

ಆಮ್ಲ
ಕ್ಷಾರೀಯ
ಇಂಗಾಲ
ವೇಗವರ್ಧಕ
ಕ್ಲೋರಿನ್
ಎಲೆಕ್ಟ್ರಾನ್
ಕಿಣ್ವ
ಅನಿಲ
ಶಾಖ
ಜಲಜನಕ

ಅಯಾನ್
ದ್ರುವ
ಲೋಹಗಳು
ಅಣು
ಪರಮಾಣು
ಸಾವಯವ
ಆಮ್ಲಜನಕ
ಉಪ್ಪು
ತಾಪಮಾನ
ತೂಕ

13 - Music

ಶ	ಹ	ಒ	ದ	ಈ	ಅ	ಳ	ಚ	ಟ	ಮ	ಸ	ಐ	ಛ	ಢ	ಹ	ಲ
ರ	◌ಾ	ಛ	ಪ	ಸ	ಐ	ಡ	ಶ	ಟ	ಚ	◌ಂ	ಧ	ಕ	ಡ	ರ	ಯ
◌ೆ	ರ	ಛ	ಮ	◌ೆ	ಹ	ಛ	ಮ	ಯ	◌ೂ	ಗ	ಜ	ನ	ಓ	ತ	ಸ
ಕ	◌್	ಲ	ಧ	ಳ	ರ	ತ	◌ೈ	ರ	ಕ	◌ೀ	ಭ	ಖ	ಬ	ತ	◌್
◌ಾ	ಮ	ಮ	ಕ	ರ	ಕ	◌ಾ	ಕ	◌ೀ	ಯ	ತ	ಸ	ಢ	ಖ	ಧ	ರ
ರ	◌ೊ	ಬ	ಧ	ಕ	ಮ	ತ	◌್	ತ	◌ಾ	ಗ	◌ೀ	ವ	◌ಾ	ಭ	ಮ
◌್	ನ	ಲ	ಕ	◌ು	◌ೂ	ಕ	ರ	◌್	ಗ	ಓ	ಹ	ಛ	ಹ	ಫ	◌ಾ
ಡ	◌ಿ	◌್	◌ಾ	ವ	ರ	◌ೊ	◌ೊ	ಸ	ಬ	ಧ	◌ಾ	ಛ	ಲ	ಸ	ಸ
◌ಿ	ಕ	ಲ	ವ	ಛ	◌ೂ	ರ	ಫ	◌್	ಆ	ಬ	ಡ	ಕ	ಡ	ಮ	◌ೂ
◌ಂ	◌್	◌ಾ	◌್	ಓ	ಮ	ಸ	◌ೊ	◌ಾ	ಡ	ಲ	◌ಿ	ಭ	ರ	ನ	ಧ
ಗ	ದ	ಡ	ಯ	ಒ	ಫ	◌್	ನ	ಶ	ಅ	ಧ	◌್	ದ	ಬ	ಯ	ಲ
◌್	ಉ	◌್	◌ಾ	ಜ	ಚ	ದ	◌್	ಯ	ಆ	ಛ	ಳ	ಬ	ಛ	◌ಾ	ಡ
ನ	ಢ	ಅ	ತ	ಉ	ಸ	◌ಂ	ಗ	◌ೀ	ತ	ಗ	◌ಾ	ರ	ಮ	ಗ	ಲ
ಅ	ಚ	ಖ	◌್	ವ	ಒ	ಲ	ಜ	ಷ	ಢ	ಹ	ಧ	ಶ	ಆ	◌್	ಒ
ಶ	ಸ	ಬ	ಮ	ಡ	ವ	ಕ	ಳ	ಡ	◌ೂ	ಚ	ಶ	ಛ	ಮ	ಆ	ಅ
ಖ	ಫ	ದ	ಕ	ಢ	ಆ	ದ	ಡ	◌ೂ	ಕ	ನ	ರ	ವ	ಖ	ಅ	ಬ

ಆಲ್ಬಮ್
ಬಲ್ಲಾಡ್
ಕೋರಸ್
ಶಾಸ್ತ್ರೀಯ
ಆಯ್ದ
ಹಾರ್ಮೋನಿಕ್
ಸಾಮರಸ್ಯ
ಭಾವಗೀತಾತ್ಮಕ
ಮಧುರ
ಮೈಕ್ರೊಫೋನ್
ಸಂಗೀತ
ಸಂಗೀತಗಾರ
ಒಪೆರಾ
ಕಾವ್ಯಾತ್ಮಕ
ರೆಕಾರ್ಡಿಂಗ್
ಲಯ
ಲಯಬದ್ಧ
ಹಾಡಿ
ಗಾಯಕ
ಗಾಯನ

14 - Family

ಹ	ನ	ದ	ಚ	ಟ	ನ	ಢ	ಓ	ಷ	ಈ	ಪ	ಧ	ಡ	ಬ	ಅ	ಓ
ಟ	ಯ	ಯ	◌ಿ	◌ಾ	ತ	ಹ	ಅ	ಆ	ರ	◌ೂ	ಬ	◌ಂ	ಳ	ಟ	ಟ
ಟ	ಲ	◌ಿ	ಕ	ಫ	ಸ	ವ	ತ	ಅ	ಮ	ರ	ಕ	ಗ	ಲ	ಷ	ರ
ಮ	◌್	◌ಾ	◌್	ಈ	◌ೊ	ಳ	◌ು	ಕ	ಕ	◌್	ಮ	ಮ	◌್	◌ೊ	ಮ
ಮ	◌ಾ	ತ	ಕ	ದ	ದ	ಳ	ಭ	ಗ	ಆ	ವ	ಸ	ಮ	ದ	ಬ	ಮ
ಖ	ಬ	ಭ	ಪ	ಅ	ರ	ದ	ಟ	ಷ	ಮ	ಜ	◌ೊ	◌್	ಮ	ತ	◌್
ಟ	ಅ	ಧ	◌್	ಜ	ಸ	ಬ	ಒ	ರ	ಭ	ರ	ಸ	◌ೊ	ಕ	◌ಂ	ಕ
ಸ	ಬ	ಯ	ಪ	◌್	◌ಂ	ಸ	ಲ	ಫ	ಢ	ಢ	◌ೆ	ಮ	◌್	ದ	ಕ
ಮ	ಗ	ಳ	◌ು	ಜ	ಬ	ಪ	ಹ	ಮ	ದ	ಈ	ಬ	ಚ	ಕ	◌ೆ	◌್
ನ	ಒ	◌ಿ	ಧ	ಖ	◌ಂ	ತ	ವ	◌ೊ	ಳ	ಅ	ಖ	ಚ	ಳ	ಯ	◌ಿ
ಸ	◌ೂ	ರ	ಶ	ಬ	ಧ	◌್	ಒ	ಡ	ದ	ಶ	ಲ	ಢ	◌ು	ನ	ಚ
ಡ	ಹ	ದ	ಡ	ಫ	◌ಿ	ನ	ದ	ಟ	ಒ	ರ	ಭ	ಸ	ಫ	ಒ	ಳ
ಶ	ಟ	◌ೊ	ವ	ಸ	ಳ	◌ಿ	ಭ	ಲ	ಸ	ಉ	ಖ	ಟ	ಅ	ಆ	ಈ
ಶ	◌ೂ	ಸ	ದ	ಢ	ಓ	ಟ	ಭ	ಫ	ಶ	ಕ	ವ	ಭ	ತ	ಷ	ಜ
ನ	ವ	◌ೂ	ಫ	ರ	ರ	ದ	ಅ	ಷ	ರ	ತ	ಶ	◌ೂ	ಉ	ಸ	ಟ
ಹ	ಓ	ಷ	ಆ	ಡ	◌ಿ	ಅ	ಫ	ಭ	ಐ	ಡ	ಷ	ಫ	ಚ	◌ೂ	ಚ

ಪೂರ್ವಜ
ಚಿಕ್ಕಮ್ಮ
ಸಹೋದರ
ಮಗು
ಬಾಲ್ಯ
ಮಕ್ಕಳು
ಸೋದರಸಂಬಂಧಿ
ಮಗಳು
ಮೊಮ್ಮಕ್ಕಳು
ಅಜ್ಜ

ಮೊಮ್ಮಗ
ಗಂಡ
ತಾಯಿಯ
ತಾಯಿ
ಸೋದರಳಿಯ
ಸೊಸೆ
ತಂದೆಯ
ಸಹೋದರಿ
ಚಿಕ್ಕಪ್ಪ
ಪತ್ನಿ

15 - Farm #1

ಸ	ವ	ತ	ಬ	ಕ	◌ು	ಕ	◌್	◌ೆ	ಬ	ಓ	ಶ	ದ	ಹ	ರ	ಖ
ಓ	ಒ	ಧ	ತ	◌ೇ	◌ಾ	◌ೂ	ಮ	ಧ	ನ	ಧ	ಹ	ಜ	ತ	ಹ	ಬ
ಐ	ಭ	ಅ	ಈ	◌ೂ	ಲ	ಡ	ಕ	◌ು	ದ	◌ು	ರ	◌ೆ	ಓ	ತ	◌ೀ
ಚ	ಮ	ಘ	ಚ	ಓ	ತ	◌ಿ	◌ೆ	ವ	ಟ	ಸ	◌ು	ಓ	ಬ	ಷ	◌ೂ
ಚ	ಢ	ಡ	ಶ	ಕ	◌ೊ	ಳ	◌ಿ	ಮ	ಢ	ಲ	◌ೕ	ಚ	ಖ	ಸ	ಒ
ಶ	ಐ	ಉ	ಡ	ಘ	ಜ	ಷ	ಐ	ಐ	◌್	ಖ	◌ಿ	ಷ	ಖ	ಬ	ಟ
ಷ	ಡ	ಘ	ಕ	ಷ	ರ	ಲ	ಚ	ಫ	ದ	ಮ	ನ	ಹ	ಐ	ಕ	ಜ
ಈ	ಡ	ಓ	ಹ	ಷ	ಒ	ತ	ಐ	ಡ	ಡ	ಐ	◌ೆ	ಹ	ಲ	ಕ	ಉ
ಟ	ಟ	ರ	ಜ	ಒ	ರ	ಳ	ತ	ಡ	ಧ	ಅ	ನ	ಢ	ಢ	ಆ	ಮ
ಖ	ಜ	ಮ	ವ	ದ	ತ	ತ	ಭ	ಖ	ಮ	ಕ	◌ಾ	ಳ	ಉ	ಕ	ಖ
ರ	ಸ	ಗ	◌ೊ	ಬ	◌್	ಬ	ರ	ಹ	ಈ	◌್	ಯ	ಆ	ಢ	ತ	◌ೂ
ಒ	ಆ	ಗ	ಧ	ಸ	ಷ	ನ	◌ು	◌ೇ	ಜ	ಕ	◌ಿ	ವ	ಓ	◌್	ಆ
ಮ	◌ೇ	ಕ	◌ೆ	ನ	◌ೇ	ಉ	ರ	ಐ	ಸ	◌ಿ	ಹ	ಸ	◌ು	ತ	ಕ
ದ	ಚ	ಈ	ಹ	◌ಾ	◌್	ಷ	ಕ	ಬ	◌ೀ	ಜ	ಗ	ಳ	◌ು	◌ೆ	◌ೃ
ಲ	ಕ	ಫ	ಸ	ಹ	ಕ	ದ	ವ	ಉ	ಆ	ಕ	ಷ	ಡ	ಶ	ಈ	ಷ
ಷ	ಟ	ತ	ಭ	ನ	ಓ	ಕ	ಮ	ಸ	ರ	ರ	◌ೂ	ಕ	◌ೂ	ರ	◌ಿ

ಕೃಷಿ
ಬೀ
ಕಾಡೆಮ್ಮೆ
ಕರು
ಬೆಕ್ಕು
ಕೋಳಿ
ಹಸು
ಕಾಗೆ
ನಾಯಿ
ಕತ್ತೆ
ಬೇಲಿ
ರಸಗೊಬ್ಬರ
ಕ್ಷೇತ್ರ
ಮೇಕೆ
ಹೇ
ಜೇನು
ಕುದುರೆ
ಅಕ್ಕಿ
ಬೀಜಗಳು
ನೀರು

16 - Camping

ಟ	ಢ	ಖ	ಈ	ಢ	ಓ	ಢ	ಷ	ಸ	ರ	◌ೊ	ವ	ರ	ಚ	ರ	ತ
ಫ	ಧ	ಮ	◌ೂ	ಆ	ಷ	ಶ	ರ	ಟ	ಉ	ಶ	ಉ	ಟ	◌ಂ	ಫ	ಒ
ಢ	ಢ	ತ	ಳ	ಅ	ಟ	ಈ	ಫ	ಫ	ವ	ರ	ಢ	ಫ	ದ	ಚ	◌ೂ
ಧ	ಹ	ಟ	ಹ	ಕ	ಢ	ಕ	ಲ	ಳ	ಬ	ಉ	ಫ	ತ	◌್	ರ	ಷ
ವ	ಉ	ಜ	ನ	◌್	ಬ	◌ಿ	ಯ	◌ಾ	◌್	ಕ	ಕ	ಸ	ರ	ಚ	ಓ
ಓ	ಬ	ಳ	◌ೊ	ನ	ಢ	ರ	ಣ	ಖ	ಮ	ಷ	ಜ	ಸ	ಸ	ಟ	ಭ
◌ೂ	ಜ	ಒ	ಯ	ಲ	ತ	ಓ	ಷ	ಈ	ಉ	ಯ	ಪ	◌ೂ	ಷ	ಆ	ದ
ಣ	ಖ	ಢ	◌ಾ	ಮ	◌ಿ	ಷ	ಬ	ಭ	ಚ	ಲ	◌್	ಶ	ಚ	ಡ	ನ
ದ	ಮ	ಸ	◌್	ಅ	ಕ	ಹ	◌ೇ	ಒ	ದ	ಮ	ರ	ಣ	ಒ	ಳ	ಕ
ನ	◌ಿ	ಜ	ಕ	ರ	◌ೃ	◌್	ಟ	◌ೀ	ಕ	ಸ	◌ಾ	ಕ	ರ	ರ	◌್
◌ೊ	ಳ	ಕ	ಣ	ಹ	ರ	ಯ	◌ೆ	ರ	◌ೂ	ಫ	ಣ	ಜ	ಣ	ಅ	ಷ
◌ಿ	◌ೂ	◌ಿ	◌್	ಜ	◌್	◌ಾ	ಡ	ಡ	ಖ	ಢ	◌ಿ	ಢ	ಢ	ಸ	◌ೆ
ವ	ಷ	◌ಂ	ಅ	ಸ	ಪ	ಟ	◌್	◌ಂ	◌ೆ	ಟ	ಗ	◌್	ಗ	ಹ	ಭ
ಲ	ಆ	◌ೆ	ಹ	ಹ	◌ೂ	◌್	ಖ	ಶ	ತ	ಭ	ಳ	ತ	ಬ	ಅ	ಶ
ಳ	ಈ	ಬ	ಖ	◌ಾ	ಖ	ಚ	ಆ	ವ	ಖ	ಆ	◌ು	ಳ	ಗ	ರ	ಮ
ಜ	ಬ	ಸ	ಲ	ಸ	ಭ	ಸ	◌ಿ	ಪ	ರ	◌್	ವ	ತ	ಉ	ಭ	ಮ

ಸಾಹಸ
ಪ್ರಾಣಿಗಳು
ಕ್ಯಾಬಿನ್
ಕ್ಯಾನೋ
ದಿಕ್ಸೂಚಿ
ಬೆಂಕಿ
ಅರಣ್ಯ
ವಿನೋದ
ಜೋಲಿ
ಹ್ಯಾಟ್
ಬೇಟೆ
ಕೀಟ
ಸರೋವರ
ನಕ್ಷೆ
ಚಂದ್ರ
ಪರ್ವತ
ಪ್ರಕೃತಿ
ಹಗ್ಗ
ಟೆಂಟ್
ಮರಗಳು

17 - Algebra

ಸ	ವ	◌್	ಯ	ವ	ಕ	ಲ	ನ	ಜ	ಈ	ಟ	ಸ	ಸ	ಟ	ಣ	ಪ
ಶ	◌ೇ	ಸ	◌ಂ	ಖ	◌್	ಯ	◌ೆ	ಮ	ಬ	ಮ	◌ೂ	◌ು	ವ	ವ	ರ
◌ೂ	ತ	ರ	ವ	◌ೇ	ರ	◌ಿ	ಯ	ಬ	ಲ	◌್	ತ	ಳ	ರ	ಓ	◌ಿ
ನ	ಷ	ಅ	◌್	ಘ	◌ಾ	ತ	ಟ	ಉ	ಖ	ತ	◌್	◌್	ಕ	ರ	ಹ
◌್	ಡ	ಕ	ಢ	ಪ	ಡ	ತ	ಹ	ಅ	ನ	ಧ	ರ	ಳ	ಭ	ಸ	◌ಾ
ಯ	ಅ	ಮ	ಲ	ಓ	ಡ	ವ	ಢ	ಢ	ಅ	ಫ	ಮ	◌ು	◌ಿ	ಮ	ರ
ವ	ಸ	◌ು	ಳ	◌ಿ	◌ೂ	◌ೆ	ಗ	ಳ	ರ	ಸ	ತ	ಷ	ನ	ಸ	ಹ
ರ	ಮ	◌್	ಯ	◌ಾ	ಟ	◌್	ರ	◌ಿ	ಕ	◌್	ಸ	◌್	◌್	◌್	ವ
◌್	◌ೇ	ಧ	ಬ	ಜ	ವ	◌ಿ	ಭ	◌ಾ	ಗ	ನ	ಡ	ಛ	ನ	ಯ	◌ೂ
ಟ	ಧ	ಖ	ಳ	ಫ	ವ	ಆ	ಷ	ರ	◌ೇ	ಖ	◌ೀ	ಯ	ರ	◌ೆ	ಓ
ಕ	ಟ	ಆ	◌ಾ	ರ	ಫ	ವ	ಡ	ಧ	ರ	ನ	ಸ	◌ೂ	◌ಾ	ಚ	ಭ
◌್	ಖ	ಟ	ಸ	ಚ	ಸ	ರ	ಕ	ಅ	ತ	ಮ	ಅ	ಟ	ಶ	ಕ	ಶ
ಯ	ಭ	ಮ	ಕ	ಈ	◌ಿ	ಣ	ಢ	ಧ	ಅ	ಛ	ಛ	ನ	◌ಿ	ಮ	ಆ
◌ಾ	ಉ	ದ	ಣ	ಹ	ಡ	ತ	ಉ	ನ	ಭ	ಈ	ಜ	ಜ	◌ಂ	ಣ	ಷ
◌್	ಣ	ಭ	ಭ	ಲ	◌ೂ	ಭ	◌್	ಡ	ಛ	◌ೂ	ಸ	ದ	ಣ	ತ	ಜ
ಫ	ರ	ಮ	ಳ	ತ	ಆ	ಬ	ಣ	ರ	ಕ	◌ೀ	ಮ	ಸ	ಜ	ಹ	ಕ

ಸೇರ್ಪಡೆ
ರೇಖಾಚಿತ್ರ
ವಿಭಾಗ
ಸಮೀಕರಣ
ಘಾತ
ಫ್ಯಾಕ್ಟರ್
ಸುಳ್ಳು
ಸೂತ್ರ
ಭಿನ್ನರಾಶಿ
ಅನಂತ
ರೇಖೀಯ
ಮ್ಯಾಟ್ರಿಕ್ಸ್
ಸಂಖ್ಯೆ
ಆವರಣ
ಸಮಸ್ಯೆ
ಸರಳಗೊಳಿಸುವ
ಪರಿಹಾರ
ವ್ಯವಕಲನ
ವೇರಿಯಬಲ್
ಶೂನ್ಯ

18 - Numbers

ಹ	ತ	◌್	ತ	◌ೊ	◌ಂ	ಬ	ತ	◌್	ತ	◌ು	ಥ	ಷ	ಮ	ಎ	ಥ
ಕ	◌ು	ಸ	ದ	ಲ	ದ	ಶ	ಮ	◌ಾ	◌ಂ	ಶ	ಡ	ಟ	ಇ	ರ	ಅ
ರ	◌್	ಓ	ಸ	ಲ	ಶ	ಟ	ಭ	ದ	ಐ	ಷ	ಭ	ತ	ಪ	ಡ	ಟ
ಚ	ತ	ವ	ಭ	ದ	ಸ	ಅ	ವ	ಹ	ದ	◌ು	◌ಂ	ಒ	◌್	◌ು	ರ
ಭ	ಹ	ರ	ಥ	ಉ	ಉ	ಬ	ಡ	ಕ	◌ು	ಮ	ಧ	ಓ	ಪ	ಓ	ರ
ಒ	ಹ	ದ	◌ಿ	ನ	◌ೆ	◌ಂ	ಟ	◌ು	ಹ	ವ	ಚ	ಧ	ತ	ಶ	ಮ
◌ಂ	ಭ	◌ು	ಕ	ತ	ಲ	◌ೂ	◌ು	ಲ	ರ	ದ	ಉ	ಫ	◌್	ಡ	ಅ
ಬ	ಮ	ನ	ಆ	ರ	◌ು	◌ೂ	◌ಂ	◌್	ತ	ನ	◌ಿ	ಈ	ತ	ಲ	ಹ
ತ	ಒ	◌ೈ	ಜ	ಒ	ದ	ಹ	ಎ	◌ಾ	ರ	ಮ	◌ೆ	ನ	◌ು	ತ	ಲ
◌್	ಭ	◌ಿ	ಆ	ಇ	ಮ	◌ೂ	ಸ	ನ	ಥ	ಥ	◌ೂ	◌್	◌ೇ	ಮ	ಜ
ತ	ಶ	ದ	ಹ	ದ	◌ಿ	ನ	◌ಾ	ಲ	◌್	ಕ	◌ು	ರ	ನ	ಳ	ಜ
◌ು	ಡ	ಹ	ಹ	ದ	◌ಿ	ಮ	◌ೂ	ರ	◌ು	ಈ	ಶ	ಶ	◌ು	ಹ	◌ು
ಅ	ಬ	ನ	ಸ	ಭ	ಜ	ಧ	ರ	ಳ	ರ	ಭ	ಜ	ದ	ಹ	ಈ	ಚ
ಲ	ಷ	ಭ	ಧ	ಹ	ದ	◌ಿ	ನ	◌ಾ	ರ	◌ು	ಏ	ದ	ಭ	ಭ	ಇ
ಖ	ಮ	ಫ	ಭ	ಇ	ಈ	ಅ	ಷ	ನ	ಳ	ಒ	ಳ	ಚ	ಷ	ಮ	ಹ
ಟ	ಹ	ತ	ಖ	ಈ	ಭ	ದ	ಭ	ಫ	ಅ	ಮ	◌ು	ನ	ಖ	ಥ	ಆ

ದಶಮಾಂಶ
ಎಂಟು
ಹದಿನೆಂಟು
ಹದಿನೈದು
ಐದು
ನಾಲ್ಕು
ಹದಿನಾಲ್ಕು
ಒಂಬತ್ತು
ಹತ್ತೊಂಬತ್ತು
ಒಂದು
ಏಳು
ಹದಿನೇಳು
ಆರು
ಹದಿನಾರು
ಹತ್ತು
ಹದಿಮೂರು
ಮೂರು
ಹನ್ನೆರಡು
ಇಪ್ಪತ್ತು
ಎರಡು

19 - Spices

ಕ	◌ಿ	◌್	ಕ	ಲ	ಏ	ಸ	ಓ	ಅ	ನ	ಳ	ಣ	ರ	ಜ	ಸ	ಹ
ಷ	◌ೀ	ವ	ಳ	ಅ	ಯ	◌ಿ	ಕ	◌ಾ	ಯ	◌ಿ	◌ಾ	ಜ	◌ು	ಹ	◌ೂ
ಉ	ಢ	ಸ	ಚ	ಷ	ತ	ಹ	ಧ	ಫ	ಡ	ಳ	ದ	◌ೂ	ಚ	ಚ	ಢ
ವ	ಪ	ಉ	ರ	ಬ	◌್	◌ಿ	ರ	ಜ	ದ	◌್	◌ಾ	ಈ	ಓ	◌ೂ	◌ಿ
ಜ	ಣ	◌್	ಠ	◌ಿ	◌ಂ	◌ು	ಶ	ಉ	ಸ	ಳ	ಲ	ಮ	ಈ	ಲ	ಢ
ಆ	ಢ	ಭ	ಪ	ಗ	◌ೆ	ರ	◌ಿ	◌ೀ	ಜ	◌ು	◌್	ಈ	ಥ	ಡ	ಚ
ಆ	ಹ	ಚ	ಷ	◌ು	ಮ	ತ	ಳ	ಥ	ಷ	ಳ	ಚ	ನ	ಒ	ಓ	ಫ
ತ	ಟ	ಳ	ಥ	ಟ	ಕ	ದ	◌ಿ	ಹ	ಲ	◌್	◌ಿ	ಢ	ಉ	ಷ	ಖ
ಕ	ಓ	ಫ	ನ	◌ೂ	ಶ	ಲ	ಳ	ಣ	ಲ	◌ೆ	ನ	ದ	ಸ	ಅ	ವ
ಫ	◌ೆ	ನ	◌್	ನ	◌ೆ	ಲ	◌್	ಳ	ಧ	ಬ	◌್	ತ	◌ೊ	ಆ	ಡ
ಕ	ರ	◌ಿ	ಮ	ಆ	ಹ	ಣ	◌ು	ಳ	ಶ	ಒ	ನ	ಗ	◌ಂ	ವ	ಲ
ಕ	◌ೊ	ತ	◌್	ತ	◌ಂ	ಬ	ರ	◌ಿ	ಅ	ಕ	◌ಿ	◌ೂ	ಪ	ಓ	ತ
ವ	ದ	ಟ	ದ	ಒ	ಮ	ಈ	ಈ	ಡ	ಷ	ಹ	ಥ	ಆ	◌ು	ಆ	ಳ
ಕ	◌ೆ	◌ಂ	ಪ	◌ು	ಮ	◌ೆ	ಣ	ಸ	◌ು	◌ಿ	ರ	ವ	ಗ	ಒ	ಥ
ವ	◌ೆ	ನ	◌ಿ	ಲ	◌್	ಲ	◌ಾ	ಣ	ಡ	ಶ	ವ	ಸ	◌ಿ	ಒ	ಭ
ಒ	ಆ	ತ	ಈ	ಳ	ವ	ಣ	ಢ	ಥ	◌ೂ	ದ	ಷ	ಳ	ಡ	ಳ	ಬ

ಸೋಂಪುಗಿಡ
ಕಹಿ
ಏಲಕ್ಕಿ
ದಾಲ್ಚಿನ್ನಿ
ಲವಂಗ
ಕೊತ್ತಂಬರಿ
ಜೀರಿಗೆ
ಕರಿ
ಫೆನ್ನೆಲ್
ಮೆಂತ್ಯ

ರುಚಿ
ಬೆಳ್ಳುಳ್ಳಿ
ಶುಂಠಿ
ಜಾಯಿಕಾಯಿ
ಈರುಳ್ಳಿ
ಕೆಂಪುಮೆಣಸು
ಕೇಸರಿ
ಉಪ್ಪು
ಸಿಹಿ
ವೆನಿಲ್ಲಾ

20 - Universe

ದ	◌ೂ	ರ	ದ	ರ	◌್	ಶ	ಕ	ಕ	ಖ	ಗ	ದ	ಕ	ರ	ಕ	ಫ
ಷ	ಡ	ಚ	◌ೌ	ಳ	ಢ	ತ	ಜ	◌ಾ	ಗ	◌ೊ	◌ಿ	ತ	◌ಾ	ಕ	ಶ
ಶ	ಶ	ಢ	ಖ	ಸ	ಈ	ಒ	◌ಾ	ಸ	◌ೊ	ಳ	ಗ	◌್	ಶ	◌್	ಖ
ವ	◌ಾ	ತ	◌ಾ	ವ	ರ	ಣ	ಭ	◌್	ಳ	◌ಾ	◌ಂ	ತ	◌ಿ	ಷ	ಭ
ಡ	ಕ	ಹ	ಧ	◌ೂ	ಈ	ಣ	ಮ	ಮ	ಶ	ರ	ತ	ಲ	ಚ	◌ೆ	ಹ
ಹ	ಆ	ಢ	ಟ	ಟ	ಬ	ಭ	ಸ	◌ಿ	◌ಾ	◌್	ರ	◌ೆ	ಕ	ಒ	◌ೂ
ಖ	ರ	ಷ	◌್	ಲ	ದ	ಲ	ಫ	ಕ	ಸ	ಧ	ಣ	ಲ	◌್	ಮ	ಧ
ಈ	ಚ	ಗ	ಲ	ಖ	◌ೂ	ಜ	ಫ	◌್	◌್	ಚ	ಸ	ದ	ರ	ಫ	ಉ
ಸ	◌ಂ	ಕ	◌್	ರ	◌ಾ	◌ಂ	ತ	◌ಿ	ತ	◌ಂ	ರ	ಭ	ಫ	ಷ	ರ
ಲ	ಮ	ಧ	◌ಿ	ರ	ಓ	ಜ	ಓ	ಅ	◌್	ದ	ಗ	ಈ	ತ	ಳ	ಸ
ಜ	ನ	ತ	ಟ	ಶ	ದ	ಶ	ದ	ರ	ರ	◌್	◌ೊ	ನ	ಢ	ರ	ಫ
ಗ	◌್	ಯ	◌ಾ	ಲ	ಕ	◌್	ಸ	◌ಿ	◌ೇ	ರ	ಚ	ಡ	ಜ	ಬ	ತ
ಅ	ಕ	◌್	ಷ	◌ಾ	◌ಂ	ಶ	ಷ	ನ	ಆ	ಖ	ರ	ಹ	ಓ	ಈ	ವ
ರ	ದ	ಲ	ಚ	ಆ	ಓ	ಓ	ಓ	◌ು	ಲ	◌ೂ	◌ಾ	ನ	ಣ	ಜ	ದ
ರ	ಷ	ವ	ಬ	ಈ	ಭ	ಹ	ಫ	ಡ	◌್	ಬ	ಭ	◌ಂ	ಡ	ಬ	ನ
ಲ	ನ	ತ	ವ	ಭ	ನ	ಢ	ಸ	ಟ	ತ	ಕ	ಧ	ಒ	ಶ	ಭ	ಓ

ಕ್ಷುದ್ರಗ್ರಹ
ಖಗೋಳಶಾಸ್ತ್ರ
ವಾತಾವರಣ
ಕಾಸ್ಮಿಕ್
ಕತ್ತಲೆ
ಸಮಭಾಜಕ
ಗ್ಯಾಲಕ್ಸಿ
ಗೋಳಾರ್ಧ
ದಿಗಂತ
ಅಕ್ಷಾಂಶ
ರೇಖಾಂಶ
ಚಂದ್ರ
ಕಕ್ಷೆ
ಆಕಾಶ
ಸೌರ
ಸಂಕ್ರಾಂತಿ
ದೂರದರ್ಶಕ
ಟಿಲ್ಟ್
ಗೋಚರ
ರಾಶಿಚಕ್ರ

21 - Mammals

ಮ	◌ಂ	ಕ	◌ಿ	ಉ	ತ	ಉ	ಮ	ಈ	ಕ	ಫ	ಟ	ಉ	ಅ	ಟ	ಕ
ಈ	ನ	ಉ	ಖ	ಸ	ಖ	ಅ	◌ೊ	ಮ	ಮ	ರ	ನ	ಧ	ಬ	◌ೂ	◌ೊ
ಜ	ಬ	◌ೆ	ಕ	◌್	ಕ	◌ು	ಲ	ಮ	ಫ	◌ಾ	ಕ	◌್	ಸ	◌್	ಯ
◌ೂ	ಲ	ಇ	ಳ	ಖ	ಢ	ಶ	ಜ	ಶ	ಕ	ಬ	ವ	ಡ	ಫ	ಆ	◌ೊ
ಕ	ಚ	ಳ	ಒ	ಒ	ಷ	ಲ	◌ಾ	ಲ	◌್	ರ	◌ಿ	◌ೊ	ಗ	ಢ	ಟ
ಸ	ರ	◌ಿ	◌ು	ಕ	ಬ	ಗ	ಕ	◌ು	ದ	◌ು	ರ	◌ೆ	ಕ	ಡ	◌ೆ
ಖ	◌್	ಡ	ಯ	ಮ	◌ೂ	◌ಿ	ಆ	ಟ	ಷ	ಚ	ರ	◌ೂ	ಭ	ಅ	ದ
ದ	ವ	ಶ	◌ಿ	ಕ	ಈ	ಮ	ವ	ಳ	ಭ	ಆ	ನ	◌ೆ	ಚ	ಆ	ಈ
ಇ	◌ೀ	ಇ	◌ಾ	ಖ	◌ಾ	◌ಿ	ತ	ಲ	ಹ	ಷ	◌್	ನ	ಡ	ಮ	ಅ
ಖ	ಬ	ದ	ನ	ಫ	ಚ	◌ಂ	ಅ	◌ೊ	ನ	ಮ	ಫ	ರ	ಶ	ದ	ಧ
ಜ	◌ಿ	ರ	◌ಾ	ಫ	◌ೆ	◌ಿ	ಗ	ಭ	ಳ	ಉ	◌ಿ	ಜ	ಒ	ಉ	ಳ
ಧ	ಅ	ಒ	ಜ	ದ	ಈ	ತ	ಉ	ರ	ನ	ಫ	ಲ	ವ	ಕ	ಜ	ಚ
ಫ	ಹ	ಈ	ಉ	ಬ	◌ು	ಲ	◌್	ಢ	◌ೂ	ಢ	◌್	ಈ	ಮ	◌ೂ	ಭ
ಮ	ಸ	◌ಿ	◌ಂ	ಹ	ದ	ಭ	◌ೂ	ಖ	ಭ	ರ	◌ಾ	ಬ	◌್	◌ೀ	ಜ
ಭ	ಲ	ಓ	ಜ	ಹ	ದ	ಧ	ಒ	ಲ	ಳ	ಡ	ಡ	ಭ	ಈ	ಕ	ಶ
ವ	ಒ	ಶ	ಈ	ಳ	ಚ	ಢ	ಭ	ಒ	ಶ	ಮ	ಉ	ಚ	ಳ	ಕ	ಓ

ಕರಡಿ
ಬೀವರ್
ಬುಲ್
ಬೆಕ್ಕು
ಕೊಯೊಟೆ
ನಾಯಿ
ಡಾಲ್ಫಿನ್
ಆನೆ
ಫಾಕ್ಸ್
ಜಿರಾಫೆ

ಗೊರಿಲ್ಲಾ
ಕುದುರೆ
ಕಾಂಗರೂ
ಸಿಂಹ
ಮಂಕಿ
ಮೊಲ
ಕುರಿ
ತಿಮಿಂಗಿಲ
ತೋಳ
ಜೀಬ್ರಾ

22 - Fishing

ನ	ಟ	ಷ	ಟ	ಕ	ರ	ತ	◌ಾ	ಳ	◌್	ಮ	◌ೆ	ಅ	ಮ	ಒ	ಈ
ಓ	◌ಿ	ದ	ನ	ಸ	◌ೆ	ವ	ಹ	ಕ	ಢ	ಳ	ಈ	ಡ	◌ಾ	ಉ	ಮ
ಓ	ಟ	◌ೀ	ರ	ಬ	ಕ	ಜ	◌ೊ	◌ು	ಣ	ನ	ದ	◌ು	ಪ	ತ	ಚ
ಫ	◌್	ಮ	ರ	◌ೂ	◌್	ಬ	ಣ	ರ	ಕ	ಪ	ಉ	ಗ	ಕ	ಟ	ಉ
ಡ	◌ು	ಫ	ಗ	◌ು	ಕ	◌ೆ	ಣ	ನ	ಸ	◌್	ಬ	◌ೆ	ಗ	ಅ	ಸ
ಡ	ಬ	◌ೂ	◌ಾ	ಶ	◌ೆ	ಟ	ಳ	ಭ	ಣ	ಸ	◌ೀ	ಚ	ಳ	ಒ	ಟ
ಆ	ಳ	ಢ	ಸ	ಅ	ಗ	◌್	ಚ	ಅ	ನ	ಷ	ಚ	ಬ	◌ು	ಛ	ದ
ಣ	ಶ	ಖ	ತ	ಧ	ಳ	ಫ	ಡ	ಫ	ಹ	ಳ	◌್	ಬ	ವ	◌ೂ	ವ
ಅ	ಜ	ಫ	ಉ	ವ	◌ು	ಛ	ಢ	ಸ	ಳ	ಈ	ಢ	ಆ	ಖ	◌ೂ	ಡ
ಕ	◌ಿ	ವ	◌ಿ	ರ	◌ು	ಗ	ಳ	ಲ	◌ೂ	ಧ	ದ	ಡ	ಖ	ಶ	◌ೆ
ಓ	ದ	ತ	◌ೂ	ಕ	ಉ	ತ	◌್	ಪ	◌್	ರ	◌ೇ	ಕ	◌್	ಷ	◌ೆ
ಕ	ಧ	ಹ	ಟ	ಷ	ಬ	ಣ	ಮ	ಛ	ಲ	ದ	ಬ	ರ	ಶ	ನ	ಖ
ಮ	ವ	ಹ	ದ	ಕ	ಣ	ಷ	ಢ	ವ	ಅ	◌ೊ	ದ	ಭ	ಒ	ಢ	ಅ
ಶ	ಫ	ರ	ಸ	ಒ	ವ	ಛ	ಈ	ಸ	ಫ	ಣ	ಧ	ಣ	ದ	ವ	ಆ
ತ	◌ಂ	ತ	◌ಿ	ಈ	ಚ	ಓ	ಟ	ಮ	ಒ	◌ಿ	ಆ	ಖ	ಣ	ಧ	ಲ
◌ೂ	ದ	ಲ	ಬ	ಡ	◌ೂ	ಶ	ಭ	ಚ	ಭ	ಚ	ಕ	ಫ	ಭ	ಓ	ತ

ಬೆಟ್
ಬುಟ್ಟಿ
ಬೀಚ್
ದೋಣಿ
ಅಡುಗೆ
ಉಪಕರಣ
ಉತ್ಪ್ರೇಕ್ಷೆ
ರೆಕ್ಕೆಗಳು
ಕಿವಿರುಗಳ
ಹುಕ್
ದವಡೆ
ಸರೋವರ
ಸಾಗರ
ತಾಳ್ಮೆ
ನದಿ
ಮಾಪಕಗಳು
ನೀರು
ತೂಕ
ತಂತಿ

23 - Restaurant #1

ಕ	ಖ	ದ	ಈ	ಢ	ಓ	ಹ	ಖ	ಷ	ಡ	ರ	ಓ	ಚ	ಳ	ಕ	ಪ
◌ಾ	ಕ	◌್	ಯ	◌ಾ	ಷ	◌ಿ	ಯ	ರ	◌್	ಡ	ದ	ಢ	ಬ	ಚ	ದ
ಫ	ಉ	ಉ	ಕ	ಧ	ಳ	◌ಿ	◌ೈ	ಕ	ಅ	ಲ	ರ	◌್	ಜ	◌ಿ	◌ಾ
◌ಿ	ಶ	ಅ	ಡ	ದ	ಅ	ಸ	ಕ	ನ	ಕ	ತ	ಒ	ಖ	ಭ	ಜ	ರ
ತ	◌ಿ	ನ	◌್	ನ	ಲ	◌ು	ರ	ಢ	ಧ	◌ಿ	ಅ	ಫ	ಸ	ಮ	◌್
ರ	ವ	ಳ	ರ	ಧ	ಕ	ಭ	ವ	ಧ	ಬ	ಲ	ಚ	ಚ	ಭ	◌ೆ	ಥ
ಆ	ಶ	ಅ	◌ೆ	ಫ	ಡ	ಭ	ಸ	ತ	ಧ	◌ಾ	ಢ	ನ	ಖ	ನ	ಗ
ಸ	ಹ	ಉ	◌್	ರ	◌ೂ	ಫ	◌್	ಖ	ಜ	ಸ	ಲ	ಷ	◌್	◌ು	ಳ
◌ಾ	ಳ	◌ಾ	ಬ	ವ	ಚ	ಐ	ತ	ತ	ವ	◌ೀ	ಲ	ಅ	ಆ	ಒ	◌ು
ಸ	ಟ	ಖ	ರ	ಮ	ಆ	ಢ	◌್	ಭ	ಭ	ಮ	ಓ	ಫ	ಹ	ಚ	ಸ
◌್	ಚ	ಚ	ಶ	◌ಾ	ಪ	ಕ	ರ	◌ೂ	ಉ	ಒ	ಢ	ಲ	ಐ	ಫ	ಆ
ಷ	ಧ	◌ಾ	ಹ	◌ಂ	◌್	ಮ	ಸ	◌ಾ	ಲ	◌ೆ	ಯ	◌ು	ಕ	◌್	ತ
ಬ	ಳ	ಕ	ಚ	ಸ	ಲ	ಲ	◌ೂ	ಈ	ತ	ಧ	ಳ	ಫ	ಖ	ಸ	ಬ
ಉ	◌ೌ	◌ು	ಳ	ಸ	◌ೇ	◌ೂ	ಲ	ಟ	ಶ	ಈ	ಆ	ಖ	◌ೂ	ಒ	ಆ
ಬ	ನ	ಲ	ಐ	ಖ	ಟ	ಪ	ರ	◌ಿ	ಚ	◌ಾ	ರ	◌ಿ	ಕ	◌ೆ	ಟ
ಫ	ಢ	ಬ	◌್	ಐ	◌್	ಳ	ಭ	ಳ	ಓ	ಭ	ಫ	ಶ	ಓ	ಐ	ಲ

ಅಲರ್ಜಿ
ಬೌಲ್
ಬ್ರೆಡ್
ಕ್ಯಾಷಿಯರ್
ಕೋಳಿ
ಕಾಫಿ
ಸಿಹಿ
ಆಹಾರ
ಪದಾರ್ಥಗಳು
ಕಿಚನ್

ಚಾಕು
ಮಾಂಸ
ಮೆನು
ಕರವಸ್ತ್ರ
ಪ್ಲೇಟ್
ಮೀಸಲಾತಿ
ಸಾಸ್
ಮಸಾಲೆಯುಕ್ತ
ತಿನ್ನಲು
ಪರಿಚಾರಿಕೆ

24 - Weather

ನ	ಆ	ಣ	ಡ	ಒ	ಷ	ಢ	ಖ	ಕ	ಆ	ಈ	ಧ	ಥ	ಮ	ಢ	◌ೂ
ಹ	ರ	ಟ	◌ೂ	ಣ	ಣ	ದ	ಶ	ಷ	ಕ	ಫ	ಡ	◌್	ಡ	ಒ	ದ
ವ	ಲ	◌ು	ಲ	◌್	ಬ	◌ಿ	◌ೆ	ಳ	ಮ	ಹ	ಆ	ಗ	ರ	ಜ	ಯ
◌ಾ	ಮ	◌ು	◌ಂ	ಗ	◌ಾ	ರ	◌ು	ನ	ಫ	◌ೋ	ಫ	◌ು	ತ	◌ು	ಲ
ಮ	ಮ	ಚ	◌ಂ	ಡ	ಮ	◌ಾ	ರ	◌ು	ತ	ನ	ಡ	ಡ	◌ಾ	◌ಂ	ವ
◌ಾ	◌ಂ	ತ	ಶ	ಮ	◌ಿ	◌ಂ	ಚ	◌ು	ಣ	ವ	ಈ	◌ು	ಪ	ಮ	ಣ
ನ	ಜ	ಥ	◌ಂ	ಗ	◌ಾ	ಳ	◌ಿ	◌ೂ	ರ	ಥ	ದ	ಗ	ಮ	ತ	◌್
ಹ	◌ು	◌ೂ	ಫ	ಗ	ಬ	ಖ	ಆ	ಕ	ವ	ಧ	ಕ	◌ು	◌ಾ	ಶ	ಷ
ಫ	ಗ	ಈ	ಬ	ಬ	◌ಾ	ಕ	ಜ	ರ	ತ	ಡ	ಷ	ಢ	ನ	ಲ	ಉ
ಣ	ಡ	ಹ	ಖ	ರ	ಓ	ಳ	◌ಿ	ಗ	◌ಾ	ರ	◌ು	◌ಿ	ಬ	ಟ	ಲ
ಉ	◌್	ಧ	ರ	ಥ	ಸ	ಳ	◌ಿ	ಗ	◌ಾ	ರ	ಟ	◌ಂ	◌ು	ಸ	ಆ
ವ	ಡ	ವ	ಭ	ಉ	ದ	ಶ	ಷ	ತ	ವ	ಣ	ಆ	ಕ	◌ಾ	ಶ	ಭ
ಶ	◌ೆ	ಟ	ಚ	ಉ	ಷ	ಸ	ಣ	ಥ	ಧ	ಟ	ಥ	ಸ	ಖ	ಚ	ಕ
ವ	ಳ	ಜ	ಳ	ಮ	ಈ	ಣ	ಕ	ಆ	ಡ	ಆ	ಆ	ಒ	ಭ	ಬ	ಚ
ಡ	ಭ	◌ೂ	ಶ	ಅ	ಓ	ಕ	ಳ	ಖ	ಳ	ಥ	ಫ	ವ	ಭ	ಉ	ಲ
ಈ	ಖ	ಆ	ಖ	ನ	◌ೂ	ನ	ಷ	ಫ	ಉ	ಓ	ನ	ಣ	ಅ	◌ೂ	ಖ

ವಾತಾವರಣ
ತಂಗಾಳಿ
ಹವಾಮಾನ
ಮೋಡ
ಬರ
ಒಣ
ಮಂಜು
ಚಂಡಮಾರುತ
ಮಂಜುಗಡ್ಡೆ
ಮಿಂಚು
ಮುಂಗಾರು
ಧ್ರುವ
ಮಳೆಬಿಲ್ಲು
ಆಕಾಶ
ಬಿರುಗಾಳಿ
ತಾಪಮಾನ
ಗುಡುಗು
ಸುಂಟರಗಾಳಿ
ಉಷ್ಣವಲಯದ
ಗಾಳಿ

25 - Sport

ನ	ಗ	ರ	◌ಿ	ಷ	◌್	ಠ	ಗ	◌ೊ	ಳ	◌ಿ	ಸ	◌ು	ಡ	◌ೂ	ಖ
ಕ	◌ೃ	ಣ	ಕ	ಡ	ಶ	ತ	◌ೂ	ಜ	ಲ	◌ೂ	ಷ	ರ	ವ	ಉ	ಶ
ಡ	ನ	ತ	◌ೆ	ಣ	◌ು	ಷ	◌್	◌ಿ	ಹ	ಸ	ವ	ನ	ಟ	ಶ	ಒ
ಮ	ರ	ಕ	◌್	ಯ	ರ	◌್	◌ಾ	ಕ	ಜ	ಫ	ಬ	ಚ	ಶ	ಣ	ಲ
ಜ	ಳ	◌ು	ಗ	ಯ	◌ು	ನ	◌ಾ	◌್	ಸ	ಮ	ಢ	ನ	ಳ	ಹ	ಬ
ಮ	◌ೂ	ಳ	◌ೆ	ಗ	ಳ	◌ು	ಕ	ಸ	ಫ	ಅ	ಭ	ಡ	ಈ	ಹ	ಡ
ಕ	ಜ	ಢ	ಟ	ಢ	ಜ	ಉ	ಳ	ಷ	ಒ	ಣ	ಢ	ದ	ಶ	ಶ	ಕ
ದ	◌ೇ	ಹ	ಳ	ಕ	ಸ	◌ೈ	ಕ	◌್	ಲ	◌ಿ	◌ಂ	ಗ	◌್	ಲ	ಈ
ಫ	ಯ	ಷ	ಧ	ಫ	◌್	ಹ	ಅ	ಜ	ಸ	ಆ	ಣ	ಲ	ಜ	ಷ	ವ
ಟ	ಗ	ಥ	ಆ	ಬ	ಲ	ರ	◌ಾ	ಹ	ಆ	ಬ	ನ	ಢ	ಶ	ಒ	ದ
ಭ	◌್	ಉ	◌್	ಬ	ಫ	◌ೂ	◌ೀ	ಹ	ಫ	ಆ	ದ	ಚ	ಭ	ಅ	ಮ
ಖ	◌ೊ	ಕ	◌್	ರ	◌ೀ	ಡ	◌ೆ	ಡ	ಚ	ಯ	◌ಾ	ಪ	ಚ	ಯ	ಹ
ಲ	ರ	ದ	ತ	◌ಿ	◌್	ಕ	ಶ	ದ	◌ಾ	ಒ	ಷ	ಒ	◌್	ವ	ಓ
ಧ	ಆ	ಆ	ಧ	◌ು	ಭ	ಮ	ಖ	ಉ	ಢ	ಪ	ಈ	ಹ	◌ೊ	ಶ	ಹ
ಉ	ಣ	ಗ	◌್	ಗ	◌ಿ	◌ಂ	◌ಾ	ಜ	ತ	ಷ	ಟ	ಮ	ಕ	ಷ	ಅ
ಪ	◌ೋ	ಷ	ಣ	◌ೆ	◌ೂ	ಸ	ಷ	ಸ	ತ	ಶ	ಸ	◌ು	ಓ	ಭ	ರ

ಸಾಮರ್ಥ್ಯ
ಕ್ರೀಡಾಪಟು
ದೇಹ
ಮೂಳೆಗಳು
ಕೋಚ್
ಸೈಕ್ಲಿಂಗ್
ನೃತ್ಯ
ಆಹಾರ
ಸಹಿಷ್ಣುತೆ
ಗುರಿ
ಆರೋಗ್ಯ
ಜಾಗಿಂಗ್
ಗರಿಷ್ಠಗೊಳಿಸು
ಚಯಾಪಚಯ
ಸ್ನಾಯುಗಳು
ಪೋಷಣೆ
ಕಾರ್ಯಕ್ರಮ
ಕ್ರೀಡೆ
ಶಕ್ತಿ

26 - Restaurant #2

ಓ	ಸ	◌ೂ	ಪ	◌್	ಈ	ಒ	ಕ	ಧ	ಭ	ಜ	ಜ	ಳ	ಭ	ಒ	ಈ
ಬ	ಣ	ತ	ಭ	ಧ	ಶ	ವ	ಹ	ಚ	ಈ	ಈ	ಫ	◌ು	ಬ	ಜ	ಮ
ರ	ಳ	ಡ	ಲ	◌ೂ	ಣ	◌ಿ	◌ಾ	ಮ	ಮ	ಈ	ತ	ಗ	ಣ	ರ	ಖ
ಪ	◌ು	ಸ	ಲ	ಕ	◌ು	ರ	◌್	ಚ	◌ಿ	ಚ	ಸ	ಲ	◌ಾ	ಡ	◌್
◌ಾ	ಗ	ಚ	ಟ	ಜ	◌್	◌ು	ದ	ತ	ಹ	ಅ	◌್	◌ೆ	ಒ	ನ	ಖ
ನ	ರ	ಮ	◌ಿ	ಚ	ಣ	◌ೕ	ಚ	ಟ	ಸ	ಚ	ಲ	◌ಾ	ಮ	ಲ	ಭ
◌ೀ	◌ಿ	ಟ	ಕ	ಯ	ಹ	◌ಿ	ಭ	ಲ	◌ೂ	ನ	◌್	ಸ	◌ೊ	ಟ	◌ೂ
ಯ	◌ಾ	ಮ	ತ	ಒ	◌ಾ	ನ	ಖ	ಶ	ವ	ಭ	ಡ	ಮ	ಟ	ಓ	ಳ
ಟ	ಕ	ಕ	◌ೇ	ಕ	◌್	ದ	ಫ	ಆ	ಖ	ಭ	◌ೂ	ಫ	◌್	ಸ	ಬ
ಧ	ರ	ಶ	ಜ	◌್	ರ	ಒ	ಕ	◌ೂ	ಹ	ಭ	ನ	ಹ	ಟ	ಟ	ಲ
ಷ	ತ	ತ	ಭ	ರ	ಹ	ಣ	ಮ	ಕ	ಬ	ಢ	ಹ	ಭ	◌ೆ	ಸ	ದ
ಳ	ಡ	ವ	ನ	◌್	ಧ	ಉ	ನ	◌ೀ	ದ	ದ	ಅ	ಟ	ಗ	ಟ	ಣ
ಈ	ಭ	ಊ	ಟ	◌ೊ	ಮ	ಫ	ತ	ಡ	ನ	ಭ	ಜ	ಆ	ಳ	ಣ	ಈ
◌ೂ	ಧ	ತ	ಓ	ಫ	ಶ	ಸ	ಉ	ತ	ವ	◌ು	ಕ	ಭ	◌ು	ಉ	ಟ
ಉ	ಪ	◌್	ಪ	◌ು	ಒ	ಭ	ಓ	ಮ	ಒ	ಖ	ವ	ಲ	ಫ	ಉ	ಭ
ಣ	ಲ	ನ	ಸ	ಧ	ಜ	ಧ	ಟ	ರ	ತ	ಳ	ಚ	ಒ	ಡ	ಮ	ನ

ಪಾನೀಯ
ಕೇಕ್
ಕುರ್ಚಿ
ರುಚಿಯಾದ
ಊಟ
ಮೊಟ್ಟೆಗಳು
ಮೀನು
ಫೋರ್ಕ್
ಹಣ್ಣು
ಹಿಮ
ನೂಡಲ್ಸ್
ಸಲಾಡ್
ಉಪ್ಪು
ಸೂಪ್
ಮಸಾಲೆಗಳು
ಚಮಚ
ತರಕಾರಿಗಳು
ಮಾಣಿ
ನೀರು

27 - Geology

ಫ	ಒ	ಟ	ವ	ರ	ಹ	ಢ	ರ	ಶ	ಓ	ತ	ಹ	ಶ	ಳ	ಳ	ಜ
ಸ	ಕ	ಟ	◌ಿ	ಫ	◌್	ಸ	ಚ	ಬ	ಕ	◌ೆ	ರ	ಓ	ಕ	ರ	ಛ
ರ	ಲ	◌್	ರ	◌ೊ	ಕ	ಖ	ಭ	ಬ	ಚ	ವ	ಡ	ಭ	ತ	ಒ	ವ
ಟ	◌್	ಟ	◌ೈ	ಕ	◌್	ಲ	ಟ	◌ಾ	◌್	ಸ	ಅ	ಆ	ಅ	ಛ	ಛ
ಸ	ಲ	ಸ	ಒ	ಲ	ಕ	ಭ	ಈ	ಈ	ವ	◌ೂ	ಟ	ಅ	ನ	ಚ	ಪ
ಳ	◌ು	ಈ	◌ೀ	ಫ	ಒ	ಕ	ಒ	ಬ	ಹ	ಶ	ಒ	ಚ	ಉ	ಕ	◌್
ಲ	ಇ	ಬ	ತ	ಗ	ಷ	ರ	ಭ	ಟ	ಹ	ಭ	ಜ	ಬ	ನ	◌್	ರ
◌ಾ	ಪ	ಳ	◌ೆ	ಯ	◌ು	ಳ	◌ಿ	ಕ	◌ೆ	ಖ	ಹ	◌ೂ	ಪ	ರ	ಸ
ವ	ಇ	ಕ	ತ	ಬ	ಖ	◌ು	ಈ	ಓ	◌ು	ಳ	◌ಂ	ಶ	ದ	ಗ	◌್
◌ಾ	ಆ	ಳ	◌ಂ	ಭ	◌ೂ	ಗ	ಬ	ಡ	ಗ	ಈ	ಆ	ಡ	ರ	ಳ	ಥ
ಕ	ಆ	ತ	ಜ	◌ೂ	ಒ	ಜ	ಹ	ರ	ಳ	◌ು	ಗ	ಳ	◌ು	◌ು	ಭ
ತ	ಮ	ಛ	ತ	ಳ	ಭ	◌ಿ	ಉ	ಪ	◌್	ಪ	◌ು	ಷ	◌ೂ	ತ	◌ೂ
ಚ	◌್	ಟ	ಈ	ಉ	ಬ	ನ	ಮ	ಫ	ಒ	ಲ	ಚ	ಓ	ಇ	ಉ	ಮ
ಒ	ಲ	ಈ	ರ	ವ	ಭ	ಖ	ಉ	ಫ	◌ೂ	ನ	ದ	ಬ	ಸ	ಭ	◌ಿ
ಧ	ಒ	◌ೂ	ಕ	◌್	ಯ	◌ಾ	ಲ	◌್	ಸ	◌ಿ	ಯ	◌ಂ	ಢ	ಟ	ಢ
ಜ	◌್	ವ	◌ಾ	ಲ	◌ಾ	ಮ	◌ು	ಖ	◌ಿ	ಖ	ನ	ಳ	ರ	ಒ	ದ

ಆಮ್ಲ
ಕ್ಯಾಲ್ಸಿಯಂ
ಗುಹೆ
ಖಂಡ
ಕೋರಲ್
ಹರಳುಗಳು
ಚಕ್ರಗಳು
ಭೂಕಂಪ
ಸವೆತ
ಪಳೆಯುಳಿಕೆ
ಗೀಸರ್
ಲಾವಾ
ಪದರ
ಖನಿಜಗಳು
ಪ್ರಸ್ಥಭೂಮಿ
ಸ್ಫಟಿಕ
ಉಪ್ಪು
ಸ್ಟಾಲಕ್ಟೈಟ್
ಕಲ್ಲು
ಜ್ವಾಲಾಮುಖಿ

28 - House

ಶ	ವ	ರ	◌್	ಬ	ಓ	ಷ	ಆ	ಕ	◌ಿ	ಚ	ನ	◌್	ಷ	ರ	ದ
ದ	ವ	ಕ	ಬ	ಜ	◌ಾ	ಜ	ಶ	ರ	ಕ	ಉ	ತ	ಆ	ಶ	ಘ	◌ಿ
ಧ	ಅ	ಲ	◌್	ಳ	◌ು	ಗ	ಣ	ರ	ಕ	ಪ	ಠ	◌ೊ	◌ೀ	ಪ	◌ೕ
ನ	ಹ	ಓ	ರ	ವ	◌ೂ	ಧ	◌ಿ	ಉ	ದ	ಫ	ಧ	ರ	ಟ	ಧ	ಪ
ಳ	ಓ	ಜ	◌ೂ	ಚ	ಹ	ಟ	ಆ	ಲ	◌ಿ	◌ೇ	ಬ	ಲ	ತ	◌ೂ	ಮ
◌ು	ಖ	ವ	ಮ	ರ	◌ೂ	ಫ	◌್	ಓ	◌ು	ಢ	ಉ	ಜ	ಕ	ಡ	ನ
ಗ	ಒ	ಭ	◌್	ಈ	ತ	ಳ	ಡ	◌ು	ಗ	◌ೂ	ಕ	◌ಿ	◌ಂ	◌ೆ	ಬ
◌ೆ	◌್	ಈ	ಭ	ಶ	ಅ	ಜ	◌ಿ	ಸ	ಡ	ಷ	ಡ	ವ	ಳ	◌ೊ	ಸ
ದ	ಮ	ರ	ನ	ಅ	ತ	ಟ	ನ	ಭ	ಡ	ಣ	ಣ	ಉ	◌ು	ಗ	ಆ
ರ	ನ	ಅ	◌ಂ	ಚ	ನ	ಜ	◌್	ರ	◌ೇ	ಯ	◌ಾ	◌್	ಗ	ಧ	ಢ
ಪ	ಷ	ಭ	ಒ	ಥ	ಲ	◌ೆ	ನ	ಟ	ಭ	ಬ	ರ	ನ	ಲ	ರ	ಲ
ಫ	ಅ	ಖ	ಸ	ಓ	◌ಾ	ಟ	ಕ	◌ಿ	ಟ	◌ಿ	ಕ	ಣ	◌ಿ	ಭ	ಉ
ದ	ಫ	ರ	ಶ	ಆ	ಓ	ಲ	ಉ	ದ	◌್	ಯ	◌ಾ	ನ	◌ೀ	ವ	ವ
ಅ	ಢ	ವ	ಉ	ಭ	ಉ	ಓ	ಯ	ರ	ಖ	ನ	ವ	ಹ	ಕ	ಫ	ಟ
ಢ	ಓ	ವ	ಟ	ಷ	ಕ	◌ೊ	ಠ	ಡ	◌ಿ	ಡ	ಆ	ನ	ನ	ಭ	ಚ
ವ	ಷ	ಮ	ಅ	ಓ	ಮ	ಉ	ಹ	ಆ	ಆ	ತ	ವ	ತ	ಉ	ಖ	ಮ

ಅಟ್ಟ
ಬ್ರೂಮ್
ಪರದೆಗಳು
ಬಾಗಿಲು
ಬೇಲಿ
ಬೆಂಕಿಗೂಡು
ನೆಲ
ಪೀಠೋಪಕರಣಗಳು
ಗ್ಯಾರೇಜ್
ಉದ್ಯಾನ
ಕೀಲಿಗಳು
ಕಿಚನ್
ದೀಪ
ಗ್ರಂಥಾಲಯ
ಕನ್ನಡಿ
ರೂಫ್
ಕೊಠಡಿ
ಶವರ್
ಗೋಡೆ
ಕಿಟಕಿ

29 - Physics

ಟ	ಬ	ಕ	ರ	ಪ	ಸ	◌ಾ	ಪ	◌ೇ	ಕ	◌್	ಷ	ತ	◌ೆ	ಎ	ಳ
ಓ	ಡ	ನ	ತ	◌್	ರ	ವ	ಆ	ಅ	ದ	ತ	ಣ	ಟ	ಳ	◌ಂ	ಶ
ಧ	ದ	◌ಿ	◌್	ಸ	ತ	ಮ	ನ	ಅ	ವ	ಕ	ಉ	◌ೂ	ಮ	ಜ	◌ೂ
ರ	ಸ	ಯ	◌ಂ	◌ಾ	◌್	ಜ	◌ಾ	◌ೂ	◌ೇ	ಲ	ಮ	ಳ	ಲ	◌ಿ	ಈ
ಕ	ಮ	ಸ	ಯ	◌ಂ	◌ೂ	ಫ	ಖ	ಣ	ಗ	ಖ	ಳ	ಮ	ಕ	ನ	ಆ
ಚ	ತ	◌ಾ	ಒ	ದ	ಸ	ಲ	ಓ	ನ	◌ು	ಲ	ಒ	ಭ	ಛ	◌್	ಭ
ಕ	◌ೂ	◌ಾ	ಉ	◌್	ವ	ಧ	ಥ	◌ೆ	ಸ	◌್	ವ	ಯ	◌್	ವ	ಅ
ಣ	◌ಾ	ರ	ಉ	ರ	ತ	◌ಿ	ಷ	ಧ	ಮ	ತ	ಷ	ಈ	ಳ	ಒ	ಟ
ವ	ಅ	◌ಂ	◌ೂ	ತ	ರ	ಣ	ಸ	ರ	◌ೂ	ಅ	ಟ	ಒ	◌ೂ	ಛ	ಢ
ಒ	ಧ	ಷ	ತ	◌ೆ	ತ	◌ೂ	ಹ	◌್	ಹ	ಣ	ಲ	ನ	ಣ	ಒ	ಓ
ತ	ಭ	ಶ	ಫ	◌ೀ	ಈ	ಣ	ಉ	ವ	ತ	◌ು	ಕ	ಟ	ಪ	ಅ	ಆ
ಳ	ಉ	ಳ	ನ	ಜ	ಯ	ಹ	ಫ	ಗ	ಕ	ರ	ಣ	ವ	◌್	ನ	ಈ
ಢ	ಷ	ಆ	ಢ	ಲ	ಒ	ತ	ಕ	◌ೇ	ಢ	ಉ	ಣ	ಖ	ರ	◌ಿ	ಛ
ದ	ಧ	ಢ	ಳ	ಈ	ಚ	ಫ	◌ೆ	ವ	ಹ	ಅ	ಣ	◌ೆ	ಯ	ಲ	ಓ
ಷ	ಮ	ಎ	ಲ	◌ೆ	ಕ	◌್	ಟ	◌್	ರ	◌ಾ	ನ	◌್	◌ೊ	ಛ	ಓ
ಣ	ಸ	◌ಾ	ರ	◌್	ವ	ತ	◌್	ರ	◌ಿ	ಕ	ಛ	ಅ	ಗ	ದ	ಭ

ವೇಗವರ್ಧನೆ
ಅವ್ಯವಸ್ಥೆ
ರಾಸಾಯನಿಕ
ಸಾಂದ್ರತೆ
ಎಲೆಕ್ಟ್ರಾನ್
ಎಂಜಿನ್
ವಿಸ್ತರಣೆ
ಪ್ರಯೋಗ
ಸೂತ್ರ
ಆವರ್ತನ
ಅನಿಲ
ಕಾಂತೀಯತೆ
ಸಮೂಹ
ಯಂತ್ರ
ಅಣು
ಪರಮಾಣು
ಕಣ
ಸಾಪೇಕ್ಷತೆ
ಸಾರ್ವತ್ರಿಕ
ವೇಗ

30 - Dance

ಜ	ಥ	ಣ	ಅ	ಮ	ಸ	ಕ	ಥ	ತ	ಜ	ಶ	ಫ	ಭ	ಶ	ಸ	ವ
ಜ	ಖ	ಖ	ಟ	ಓ	ಬ	◌ಂ	ಗ	◌ಿ	◌ಂ	ಭ	ದ	ದ	ಆ	◌ಾ	ಹ
ಸ	ಧ	ಹ	ದ	ಬ	ತ	◌ೂ	ಸ	ಕ	ದ	ಯ	◌ೇ	ಳ	ಶ	◌ಂ	ಫ
◌್	◌ಂ	ಸ	◌ಂ	ಗ	◌ೀ	ತ	ಣ	◌್	ರ	ಶ	ಹ	ಳ	◌ಾ	ಸ	ನ
ರ	ಫ	ತ	ಅ	ನ	ಣ	ಖ	ಶ	ಯ	ಕ	◌್	ಹ	ಭ	ಸ	◌್	◌ೃ
◌ೇ	ಈ	ಆ	◌ೋ	ಥ	ರ	ಫ	ಥ	ವ	ಯ	◌ೃ	◌ೂ	ರ	◌್	ಕ	ತ
◌್	ಣ	ಅ	ಭ	ಷ	ಒ	ಫ	ವ	◌್	◌ಿ	ದ	ತ	ಕ	ತ	◌ೃ	◌್
ಗ	ಟ	ಅ	ಭ	ಭ	ದ	ವ	ಕ	◌ಿ	ದ	ಭ	ಖ	◌ಿ	◌್	ತ	ಯ
ಚ	ಟ	ವ	ಫ	ಖ	ಚ	◌ಾ	ಣ	ಭ	◌ಾ	◌ಾ	ಣ	ಖ	ರ	◌ಿ	ಸ
ಶ	◌ೂ	ಅ	ಈ	ಣ	ಣ	ಕ	ಯ	ಅ	ರ	ವ	ಲ	ಈ	◌ೀ	ಕ	◌ಂ
ಆ	ಚ	ಲ	ಧ	◌ೂ	ಉ	ಜ	ಲ	ಕ	ಪ	ನ	ಫ	ಓ	ಯ	ಫ	ಯ
ಅ	ಕ	◌ಾ	ಡ	◌ೆ	ಮ	◌ಿ	ಲ	◌ೆ	◌್	◌ೆ	ಚ	ಲ	ನ	◌ೆ	◌ೊ
ಸ	ಟ	ಬ	ಳ	ಬ	ಧ	ಆ	◌ೂ	ವ	◌ಂ	ಚ	ರ	ಧ	ಓ	ಥ	ಜ
ಥ	ತ	ಡ	◌ೂ	ತ	ಭ	ಣ	ಕ	ಚ	◌ಾ	ಲ	ಯ	ದ	ವ	ಷ	ನ
ಪ	◌ಾ	ಲ	◌ು	ದ	◌ಾ	ರ	ಉ	ವ	ಸ	ಕ	ಣ	ಚ	ಮ	ತ	◌ೆ
ಪ	◌ೂ	ರ	◌್	ವ	◌ಾ	ಭ	◌್	ಯ	◌ಾ	ಸ	ಲ	ಆ	ಭ	ಭ	ಜ

ಅಕಾಡೆಮಿ
ಕಲೆ
ದೇಹ
ನೃತ್ಯ ಸಂಯೋಜನೆ
ಶಾಸ್ತ್ರೀಯ
ಸಾಂಸ್ಕೃತಿಕ
ಸಂಸ್ಕೃತಿ
ಭಾವನೆ
ಅಭಿವ್ಯಕ್ತಿ
ಗ್ರೇಸ್
ಸಂತೋಷದಾಯಕ
ಚಲನೆ
ಸಂಗೀತ
ಪಾಲುದಾರ
ಭಂಗಿ
ಪೂರ್ವಾಭ್ಯಾಸ
ಲಯ
ಸಾಂಪ್ರದಾಯಿಕ
ದೃಶ್ಯ

31 - Shapes

ಫ	ಸ	ಬ	ಉ	ಳ	ತ	ಅ	ಒ	ಶ	ವ	ಚ	ಷ	ಈ	ಪ	ಳ	ಈ
ಲ	◌ಿ	ಲ	◌್	ಯ	ಲ	◌ೆ	◌ೂ	ಮ	◌ೃ	◌ೂ	ಶ	ಢ	◌ಿ	ದ	ಬ
ಐ	ಲ	◌ು	◌ಾ	ಸ	ಬ	ಸ	ಐ	ನ	ತ	◌ಾ	ಯ	ಆ	ರ	ಫ	ಟ
ದ	◌ಿ	ಸ	ನ	ನ	ಶ	ಷ	ಅ	ತ	◌್	ಲ	ವ	ಓ	ಮ	ನ	ಭ
ಪ	◌ಂ	ಮ	ಕ	ಳ	ಬ	ಡ	ನ	ಅ	ತ	ಬ	ಲ	ಚ	◌ಿ	ಒ	ಢ
◌್	ಡ	ಟ	◌ೊ	ಈ	ಢ	ಷ	ಭ	ಜ	ಳ	ಹ	ಛ	ನ	ಡ	ಲ	ಓ
ರ	ರ	ಆ	ರ	◌್	ಕ	◌್	ರ	ಐ	◌ೊ	◌ು	ಐ	ನ	◌್	◌ೊ	ಕ
◌ಿ	◌್	ಢ	◌ಿ	ದ	◌ೌ	ಐ	ಶ	ಚ	ಗ	ಭ	ಗ	ವ	ಕ	◌್	ರ
ಸ	ಛ	ಭ	◌್	ಬ	ಚ	ಡ	ಜ	ಉ	ರ	◌ು	ಆ	ಚ	ಹ	ಛ	ಡ
◌್	ಫ	ರ	ತ	ಕ	ಧ	ನ	ಓ	ನ	ಬ	ಜ	ಲ	ಜ	◌ು	ಫ	ಲ
ಮ	ಹ	ವ	ಡ	ಒ	ಡ	ಷ	ಬ	ಲ	ಅ	◌ಾ	ಜ	ಶ	ಬ	◌ಂ	ಷ
◌್	ಜ	ಳ	ರ	ಚ	ಡ	ಳ	ವ	ಚ	ಒ	ಕ	ಜ	ಬ	ಫ	ಟ	ಅ
ಒ	ಮ	ತ	ಕ	ವ	ಉ	ಹ	ಷ	ಹ	ಉ	◌ೃ	ಛ	ಧ	ಆ	ನ	ಹ
ದ	◌ೀ	ರ	◌್	ಫ	ವ	◌ೃ	ತ	◌್	ತ	ತ	ಹ	ಚ	ತ	ಧ	ಸ
ಹ	◌ೈ	ಪ	ರ	◌್	ಬ	◌ೊ	ಲ	◌ಾ	ಉ	◌ಿ	ಡ	ಟ	ಭ	ಲ	ಕ
ಬ	ಒ	ಸ	ಓ	ಶ	ಷ	ಜ	ಮ	ಜ	ವ	ಡ	ಕ	ಸ	ಫ	ಒ	ಈ

ಆರ್ಕ್
ವೃತ್ತ
ಕೋನ್
ಮೂಲೆಯಲ್ಲಿ
ಘನ
ವಕ್ರ
ಸಿಲಿಂಡರ್
ಅಂಚುಗಳು
ದೀರ್ಘವೃತ್ತ
ಹೈಪರ್ಬೋಲಾ
ಸಾಲು
ಓವಲ್
ಬಹುಭುಜಾಕೃತಿ
ಪ್ರಿಸ್ಮ್
ಪಿರಮಿಡ್
ಆಯಾತ
ಬದಿ
ಗೋಳ
ಚೌಕ
ತ್ರಿಕೋನ

32 - Scientific Disciplines

ಣ ◌ೆ ಷ ◌ೊ ಪ ರ ◌ಿ ಸ ರ ವ ◌ಿ ಜ ◌್ ಞ ◌ಾ ನ
ರ ಸ ◌ಾ ಯ ನ ಶ ◌ಾ ಸ ◌್ ತ ◌್ ರ ಲ ಹ ಓ ರ
ಢ ಊ ಊ ಪ ◌ು ರ ◌ಾ ತ ತ ◌್ ತ ◌್ ವ ಫ ಖ ಭ
ಖ ಖ ನ ◌ಿ ಜ ಶ ◌ಾ ಸ ◌್ ತ ◌್ ರ ಳ ನ ಕ ಕ
ಗ ಸ ಸ ◌್ ಯ ಶ ◌ಾ ಸ ◌್ ತ ◌್ ರ ಭ ಧ ಧ ಅ
◌ೊ ಭ ನ ಡ ಜ ರ ತ ◌್ ಸ ◌್ ಶ ◌ಾ ಜ ◌ಾ ಮ ಸ
ಳ ◌ಾ ರ ಫ ಲ ತ ರ ◌ೊ ಬ ◌ೊ ಟ ◌ಿ ಕ ◌್ ಸ ◌್
ಶ ಷ ವ ಇ ಮ ◌್ ಯ ◌ು ನ ◌ಾ ಲ ಜ ◌ಿ ಚ ನ ಭ
◌ಾ ◌ಾ ◌ಿ ಯ ಣ ಸ ಭ ಕ ಞ ಸ ◌ೈ ಕ ◌ಾ ಲ ಜ ◌ಿ
ಸ ಶ ಜ ◌ಂ ಣ ◌್ ಲ ಭ ◌ಾ ಆ ಡ ಟ ಭ ಭ ಲ ಚ
◌್ ◌ಾ ◌್ ತ ಲ ಶ ದ ಒ ಜ ಊ ಒ ತ ಣ ಕ ಮ ಮ
ತ ಸ ಞ ◌್ ದ ◌ಾ ರ ತ ◌್ ಸ ◌್ ಶ ◌ಾ ವ ◌ೀ ಜ
◌್ ◌್ ◌ಾ ರ ಶ ತ ಸ ಖ ವ ಣ ಫ ಚ ಢ ಹ ಆ ದ
ರ ತ ನ ಬ ಳ ◌ೌ ಖ ರ ◌ಿ ಭ ರ ಟ ಓ ವ ಣ ಢ
ಒ ◌್ ಧ ಜ ಲ ಭ ◌ೂ ಈ ◌ೂ ಓ ಫ ಭ ಓ ತ ಳ ಫ
ನ ರ ಸ ಭ ಷ ಊ ಟ ಭ ಭ ಕ ◌ೂ ಭ ಅ ಚ ಅ ಭ

ಪುರಾತತ್ತ್ವ
ಖಗೋಳಶಾಸ್ತ್ರ
ಜೀವಶಾಸ್ತ್ರ
ಸಸ್ಯಶಾಸ್ತ್ರ
ರಸಾಯನಶಾಸ್ತ್ರ
ಪರಿಸರ ವಿಜ್ಞಾನ
ಭೂವಿಜ್ಞಾನ
ಇಮ್ಯುನಾಲಜಿ
ಭಾಷಾಶಾಸ್ತ್ರ
ಯಂತ್ರ
ಖನಿಜಶಾಸ್ತ್ರ
ನರವಿಜ್ಞಾನ
ಪೋಷಣೆ
ಭೌತಶಾಸ್ತ್ರ
ಸೈಕಾಲಜಿ
ರೊಬೊಟಿಕ್ಸ್
ಸಮಾಜಶಾಸ್ತ್ರ

33 - Science

ಈ	ಅ	ವ	◌ಾ	ಸ	◌್	ತ	ವ	◌ಾ	◌ಂ	ಶ	ಟ	ಪ	ಕ	ನ	ಮ
ಪ	ಪ	ಣ	ಹ	ವ	◌ಾ	ಮ	◌ಾ	ನ	ಕ	ಹ	ಡ	ಳ	ಲ	ಳ	ಣ
ರ	◌್	◌್	◌ು	ಳ	ಗ	ಣ	ಕ	ಟ	ರ	ಭ	◌ೇ	◌ೆ	◌್	ಣ	◌ೆ
◌ಾ	ಭ	ರ	ರ	ಗ	ಚ	ಓ	ಬ	ಧ	ದ	ಲ	ಟ	ಯ	ಪ	ಲ	ಷ
ಸ	◌ೌ	ಶ	ಯ	ಕ	ಳ	◌ು	ಗ	ಡ	◌ಿ	ಗ	◌ಾ	◌ು	ನ	ಈ	ಕ
◌ಾ	ತ	ಓ	ಹ	◌ೊ	◌ೃ	◌ು	ನ	◌ೂ	ಖ	ಒ	ಬ	ಳ	◌ೆ	ನ	◌್
ಯ	ಶ	ನ	ಟ	ಸ	ಗ	ತ	ಚ	ಟ	ನ	ಧ	◌ಾ	◌ಿ	ವ	ಶ	◌ೀ
ನ	◌ಾ	ಉ	ಕ	ಷ	ಯ	◌ಾ	◌ಿ	ಮ	◌ಿ	ಥ	ಸ	ಕ	◌ಾ	◌ಿ	ವ
◌ಿ	ಸ	ಒ	ಉ	ಣ	◌ೊ	ಡ	ಲ	ನ	ಜ	ವ	ಉ	◌ೆ	ಣ	ನ	◌ಿ
ಕ	◌್	ಉ	ಸ	ಫ	ರ	◌ೂ	ಆ	ಯ	ಗ	ಜ	ಸ	ಈ	ಲ	ಭ	◌ೀ
ಆ	ತ	ಭ	ಡ	ರ	◌್	ಕ	ಥ	ಟ	ಳ	ಜ	ಹ	ಅ	ಡ	ಆ	ಜ
ಚ	◌್	ಶ	ಲ	ಓ	ಪ	ಲ	ಮ	ಉ	◌ು	ಪ	ರ	ಮ	◌ಾ	ಣ	◌ು
ರ	ರ	ಶ	ಥ	ಕ	ರ	ತ	ಸ	ಆ	ಶ	ಡ	ಹ	ವ	ಶ	ಖ	ಕ
ಖ	ದ	ಉ	ಭ	ದ	ಡ	ಲ	ಣ	ಬ	ಫ	ಒ	ಒ	ಕ	ಹ	ಓ	ಫ
ವ	◌ಿ	ಜ	◌್	ಞ	◌ಾ	ನ	◌ಿ	ನ	◌ೂ	ಭ	ಕ	ಣ	ಳ	ಹ	ಹ
ಷ	ಉ	ಓ	ಖ	ಧ	ಚ	ಈ	ಬ	ಣ	◌ೂ	ಳ	ಷ	ಫ	ಣ	ಅ	ನ

ಪರಮಾಣು
ರಾಸಾಯನಿಕ
ಹವಾಮಾನ
ಡೇಟಾ
ವಿಕಾಸ
ಪ್ರಯೋಗ
ವಾಸ್ತವಾಂಶ
ಪಳೆಯುಳಿಕೆ
ಕಲ್ಪನೆ
ಪ್ರಯೋಗಾಲಯ
ವಿಧಾನ
ಖನಿಜಗಳು
ಅಣುಗಳು
ಪ್ರಕೃತಿ
ವೀಕ್ಷಣೆ
ಜೀವಿ
ಕಣಗಳು
ಭೌತಶಾಸ್ತ್ರ
ಗಿಡಗಳು
ವಿಜ್ಞಾನಿ

34 - Beauty

ಸ	ಶ	ಚ	ಓ	ಲ	ಬ	ಐ	◌್	ಐ	ಸ	◌್	ರ	◌ೇ	◌್	ಗ	ಷ
◌್	◌ೊ	◌ಾ	ಕ	◌್	ನ	◌ಿ	ಜ	◌ೆ	ಟ	◌ೊ	◌ೊ	ಫ	ಟ	ರ	ಈ
ಕ	ಮ	ಬ	◌ಂ	ಫ	ಢ	ಜ	ಚ	ಭ	ಳ	◌ು	ಗ	ವ	◌ೆ	◌ೇ	ಸ
◌್	ಸ	ಚ	ಗ	ಪ	ಸ	ಮ	ವ	ಶ	◌ು	◌ೂ	ಭ	ಸ	ಧ	ಐ	◌ೂ
ಟ	◌್	ಶ	ಕ	◌ು	◌ೂ	◌ೇ	ಆ	ವ	ಗ	ರ	ಅ	ಹ	◌ಾ	ಆ	ವ
◌ಿ	ಕ	ಫ	ಈ	ಛ	ತ	ಕ	ಡ	◌ಿ	ನ	◌್	ನ	ಕ	ಭ	ದ	◌ೂ
ಮ	ರ	ಒ	ರ	ಬ	ಧ	ಪ	◌ಿ	ಧ	ನ	ಸ	◌ು	ರ	◌ು	ಳ	◌ಿ
◌ೆ	◌ಾ	ವ	ಢ	ರ	ಶ	◌್	◌ೊ	ಒ	◌್	ಕ	ಒ	ಭ	ಪ	◌ು	ಟ
ಸ	ಓ	ಆ	ಟ	ಜ	ಜ	ಭ	ಮ	ಐ	ಪ	◌ೂ	ಅ	ಷ	ರ	ಗ	ಳ
◌್	ಲ	ಆ	ಧ	ಷ	ನ	ಮ	◌್	ಡ	◌್	ಆ	ರ	ಒ	◌ಿ	ಲ	ಭ
◌ಾ	ನ	ಢ	ಓ	ಖ	ಶ	ಉ	ರ	◌ಿ	ತ	◌್	ತ	ಕ	ಮ	◌ೈ	ಕ
ಕ	ಹ	ವ	ರ	ಈ	ನ	ಬ	ಚ	ಆ	ಉ	ಡ	ಟ	ಅ	ಳ	ತ	ಢ
ಳ	ಡ	ಆ	ಛ	ಐ	ಲ	◌ಿ	ಪ	◌್	ಸ	◌್	ಟ	◌ಿ	ಕ	◌್	ಒ
ಸ	◌್	ಟ	◌ೈ	ಲ	◌ಿ	ಸ	◌್	ಟ	◌್	ಈ	ವ	ತ	ಉ	ದ	ದ
ಶ	ಛ	ದ	ಷ	ಟ	ಟ	ಧ	ಫ	ಜ	ಛ	ಖ	ತ	ಅ	ಮ	ಜ	ಟ
ಬ	ಹ	ಒ	ರ	ಧ	ಳ	ಅ	ಉ	ಳ	ಈ	ಹ	ಚ	ಕ	ಸ	ಒ	ರ

ಮೋಡಿ
ಬಣ್ಣ
ಕಾಸ್ಮೆಟಿಕ್ಸ್
ಸುರುಳಿ
ಸೊಬಗು
ಸೊಗಸಾದ
ಪರಿಮಳ
ಗ್ರೇಸ್
ಲಿಪ್ಸ್ಟಿಕ್
ಮೇಕಪ್
ಮಸ್ಕರಾ
ಕನ್ನಡಿ
ತೈಲಗಳು
ಫೋಟೋಜೆನಿಕ್
ಉತ್ಪನ್ನಗಳು
ಕತ್ತರಿ
ಸೇವೆಗಳು
ಶಾಂಪೂ
ಚರ್ಮ
ಸ್ಟೈಲಿಸ್ಟ್

35 - Clothes

ಸ	ಫ	ಕ	ಓ	ಚ	ಶ	ಫ	ಆ	ಹ	ನ	ಳ	ಆ	ನ	ಜ	ಚ	◌ೂ
◌್	ಅ	◌ೂ	ಫ	ದ	ಕ	◌್	ಬ	ಭ	◌್	ತ	ಹ	◌ೂ	ಓ	ಪ	ಡ
ಕ	ಕ	ಡ	ಣ	ಲ	ಟ	ಯ	ಫ	ತ	ರ	ಯ	ಮ	ಖ	ಧ	◌್	ಲ
ರ	◌ು	ಕ	◌ೋ	ಟ	◌್	◌ಾ	ದ	ಳ	◌್	ಣ	◌ಾ	ಥ	ಹ	ಪ	ಡ
◌್	ಪ	ಫ	ಲ	◌್	ಲ	ಷ	ಕ	ಧ	ಪ	ಭ	ಜ	ಟ	◌ೂ	ಲ	ಅ
ಟ	◌್	ಲ	ಬ	ಕ	◌್	ನ	ಢ	◌ೈ	ಏ	ಕ	◌ಾ	ತ	◌್	◌ಿ	ಡ
◌್	ಪ	ಸ	ಸ	◌ೆ	◌ೆ	◌್	ಷ	ಛ	ಗ	ಣ	◌ೈ	ಆ	ರ	ಗ	ಅ
ಉ	ಸ	ಚ	ಛ	◌ಾ	ಬ	ಆ	ತ	◌ೂ	◌ಿ	ವ	ಪ	ಛ	ಹ	ಳ	ಟ
ಸ	ಣ	ಖ	ಬ	ಜ	ಟ	ಈ	ಷ	ಛ	◌ಂ	ಜ	ಸ	ಜ	ಸ	◌ು	ಅ
ಷ	ರ	◌ಾ	ಯ	◌ಿ	ಶ	ಡ	ಳ	ಉ	ಅ	ರ	ಚ	◌ು	ಮ	ಫ	ಟ
ಡ	ಧ	ಟ	ಸ	◌್	ಕ	◌ಾ	ರ	◌್	ಫ	◌್	ಅ	ಡ	ಗ	ಈ	ಡ
ಕ	◌ಂ	ಕ	ಣ	ಜ	◌ೀ	ನ	◌್	ಸ	◌್	ಟ	ಡ	ಣ	◌ೆ	ಳ	ಬ
ಢ	ಶ	ಅ	ದ	ಷ	ಒ	ಣ	ಶ	ವ	ದ	ವ	ಢ	ಢ	◌ು	ಉ	◌ು
ಅ	ಟ	ದ	ಫ	ತ	ಮ	ದ	ತ	ಈ	ಧ	◌ೆ	ದ	ಆ	ಡ	ಲ	ಹ
ಶ	◌ೂ	ಚ	ಭ	ನ	ಟ	ರ	ವ	ಕ	ಜ	◌್	ಧ	ಛ	ಉ	ಖ	ಖ
ಅ	ದ	ಭ	ಕ	ನ	ಟ	ಡ	ಉ	ಶ	ಈ	ಸ	ಶ	ಚ	ತ	ಬ	ವ

ಏಪ್ರನ್
ಬೆಲ್ಟ್
ಕುಪ್ಪಸ
ಕಂಕಣ
ಕೋಟ್
ಉಡುಗೆ
ಫ್ಯಾಷನ್
ಕೈಗವಸುಗಳು
ಹ್ಯಾಟ್
ಜಾಕೆಟ್
ಜೀನ್ಸ್
ಆಭರಣ
ಪೈಜಾಮಾ
ಷರಾಯಿ
ಚಪ್ಪಲಿಗಳು
ಸ್ಕಾರ್ಫ್
ಅಂಗಿ
ಶೂ
ಸ್ಕರ್ಟ್
ಸ್ವೆಟರ್

36 - Ethics

ಫ	ಥ	ಮ	ನ	ರ	ತ	◌್	ಸ	◌್	ಶ	◌ಾ	ವ	◌್	ತ	ತ	ವ
ಮ	ಅ	ತ	◌ೆ	ಕ	ಐ	◌ಿ	ಮ	◌ಾ	ರ	◌ಾ	◌್	ಪ	ಘ	ಗ	◌ೈ
ಮ	◌ಾ	ಕ	◌ೆ	ತ	◌ಿ	ವ	◌ಂ	ಧ	◌ಿ	ದ	◌್	◌ು	ಬ	◌ೌ	ಚ
ಖ	◌ೌ	ನ	ಒ	ಭ	ಮ	ಷ	ಜ	ಈ	ರ	ಡ	ಭ	ಥ	ಆ	ರ	◌ಾ
ಬ	ಹ	ಲ	ವ	ಧ	◌ೂ	ಷ	ಸ	ಸ	ಹ	ಕ	◌ಾ	ರ	◌ೂ	ವ	ರ
ಟ	ತ	ರ	◌್	◌ೀ	ಈ	ರ	ವ	ಆ	ಕ	ಮ	ಚ	ವ	ಪ	◌ಾ	◌ಿ
ದ	ಕ	ಳ	ಓ	ಯ	ಯ	ಖ	◌ಾ	ಜ	ವ	ಲ	ತ	◌ಾ	ರ	ನ	ಕ
ಹ	ಯ	ಒ	ಲ	ಅ	ಗ	ತ	ದ	◌ೂ	ತ	ಡ	◌ಾ	ಸ	ಹ	◌್	ತ
ಸ	ತ	◌ೆ	ತ	ನ	ಘ	ಳ	◌ೆ	ಕ	◌್	ದ	ಳ	◌್	◌ಿ	ವ	◌ೆ
ಆ	ಶ	◌ಾ	ವ	◌ಾ	ದ	ಈ	◌ು	ಭ	ತ	ಷ	◌್	ತ	ತ	◌ಿ	ಹ
ರ	◌ಾ	ಜ	ತ	◌ಾ	◌ಂ	ತ	◌್	ರ	◌ಿ	ಕ	ಮ	ವ	ಚ	ತ	ಟ
ಲ	ನ	ಷ	ಟ	ರ	ಥ	ಓ	ಥ	ಡ	ಕ	ಲ	◌ೆ	◌ಿ	◌ಿ	ಓ	ಚ
ಖ	ಓ	ಭ	ಚ	ಈ	ದ	ವ	ಥ	ಷ	◌್	ಒ	ನ	ಕ	◌ಂ	ಸ	ಉ
ಲ	ಸ	ಮ	ಗ	◌್	ರ	ತ	◌ೆ	◌ೂ	ಯ	ಥ	ಹ	ತ	ತ	ಟ	ನ
ದ	ಒ	ಲ	ಫ	ಥ	ಖ	ಕ	ಅ	ಅ	◌್	ಆ	ಸ	◌ೆ	ನ	ನ	ಖ
ಸ	ಹ	◌ಾ	ನ	◌ು	ಭ	◌ೂ	ತ	◌ಿ	ವ	ಓ	ಒ	ಜ	◌ೆ	ಲ	ಓ

ಪರಹಿತಚಿಂತನೆ
ಸಹಾನುಭೂತಿ
ಸಹಕಾರ
ಘನತೆ
ರಾಜತಾಂತ್ರಿಕ
ಪ್ರಾಮಾಣಿಕತೆ
ಮಾನವೀಯತೆ
ವ್ಯಕ್ತಿತ್ವ
ಸಮಗ್ರತೆ
ದಯೆ
ಆಶಾವಾದ
ತಾಳ್ಮೆ
ತತ್ವಶಾಸ್ತ್ರ
ವೈಚಾರಿಕತೆ
ವಾಸ್ತವಿಕತೆ
ಸಮಂಜಸವಾದ
ಗೌರವಾನ್ವಿತ
ಸಹನೆ
ಮೌಲ್ಯಗಳು
ಬುದ್ಧಿವಂತಿಕೆ

37 - Insects

ಮ	ಳ	◌ು	◌ು	ಹ	ವ	ಒ	ನ	ಖ	ಷ	ಡ	◌ೂ	ಜ	ವ	ಆ	ಷ
ತ	◌ೆ	ಡ	◌ಿ	ಮ	ಉ	ಮ	ತ	ತ	ಸ	ಸ	ಲ	◌ಿ	ಚ	ಫ	ಢ
ಬ	ಳ	ವ	ಬ	ಶ	ಚ	◌್	ಸ	ಫ	ದ	ಒ	◌ೇ	ರ	ಉ	ಢ	ಹ
ಡ	◌್	ರ	◌ಾ	ಗ	ನ	◌್	ಫ	◌್	ಲ	◌ೈ	ಡ	ಳ	ರ	ಹ	◌ಾ
◌್	◌ೊ	◌ೀ	◌ೂ	ರ	ಇ	ರ	◌ು	ವ	◌ೆ	ಈ	◌ಿ	◌ೆ	ನ	◌ೂ	ರ
◌ಿ	ಸ	ಬ	ಸ	ಸ	◌್	ವ	ತ	ಮ	ಮ	ಕ	ಬ	ಮ	ರ	ಧ	◌್
ಫ	ಬ	ಕ	ಟ	ಒ	ರ	◌ಾ	ನ	ಟ	ಈ	ಕ	ಗ	ಕ	ಉ	ಢ	ನ
ಆ	◌ೀ	◌ು	ಸ	ರ	ಸ	ಧ	ಲ	ಒ	ಶ	ಉ	◌್	ಟ	ಣ	ಬ	◌ೆ
ಒ	ಟ	ಟ	◌ಿ	ದ	◌್	ಟ	ರ	◌್	ಮ	◌ೈ	ಟ	◌್	ಲ	ಜ	ಟ
ಈ	ಲ	◌್	ಐ	◌ೂ	ಟ	ಫ	ಜ	◌ಿ	ಎ	ನ	◌್	ಎ	ಟ	◌ಿ	◌್
ಧ	◌್	ಟ	ಸ	ಧ	◌ಿ	ಉ	◌್	ಶ	ಚ	ದ	ಚ	ಚ	ಫ	ಹ	ಅ
ಆ	ಶ	◌ೆ	◌ಿ	ಟ	ಯ	ಸ	ಜ	ಲ	ಜ	ಸ	ಜ	ಮ	ಧ	ಮ	ಣ
ಟ	ಸ	ಹ	ಎ	ವ	◌ಾ	ಉ	ವ	ಡ	◌ೈ	ಫ	ಅ	◌ೂ	ಆ	ನ	ಲ
ಢ	ಓ	◌ು	ಡ	◌ೂ	◌ಂ	ಲ	ಒ	ಈ	ವ	ಲ	ಹ	ವ	ಲ	ಚ	ಧ
◌ೂ	◌ೂ	ಳ	◌ಿ	ಟ	◌್	ಲ	ಫ	ಣ	ಟ	ಡ	ಳ	◌ೂ	ಕ	ಉ	ಬ
◌ೂ	ಆ	◌ು	ಎ	ಢ	ಮ	ಫ	ಷ	ಢ	ಉ	ಭ	ಸ	ಧ	ಒ	ಧ	◌ೂ

ಇರುವೆ
ಆಫಿಡ್
ಬೀ
ಬೀಟಲ್
ಬಟರ್ಫ್ಲೈ
ಸಿಐಸಿಎಡಿಎ
ಜಿರಳೆ
ಡ್ರ್ಯಾಗನ್ಫ್ಲೈ
ಕುಟ್ಟೆಹುಳು
ಜಿ.ಎನ್.ಎ.ಟಿ.

ಮಿಡತೆ
ಹಾರ್ನೆಟ್
ಲೇಡಿಬಗ್
ಲಾರ್ವಾ
ಮ್ಯಾಂಟಿಸ್
ಸೊಳ್ಳೆ
ಹುಳು
ಟರ್ಮೈಟ್
ಕಣಜ
ವರ್ಮ್

38 - Astronomy

ಷ	ಟ	ಲ	ಬ	ಗ	ಕ	◌ೆ	◌್	ಲ	ಉ	ಮ	ಜ	ಖ	ಲ	ಶ	ಗ
ಉ	◌ೂ	ಹ	ನ	◌್	ಟ	◌್	ಕ	◌ೆ	◌ಾ	ರ	ಜ	ಗ	ಅ	ಬ	ಗ
ಒ	ಭ	ಟ	ಈ	ರ	ಫ	ಢ	ಷ	ಚ	ಬ	ದ	ಭ	◌್	ಯ	ಹ	ನ
ಓ	ಛ	ಛ	ಣ	ಹ	ತ	ಳ	ಆ	◌ು	◌ಂ	ಓ	ಒ	ರ	ಲ	ಡ	ಯ
ಸ	◌ೂ	ಪ	ರ	◌್	ನ	◌ೊ	ವ	◌ಾ	ದ	ದ	ಛ	ಹ	ಣ	ಸ	◌ಾ
ಕ	◌ೂ	ಖ	ಕ	ತ	ಸ	ಛ	ಕ	ಆ	ಡ	◌್	◌್	ಣ	◌ಾ	ರ	ತ
ಒ	ಈ	ಮ	◌ಿ	◌ೂ	ಭ	◌ೌ	ಶ	ಓ	ಮ	ರ	ರ	ರ	ಷ	ಣ	◌್
ಕ	ಡ	ಖ	◌ಿ	ಸ	ಉ	ಈ	ರ	ಸ	◌ಾ	ಷ	ಕ	ಗ	ಕ	ಒ	ರ
ಖ	ಡ	ಫ	ವ	ಧ	ಪ	ಲ	◌್	ಫ	◌ಂ	ಧ	◌್	ಛ	◌್	ಛ	◌ಿ
ಖ	ಡ	ಷ	ಶ	ನ	ಗ	ಣ	ದ	ಖ	ಹ	ಮ	ಚ	ಳ	◌ೀ	ರ	ಸ
ಓ	ಲ	ಖ	ಚ	ಷ	◌್	ಹ	ರ	ಟ	◌್	ಬ	ಶ	ಓ	ವ	ಛ	ಹ
ಮ	ಧ	ಹ	ಖ	ಢ	ರ	ನ	◌ೂ	ದ	ರ	ಮ	◌ಿ	ಉ	ಟ	ಷ	ಬ
ಒ	ಚ	ಧ	ಢ	ತ	ಹ	ನ	ದ	ಅ	◌್	ರ	◌ಾ	ಢ	ಉ	ಆ	ಚ
ಗ	◌್	ಯ	◌ಾ	ಲ	ಕ	◌್	ಸ	◌ಿ	ಬ	ಮ	ರ	ತ	ಚ	ಓ	ಷ
ದ	ಶ	ಶ	ಲ	ಚ	ನ	ಕ	◌್	ಷ	ತ	◌್	ರ	ಪ	◌ು	◌ಂ	ಜ
ಆ	ಕ	◌ಾ	ಶ	ಳ	ಉ	ರ	ನ	◌ೀ	ಹ	◌ಾ	ರ	◌ಿ	ಕ	◌ೆ	ಟ

ಕ್ಷುದ್ರಗ್ರಹ
ಗಗನಯಾತ್ರಿ
ನಕ್ಷತ್ರಪುಂಜ
ಬ್ರಹ್ಮಾಂಡದ
ಭೂಮಿ
ಗ್ರಹಣ
ಗ್ಯಾಲಕ್ಸಿ
ಉಲ್ಕೆ
ಚಂದ್ರ
ನೀಹಾರಿಕೆ
ವೀಕ್ಷಣಾಲಯ
ಗ್ರಹ
ವಿಕಿರಣ
ರಾಕೆಟ್
ಉಪಗ್ರಹ
ಆಕಾಶ
ಸೌರ
ಸೂಪರ್ನೋವಾ
ದೂರದರ್ಶಕ
ರಾಶಿಚಕ್ರ

39 - Health and Wellness #2

ಆ	ಉ	ಈ	ಧ	ಟ	ಪ	ನ	ಭ	ಒ	ಓ	ಆ	ಚ	ಕ	ಚ	ದ	ಟ
ಅ	ಒ	ಮ	ಢ	ಫ	ಷ	◌ೊ	ಷ	ತ	ಬ	ಸ	◌ೀ	◌್	ಳ	ರ	ಕ
ಓ	ಛ	ಜ	ಫ	ದ	ಒ	ತ	ಷ	ಛ	ಚ	◌್	ತ	ಯ	ವ	ಮ	ಖ
ಓ	ಆ	ಈ	ಖ	ಆ	ಜ	ಉ	ಜ	ಐ	ಈ	ಪ	ರ	◌ಾ	ಷ	ಧ	ಖ
ನ	ಛ	ಜ	ಒ	ಉ	ಈ	◌ಿ	ಳ	ಮ	◌ೆ	ತ	◌ಿ	ಲ	ರ	ಢ	ಭ
◌್	◌ೈ	ಐ	ಓ	ಶ	ಒ	ತ	◌್	ತ	ಡ	◌್	ಕ	◌ೊ	ಹ	ಈ	ವ
ಮ	ಮ	ರ	◌ಾ	ಹ	ಆ	ಟ	ಫ	ರ	ಷ	ರ	◌ೆ	ರ	ಚ	ಫ	ಳ
◌ಿ	ಆ	ಕ	◌್	ತ	ಆ	ಸ	ಟ	ಉ	ಲ	◌ೆ	ಐ	◌ಿ	ಷ	ಬ	ಶ
ಟ	ಈ	ಲ	ರ	ಮ	ತ	◌ೂ	ಕ	ಈ	ಢ	ಅ	ರ	ಅ	ಓ	ಮ	ಒ
◌ಿ	ರ	◌ೀ	ಕ	ಅ	ಲ	ಆ	ರ	◌ೊ	ಗ	◌್	ಯ	ಕ	ರ	ಸ	ಶ
ವ	◌ೂ	ಜ	◌್	ಶ	ಟ	◌್	ಚ	ಸ	◌ೊ	ಕ	ಲ	ವ	ನ	◌ಾ	ಕ
ಭ	ಹ	ರ	ತ	ಚ	ಢ	ಷ	ಯ	◌ೊ	ರ	ಕ	ರ	ರ	ನ	ಜ	◌್
ಒ	ಛ	◌್	ತ	ಕ	ಶ	◌ಿ	ವ	◌ಂ	◌ು	ನ	ಆ	ಲ	ಡ	◌್	ತ
ಕ	ನ	◌ಿ	ಳ	ಯ	◌ೆ	ರ	◌ಿ	ಕ	◌್	ಐ	ರ	◌್	◌ೀ	ಜ	◌ಿ
ಹ	ಈ	ನ	ಭ	ಧ	ಳ	ಳ	ಕ	◌ು	ಡ	ಮ	ಭ	ಸ	ತ	ತ	ಶ
ಧ	ಢ	ಓ	ಭ	ಆ	ದ	ಶ	ಧ	ಒ	ಅ	ಹ	ಸ	◌ಿ	ವ	◌ು	ಚ

ಅಲರ್ಜಿ
ಹಸಿವು
ರಕ್ತ
ಕ್ಯಾಲೋರಿ
ನಿರ್ಜಲೀಕರಣ
ಆಹಾರ
ಜೀರ್ಣಕ್ರಿಯೆ
ರೋಗ
ಶಕ್ತಿ
ಆನುವಂಶಿಕ
ಆರೋಗ್ಯಕರ
ಆಸ್ಪತ್ರೆ
ನೈರ್ಮಲ್ಯ
ಸೋಂಕು
ಮಸಾಜ್
ಪೋಷಣೆ
ಚೇತರಿಕೆ
ಒತ್ತಡ
ವಿಟಮಿನ್
ತೂಕ

40 - Disease

ಅ	ಢ	ಚ	ಉ	ಜ	ಮ	ಓ	ಹ	ವ	ಮ	ಟ	ದ	ಆ	ಮ	ಖ	ಷ
ಲ	ಆ	ರ	◌ೋ	ಗ	◌್	ಯ	◌ೃ	◌ಿ	ಈ	ಚ	◌ೇ	ಢ	ಜ	ಮ	ದ
ರ	ಮ	ಲ	ಧ	ಐ	ರ	ಶ	ದ	ನ	ದ	ಒ	ಹ	ಕ	ಸ	ಧ	ಧ
◌್	◌ೂ	ಆ	ಬ	ಷ	◌ೋ	◌ೀ	ಯ	◌ಾ	ಉ	ಭ	ಧ	ಮ	◌ೊ	ತ	ಭ
ಜ	ಳ	ವ	ಉ	ರ	ಡ	ವ	ಳ	ಯ	ದ	ಐ	ಯ	◌ಿ	◌ಂ	ಕ	ಜ
◌ಿ	◌ೆ	ನ	ಖ	ಟ	◌್	◌ಂ	ಸ	◌ಿ	ಜ	ಯ	◌ಾ	ರ	ಟ	ಐ	ಉ
ಗ	ಗ	ಷ	ಫ	ಳ	◌ಂ	◌ು	ಟ	ತ	ದ	ಟ	ರ	◌ಾ	◌ಿ	ಸ	ಉ
ಳ	ಳ	ರ	ಅ	ಷ	◌ಿ	ನ	ದ	◌ಿ	◌ೀ	◌ೆ	◌ಿ	ಕ	ಮ	ಫ	ಚ
◌ು	◌ು	ಐ	ರ	ಕ	ಸ	ಅ	ಸ	ಛ	ರ	ಟ	ಟ	◌್	ಫ	ಫ	◌ಿ
ದ	ರ	ಚ	ಬ	ನ	ರ	ರ	◌ೋ	ಗ	◌್	◌್	◌ೀ	◌ಂ	ಈ	ಧ	ಕ
ಉ	ರ	◌ಿ	ಯ	◌ೂ	ತ	ತ	ಛ	ಹ	ಫ	ಬ	ಕ	◌ಾ	ಬ	ಡ	◌ಿ
ಕ	ವ	ಬ	ನ	ವ	ಆ	◌ೂ	ಹ	ಸ	ಕ	◌ೊ	◌್	ಸ	ಜ	ಈ	ತ
ಈ	ಜ	ಧ	ಧ	ಶ	ಧ	ಶ	ದ	ಉ	◌ಾ	ಬ	ಯ	ಉ	ಛ	ಕ	◌್
ಜ	◌ೆ	ನ	◌ೆ	ಟ	◌ಿ	ಕ	◌್	ಒ	ಲ	◌್	◌ಾ	ಉ	ಐ	ವ	ಸ
ಮ	ಢ	ಆ	ಅ	ಛ	ಫ	ಕ	ಈ	ಕ	ದ	◌ಿ	◌್	ಲ	ಮ	ಕ	◌ೆ
ರ	◌ೋ	ಗ	ಕ	◌ಾ	ರ	ಕ	ಗ	ಳ	◌ು	ಕ	ಬ	ಈ	ಮ	ಕ	ಛ

ಕಿಬ್ಬೊಟ್ಟೆಯ
ಅಲರ್ಜಿಗಳು
ಬ್ಯಾಕ್ಟೀರಿಯಾ
ದೇಹ
ಮೂಳೆಗಳು
ದೀರ್ಘಕಾಲದ
ಸಾಂಕ್ರಾಮಿಕ
ಜೆನೆಟಿಕ್
ಆರೋಗ್ಯ
ಹೃದಯ
ಅನುವಂಶೀಯ
ವಿನಾಯಿತಿ
ಉರಿಯೂತ
ಸೊಂಟ
ನರರೋಗ
ರೋಗಕಾರಕಗಳು
ಉಸಿರಾಟದ
ಸಿಂಡ್ರೋಮ್
ಚಿಕಿತ್ಸೆ
ದುರ್ಬಲ

41 - Time

ಒ	ಳ	ದ	ಭ	ವ	ಚ	◌ೂ	ಟ	ವ	◌ಾ	ರ	ಕ	ಶ	ದ	ನ	ಈ
ಚ	ಥ	◌ೂ	ಚ	ಥ	ಓ	ಡ	ಈ	ಒ	ಅ	ಆ	◌್	ಉ	ಖ	◌ೂ	ಒ
ಅ	ಬ	ಒ	ಫ	ಟ	ಲ	ವ	ಆ	ಮ	ನ	ಗ	ಯ	◌ೂ	ಟ	ಲ	ತ
ಹ	ಲ	◌ೆ	ಈ	ಒ	ಖ	ಷ	ಅ	ರ	◌ೂ	◌ಂ	◌ಾ	ಒ	ಒ	ಅ	ಖ
ಶ	ಢ	ಮ	ಳ	ಗ	ನ	ಇ	◌ಂ	ದ	◌ು	ಟ	ಲ	ಉ	ಷ	ಓ	ಜ
ಹ	ರ	ಲ	◌ು	ಗ	ಹ	ದ	ಮ	ಢ	ಟ	◌ೆ	◌ೆ	ಡ	ಓ	ಆ	ಓ
ವ	ಜ	ಆ	ಗ	ತ	◌್	ನ	◌ಿ	ಮ	◌ಿ	ಷ	◌ಂ	ಲ	ತ	ಮ	ಐ
ಕ	ಟ	ದ	◌ಂ	ಭ	ಯ	ಗ	ಡ	ರ	ಢ	ಧ	ಡ	ಶ	ಚ	ಮ	ಸ
ಶ	ದ	◌ಿ	◌ಿ	ನ	◌ಾ	ಐ	◌ೆ	ಕ	ಷ	◌ಿ	ರ	◌್	◌ಾ	ವ	ಅ
ಸ	ಮ	ನ	ತ	ಖ	◌್	ಳ	ಖ	ರ	ಅ	ಸ	◌್	ಐ	ಜ	ಢ	ಜ
ಲ	ಬ	◌ಾ	ಭ	ಧ	ಧ	ಓ	ಧ	ಮ	◌ಾ	ಈ	ತ	ಜ	ಐ	ಈ	ಹ
ಕ	ದ	ಮ	ವ	ತ	ಮ	ಈ	ಚ	◌ೊ	ಹ	ತ	ಐ	ಸ	ಶ	ವ	ಭ
ಟ	ಬ	ತ	◌ಿ	ಲ	◌ೇ	ಲ	◌್	ದ	ರ	ಘ	◌್	◌ೀ	ಶ	ರ	ಥ
ಮ	◌ೆ	ಶ	ಷ	ಟ	ಐ	ಖ	ಡ	ಲ	ನ	◌ೂ	ಶ	ರ	ಸ	◌್	ಮ
ಬ	◌ೕ	ಓ	◌್	ಅ	ಸ	ಜ	ಲ	◌ು	ಐ	ವ	ಈ	ಚ	◌ಿ	ಷ	ವ
ಡ	ಗ	ಕ	ಯ	ಳ	ಟ	ಕ	ಅ	ಡ	ಚ	ಗ	ಡ	◌ಿ	ಯ	◌ಾ	ರ

ವಾರ್ಷಿಕ
ಮೊದಲು
ಕ್ಯಾಲೆಂಡರ್
ಶತಮಾನ
ಗಡಿಯಾರ
ದಿನ
ದಶಕ
ಬೇಗ
ಭವಿಷ್ಯ
ಗಂಟೆ
ನಿಮಿಷ
ತಿಂಗಳು
ಬೆಳಗ್ಗೆ
ರಾತ್ರಿ
ಮಧ್ಯಾಹ್ನ
ಈಗ
ಶೀಘ್ರದಲ್ಲೇ
ಇಂದು
ವಾರ
ವರ್ಷ

42 - Buildings

ಒ	ವ	ಈ	ಫ	ಸ	ಕ	ಚ	ಬ	ಭ	ಮ	ಈ	ಟ	ಸ	ಚ	ಖ	ಅ
ಹ	ಟ	◌ೀ	ಹ	ಟ	◌ೂ	◌ೊ	ಢ	ಚ	ತ	ಖ	ನ	ಉ	ಅ	ಮ	ಪ
ಒ	ಫ	◌ೂ	ಕ	ಟ	ಡ	ಶ	ಟ	ಶ	ಭ	ರ	ರ	ಶ	ಡ	◌್	◌ಾ
ಚ	ಷ	ದ	ಕ	◌್	ಬ	ಉ	ಐ	◌್	ಳ	ರ	ಪ	ಲ	ಶ	ಯ	ರ
ಟ	ನ	ಭ	◌ಾ	◌ಂ	ಷ	ಜ	ಗ	ನ	ಟ	ಓ	◌ು	ಹ	ಢ	◌ೂ	◌್
ಟ	◌್	ಈ	ರ	◌ೆ	ಬ	ಐ	ಡ	ರ	ರ	◌ಿ	◌ೊ	ಅ	ದ	ಸ	ಟ
ಈ	ಬ	ತ	◌್	ಟ	ಳ	ಭ	◌ಾ	ಡ	ಭ	ಜ	ಗ	ಹ	ಅ	◌ಿ	◌್
ಭ	◌ಿ	ಖ	ಖ	ಭ	ಅ	ಟ	◌ಂ	ಲ	◌ಾ	ಹ	ಒ	◌ೆ	ಓ	ಯ	ಮ
ಹ	ಯ	ಬ	◌ಾ	ಟ	ಓ	ಸ	ರ	ಭ	ಯ	◌ೊ	ವ	◌ೂ	ಯ	◌ಂ	◌ೆ
ಶ	◌ಾ	ವ	ನ	ಸ	◌ಿ	ನ	◌ಿ	ಮ	◌ಾ	ಟ	ಳ	ನ	ರ	ಶ	◌ಂ
ಮ	◌್	ಸ	◌ೆ	ಖ	ಈ	ವ	◌ೀ	ಧ	ರ	◌ೆ	ನ	◌ಾ	ಟ	ಕ	ಟ
ಭ	ಕ	ಕ	◌್	ವ	ವ	ಮ	◌್	ಈ	ಓ	ಲ	◌ೆ	◌ಾ	ಶ	ಭ	◌್
ದ	ಬ	ಈ	ಉ	ಟ	ಐ	ಭ	ಕ	ಷ	ಆ	◌್	ಭ	ಫ	ಖ	ಚ	ಶ
ಆ	ಖ	ಟ	◌್	ಕ	◌ೆ	ರ	◌್	ಮ	◌ಾ	ರ	◌್	ಪ	◌ೂ	ಸ	ಕ
ನ	ಆ	ಳ	ಆ	ಶ	ಯ	ಲ	ಗ	◌ಾ	ಯ	◌ೊ	ರ	◌್	ಪ	ಒ	ಭ
ಕ	◌್	ಯ	◌ಾ	ಸ	ಲ	◌್	◌್	ಆ	ಸ	◌್	ಪ	ತ	◌್	ರ	◌ೆ

ಅಪಾರ್ಟ್ಮೆಂಟ್
ಕೊಟ್ಟಿಗೆಯ
ಕ್ಯಾಬಿನ್
ಕ್ಯಾಸಲ್
ಸಿನಿಮಾ
ರಾಯಭಾರ
ಕಾರ್ಖಾನೆ
ಆಸ್ಪತ್ರೆ
ಹಾಸ್ಟೆಲ್
ಹೋಟೆಲ್

ಪ್ರಯೋಗಾಲಯ
ಮ್ಯೂಸಿಯಂ
ವೀಕ್ಷಣಾಲಯ
ಶಾಲೆ
ಕ್ರೀಡಾಂಗಣ
ಸೂಪರ್ಮಾರ್ಕೆಟ್
ಟೆಂಟ್
ನಾಟಕ
ಗೋಪುರ

43 - Philanthropy

ತ	ದ	ಖ	ಲ	ಚ	ತ	ಳ	ಷ	ಹ	ಡ	ಕ	ನ	ತ	ಗ	ಟ	ದ
ರ	◌ಾ	ಆ	ಡ	ಖ	◌ೆ	◌ೆ	ಜ	ಣ	ರ	ಓ	◌ಿ	ವ	◌ು	ಯ	ಚ
ಈ	ನ	ಫ	ಣ	ಧ	ಯ	ಖ	ರ	ಕ	ವ	ಭ	ಧ	ವ	◌ಂ	ಕ	ರ
ಭ	ಕ	ನ	◌ಿ	ಜ	ವ	ರ	◌್	◌ಾ	ಸ	ಓ	◌ಿ	ಫ	ಪ	◌ಾ	ಕ
ಮ	ಶ	ಫ	ರ	ಓ	◌ೀ	ಗ	ಅ	ಸ	ದ	ಧ	ಗ	ಅ	◌ು	ರ	ಖ
ಣ	ಟ	ಒ	ಭ	ಜ	ನ	ಓ	◌ು	◌ು	ನ	ಉ	ಳ	ಧ	ಗ	◌್	ಹ
ಭ	ಳ	ನ	ನ	ಉ	◌ಾ	ಫ	ತ	ರ	ಅ	ಉ	◌ು	ದ	ಳ	ಯ	◌ೃ
ಳ	◌ು	ಕ	◌್	ಕ	ಮ	ಅ	ಒ	ನ	◌ಿ	ಅ	ಣ	ಆ	◌ು	ಕ	ಫ
◌ು	ಗ	ತ	ಷ	ಆ	ತ	ಉ	ಗ	ಜ	ಕ	ಗ	ಉ	ಡ	◌ೃ	◌್	ಳ
ಗ	ಲ	◌ಿ	◌ಿ	ಈ	ಶ	◌ೃ	ಮ	ತ	ಹ	ಲ	ಳ	ವ	ಣ	ರ	ಸ
ಕ	◌ು	ಗ	ಮ	ಭ	ನ	ಯ	ನ	ಟ	◌್	ಳ	ಸ	◌ು	ಣ	ಮ	ಧ
ರ	◌ಾ	◌ಾ	ಧ	ಮ	ಮ	ದ	ಷ	ನ	ಢ	ಯ	ತ	ರ	ಆ	ಗ	ಲ
◌್	ವ	ಜ	ಪ	◌್	ರ	◌ಾ	ಮ	◌ಾ	ಣ	◌ಿ	ಕ	ತ	◌ೆ	ಳ	ದ
ಪ	ಸ	ಛ	ಣ	ತ	ಶ	◌ು	ಛ	ಮ	ಜ	ಫ	ಭ	ಸ	ತ	◌ು	ಫ
◌ಂ	ಆ	ದ	ಹ	ಚ	ಶ	ಮ	ಟ	ಡ	ಉ	ರ	ಬ	ಶ	ಟ	ಬ	ಫ
ಸ	ಹ	◌ಾ	◌ಿ	ತ	ಇ	ಸ	ಣ	ಬ	ಲ	ಛ	ಚ	ಕ	ಚ	ಡ	ಉ

ಸವಾಲುಗಳು
ಮಕ್ಕಳು
ಸಮುದಾಯ
ಸಂಪರ್ಕಗಳು
ದಾನ
ಹಣಕಾಸು
ನಿಧಿಗಳು
ಉದಾರತೆ
ಜಾಗತಿಕ
ಗುರಿಗಳು
ಗುಂಪುಗಳು
ಇತಿಹಾಸ
ಪ್ರಾಮಾಣಿಕತೆ
ಮಾನವೀಯತೆ
ಮಿಷನ್
ಅಗತ್ಯ
ಜನರು
ಕಾರ್ಯಕ್ರಮಗಳು
ಸಾರ್ವಜನಿಕ
ಯುವ

44 - Herbalism

ಪ	ರ	ಭ	ಹ	ದ	ಓ	ತ	ಪ	ಓ	ಛ	ಜ	ಹ	ಳ	ಕ	ಕ	ಭ
◌ಾ	◌ಿ	◌ೊ	ಓ	ಟ	ರ	ಉ	ದ	ಣ	ರ	ಆ	ಛ	ಛ	◌ೇ	ಒ	ಒ
ಕ	ಕ	ಉ	ಸ	ಟ	ಡ	ಲ	◌ಾ	ಫ	ಅ	◌ೆ	ರ	ಬ	ಸ	ಲ	ರ
ಶ	◌ಾ	ದ	◌ಿ	◌್	ಆ	ಸ	ರ	ವ	ಟ	ಳ	ಗ	ಥ	ರ	ಮ	ಅ
◌ಾ	ನ	◌್	ಳ	ಮ	ಮ	ಟ	◌್	◌ಂ	◌ಿ	ಮ	ದ	◌ಾ	◌ಿ	ಖ	ಡ
ಲ	ಜ	ಯ	◌ು	ಣ	ಫ	◌ೇ	ಥ	ಚ	ಜ	ಲ	ಥ	ಮ	ನ	ಳ	ಧ
◌ೆ	ಯ	◌ಾ	ತ	◌ು	ಳ	ಕ	ರ	ಸ	ಸ	◌್	ಯ	ಲ	ಮ	◌ೊ	ಬ
ಯ	◌ೊ	ನ	ಟ	ಗ	ದ	ಈ	ಮ	◌ಿ	ಭ	ನ	ಶ	◌್	◌ಾ	ಛ	◌ೆ
ಣ	ರ	ಭ	ಒ	ಹ	ಷ	ತ	ಳ	ಕ	ಶ	◌ೆ	ಟ	ಯ	ರ	ಫ	ಳ
◌ೂ	◌್	ಲ	ಮ	ಈ	ಫ	ಉ	ಭ	ಧ	ಚ	ನ	ಧ	◌ಾ	◌್	ಛ	◌್
ಹ	ಪ	ಪ	◌ಾ	ರ	◌್	ಸ	◌್	ಲ	◌ಿ	◌್	ಸ	ವ	ಜ	ನ	ಳ
ಣ	ಸ	ದ	ನ	ವ	ರ	ಸ	ಉ	ದ	◌ು	◌ೆ	ಧ	◌ೆ	◌ೊ	ಲ	◌ು
ಸ	ಳ	◌ಿ	ಡ	ಟ	ಅ	ಆ	ಖ	ಳ	ರ	ಫ	ಓ	◌ಂ	ರ	ದ	ಳ
ಈ	ಸ	ಫ	ರ	ಓ	ರ	ಆ	ತ	ಹ	ಥ	ನ	ಧ	ಡ	◌ಾ	ಓ	◌್
ದ	ಶ	ಶ	ಮ	◌ು	ರ	ಅ	ಸ	ಶ	ರ	ಖ	ರ	ರ	ಮ	ದ	ಳ
ಆ	ರ	◌ೊ	ಮ	◌್	ಯ	◌ಾ	ಟ	◌ಿ	ಕ	◌್	ಕ	◌್	◌್	ಅ	◌ಿ

ಆರೊಮ್ಯಾಟಿಕ್
ತುಳಸಿ
ಪ್ರಯೋಜನಕಾರಿ
ಪಾಕಶಾಲೆಯ
ಫೆನ್ನೆಲ್
ರುಚಿ
ಹೂ
ಉದ್ಯಾನ
ಬೆಳ್ಳುಳ್ಳಿ
ಹಸಿರು
ಪದಾರ್ಥ
ಲ್ಯಾವೆಂಡರ್
ಮಾರ್ಜೋರಾಮ್
ಮಿಂಟ್
ಓರೆಗಾನೊ
ಪಾರ್ಸ್ಲಿ
ಸಸ್ಯ
ಗುಣಮಟ್ಟ
ರೋಸ್ಮೇರಿ
ಕೇಸರಿ

45 - Vehicles

ಬ	ಧ	ರ	◌ು	◌ಾ	ಕ	ಛ	ಭ	ಐ	ಕ	ಢ	ತ	ಳ	ಫ	ಳ	ಡ
ವ	ಲ	ವ	◌ೈ	ಅ	ಜ	ಜ	ಐ	ಮ	ರ	ಜ	ಒ	ಒ	ಶ	ವ	ಸ
◌ಿ	ಟ	ನ	ಬ	ಲ	◌್	ಕ	ಸ	◌ಿ	◌ೈ	ಬ	ಡ	ರ	ವ	ಬ	◌ೂ
ಮ	ಸ	◌್	ಐ	ಬ	◌ು	ಢ	◌ೂ	ಶ	ಧ	ಒ	ಒ	ಆ	ವ	ಷ	ರ
◌ಾ	ಬ	ಜ	ಯ	ಆ	◌ಂ	ಬ	◌್	ಯ	◌ು	ಲ	◌ೆ	ನ	◌್	ಸ	◌್
ನ	◌್	◌ಿ	ಜ	◌ಾ	ಧ	ಶ	ಲ	ಢ	ಕ	ಟ	ಆ	ಜ	ಆ	ಬ	ಟ
ಛ	ವ	◌ಂ	ಚ	◌ೂ	ಕ	ರ	ಟ	ಛ	◌ಾ	ಷ	ಲ	ಲ	ಆ	ಫ	ಪ
ಳ	◌ೇ	ಎ	ಓ	ನ	ಸ	◌್	ಶ	ತ	ರ	◌್	ಟ	◌ಾ	◌ೋ	ಮ	◌್
ಟ	ಲ	ಹ	ಸ	ಅ	ವ	ಟ	ಸ	ಷ	ವ	ನ	ಓ	◌ಂ	◌ೂ	ಒ	ಕ
ಖ	◌ೈ	ಹ	ಭ	ವ	ತ	ಕ	ಖ	◌ಿ	◌ಾ	ರ	ಳ	ತ	ತ	ಖ	◌ಾ
ಓ	ಷ	ರ	ಧ	ಒ	ಧ	◌ೂ	ಸ	ಡ	ನ	ಧ	ಮ	ರ	ಶ	ಉ	ಲ
ಟ	ಉ	ರ	◌್	ಟ	ಕ	◌್	ರ	◌ಾ	◌್	ಟ	ಜ	◌್	ನ	ದ	◌ಿ
ರ	◌ಾ	ಕ	◌ೆ	ಟ	◌್	ಸ	ವ	ರ	ಢ	ಹ	ವ	ಗ	ಅ	ಡ	◌ೆ
ದ	ವ	ಕ	ವ	ಮ	ರ	ಚ	ಷ	ಬ	ಸ	◌್	ಮ	◌ಾ	ಲ	ಢ	ಹ
ತ	ಡ	ಳ	ಛ	ಜ	◌್	ಧ	ಉ	ಮ	ದ	ದ	ಡ	ಮ	ಡ	ಅ	ಐ
ಮ	ಭ	◌ೂ	ಈ	ಚ	ಟ	ದ	ಖ	ಭ	ಖ	ರ	ಐ	◌ಿ	◌ೋ	ದ	ಹ

ವಿಮಾನ
ಆಂಬ್ಯುಲೆನ್ಸ್
ಬೈಸಿಕಲ್
ಬಸ್
ಕಾರು
ಕಾರವಾನ್
ಎಂಜಿನ್
ದೋಣಿ
ಹೆಲಿಕಾಪ್ಟರ್
ಮೋಟಾರ್
ರಾಕೆಟ್
ಸ್ಕೂಟರ್
ಶಟಲ್
ಜಲಾಂತರ್ಗಾಮಿ
ಸಬ್ ವೇ
ಟ್ಯಾಕ್ಸಿ
ಟೈರ್
ಟ್ರಾಕ್ಟರ್
ರೈಲು
ಟ್ರಕ್

46 - Flowers

ಮ	ಭ	ಓ	ಡ	ಧ	ಹ	ಆ	ಧ	ಢ	ಈ	ರ	ಢ	ಪ	ಗ	ಸ	ಕ
◌್	ಒ	ವ	ರ	ಕ	ನ	◌ೂ	ಡ	ಭ	ಖ	ಳ	ಸ	◌್	◌ಾ	◌ೂ	◌್
ಯ	ಆ	ಪ	◌ು	ಷ	◌್	ಪ	ಗ	◌ು	ಚ	◌್	ಛ	ಲ	ರ	ರ	ಲ
◌ಾ	ದ	ರ	◌್	ಡ	ವ	◌ೆ	◌ಂ	ಯ	◌ಾ	◌್	ಲ	◌ು	◌್	◌್	◌ೊ
ಗ	ಹ	ಳ	◌್	ನ	◌ೀ	ಲ	ಕ	ತ	ವ	ದ	◌ೂ	ಮ	ಡ	ಯ	ವ
◌್	ಖ	ಜ	ಜ	ಕ	ಮ	ಣ	ಹ	ಶ	ಗ	◌ಂ	ಕ	◌ೆ	◌ೆ	ಕ	ರ
ನ	ಛ	ಬ	ಸ	ಡ	◌ಿ	◌ೂ	ಚ	ಶ	◌ು	ಡ	ತ	ರ	ನ	◌ಾ	◌್
◌ೊ	ಧ	ದ	ಫ	◌ೈ	ಷ	ಡ	ಡ	ಅ	ಲ	◌ೇ	ಖ	◌ಿ	◌ಿ	◌ಂ	ಟ
ಲ	ಳ	ವ	◌ಾ	ಸ	◌ಾ	ದ	◌್	ಛ	◌ಾ	ಲ	ಟ	ಯ	ಯ	ತ	◌ು
◌ಿ	ನ	◌್	ಮ	◌ಿ	ಸ	◌್	◌ಾ	ಜ	ಬ	◌ಿ	ಪ	◌ಾ	◌ಾ	◌ಿ	ಲ
ಯ	ಗ	ಸ	ಗ	ಸ	◌ೆ	ಲ	◌ೂ	ಉ	◌ಿ	ಯ	◌ಿ	ಹ	ಟ	ಈ	◌ಿ
◌ಾ	ಓ	ರ	ಆ	ಖ	ಛ	ಜ	◌ಿ	ಆ	ದ	ನ	ಯ	ಜ	ಓ	ಹ	ಪ
ಆ	ಢ	ಛ	ಓ	ಸ	ಚ	ಓ	ಜ	ಲ	ಣ	◌್	◌ೊ	ಣ	ಈ	ಭ	◌್
ಹ	ಳ	ಕ	ಚ	ಉ	ಣ	ಲ	ಜ	ಚ	◌ಿ	ಮ	ನ	ಆ	ಉ	ನ	ಅ
ವ	ಬ	ಡ	ಉ	ಬ	ಷ	ಟ	ಆ	ನ	ಖ	ಶ	◌ಿ	ಉ	ಧ	◌ೂ	ತ
◌ೂ	ಣ	ಮ	◌ೂ	ಳ	ಷ	ದ	ಬ	ಜ	ಳ	◌ೂ	ಲ	ವ	ಹ	ಸ	ಒ

ಪುಷ್ಪಗುಚ್ಛ
ಕ್ಲೋವರ್
ಡೈಸಿ
ದಂಡೇಲಿಯನ್
ಗಾರ್ಡೆನಿಯಾ
ದಾಸವಾಳ
ಜಾಸ್ಮಿನ್
ಲ್ಯಾವೆಂಡರ್
ನೀಲಕ
ಲಿಲಿ
ಮ್ಯಾಗ್ನೋಲಿಯಾ
ಆರ್ಕಿಡ್
ಪಿಯೋನಿ
ದಳ
ಪ್ಲುಮೆರಿಯಾ
ಗಸಗಸೆ
ಗುಲಾಬಿ
ಸೂರ್ಯಕಾಂತಿ
ಟುಲಿಪ್

47 - Health and Wellness #1

ಲ	ಡ	ಮ	◌ೂ	ಳ	◌ೆ	ಗ	ಳ	◌ು	ಚ	ಅ	ನ	ಐ	ಳ	ಅ	ಒ
ಡ	◌ಾ	ಶ	ಸ	ಚ	◌ೂ	ಮ	ಖ	ಲ	ಕ	ಭ	ಒ	ರ	◌ು	ಹ	ಒ
ಡ	ಕ	ಢ	ಕ	ಷ	ಒ	ಧ	ಹ	ಸ	ಭ	◌್	ಢ	ಳ	ಗ	ಐ	ಓ
ರ	◌್	ಮ	◌್	ರ	ಚ	ಓ	ಒ	ಚ	ಡ	ಯ	◌ೂ	ಳ	ನ	ಳ	ಒ
ಟ	ಟ	ಮ	ರ	ಒ	ವ	◌ು	◌ಿ	ಸ	ಹ	◌ಾ	ನ	ಮ	◌ು	ರ	◌ು
ಆ	ರ	ಅ	◌ಿ	ಧ	◌ಿ	ಜ	ವ	ಧ	ಛ	ಸ	ಅ	ಆ	ಮ	ಐ	ಢ
ಧ	◌್	ಆ	ಯ	ಭ	ಶ	ಧ	ಭ	ಅ	ಮ	ರ	ಒ	ಖ	◌ೊ	ಲ	ಒ
ಅ	ಒ	ಳ	ಮ	ಸ	◌್	ಕ	◌್	ಲ	◌ೆ	ಫ	◌್	◌ಿ	ರ	ಶ	ಧ
ಛ	ಹ	◌ು	ಳ	ಛ	ರ	ದ	ಫ	ಸ	ತ	ಷ	ಕ	ದ	◌್	ತ	ಒ
ವ	ಆ	ಗ	ನ	ಯ	◌ಾ	ರ	◌ಿ	ಟ	◌ೀ	ಕ	◌್	ಯ	◌ಾ	◌್	ಬ
ಗ	◌ಾ	ಯ	ಕ	ಟ	◌ಂ	ಭ	ವ	ಜ	ಒ	ಫ	ನ	ರ	ಹ	ನ	ಳ
ಳ	ಕ	◌ು	ಲ	ಛ	ತ	ಆ	◌ೈ	ಮ	◌ು	ರ	◌ಿ	ತ	ವ	ಮ	ಕ
ಉ	ಷ	ನ	ಡ	◌ಾ	◌ಿ	ಡ	ರ	ಶ	ಷ	ಸ	ಲ	◌್	ಳ	ಹ	ಓ
ಓ	ಛ	◌ಾ	ಧ	ಳ	ಧ	ಧ	ಸ	ಚ	◌ಿ	ಕ	◌ಿ	ತ	◌್	ಸ	◌ೆ
ಜ	ಜ	◌್	ಬ	ಢ	ಷ	ಷ	◌್	ಐ	ಭ	ಷ	◌್	ಎ	ಓ	ಒ	ಮ
ಲ	ಕ	ಸ	ಢ	ಬ	ಔ	ಖ	ಔ	ಆ	ವ	ಕ	ಕ	ಭ	ಬ	ಹ	ಉ

ಸಕ್ರಿಯ
ಬ್ಯಾಕ್ಟೀರಿಯಾ
ಮೂಳೆಗಳು
ಕ್ಲಿನಿಕ್
ಡಾಕ್ಟರ್
ಮುರಿತ
ಅಭ್ಯಾಸ
ಎತ್ತರ
ಹಾರ್ಮೋನುಗಳು
ಹಸಿವು
ಗಾಯ
ಔಷಧ
ಸ್ನಾಯುಗಳು
ನರಗಳು
ಔಷಧಾಲಯ
ರಿಫ್ಲೆಕ್ಸ್
ವಿಶ್ರಾಂತಿ
ಚರ್ಮ
ಚಿಕಿತ್ಸೆ
ವೈರಸ್

48 - Town

ಗ ಜ ಟ ಒ ಈ ಆ ಲ ಭ ಶ ◌ೂ ವ ನ ಮ ಕ ಮ ಫ
ಗ ◌್ ಷ ಟ ಟ ಒ ಫ ಣ ಸ ಷ ◌ಿ ಓ ◌ಾ ತ ಮ ಮ
◌್ ◌ೂ ರ ಗ ◌ಾ ◌ೂ ಹ ಮ ಒ ದ ಮ ಈ ನ ಟ ಧ ◌ಾ
ಯ ಡ ಯ ◌ಂ ಸ ◌ಿ ಯ ◌ೂ ◌್ ಮ ◌ಾ ಣ ◌ಿ ◌್ ಕ ರ
◌ಾ ಕ ಭ ಭ ಥ ವ ಸ ಸ ಶ ಳ ನ ಒ ◌ಿ ರ ನ ◌ು
ಲ ಬ ಅ ಷ ದ ◌ಾ ಬ ಚ ಷ ರ ನ ಖ ಸ ◌ೆ ಓ ಕ
ರ ಟ ಬ ನ ಳ ಅ ಲ ಶ ಷ ಫ ◌ಿ ಣ ಭ ◌ಂ ಷ ಟ
◌ಿ ಖ ಆ ◌ೇ ಲ ಒ ಕ ಯ ◌ೂ ಕ ಲ ಢ ◌ೂ ಟ ಹ ◌್
ಹ ಕ ಣ ಭ ಕ ಮ ಣ ತ ಕ ಲ ◌್ ಟ ◌ೆ ◌ೊ ಹ ಟ
ಣ ಗ ಡ ◌ಾ ◌ಂ ರ ◌ಿ ◌ೃ ◌್ ಕ ದ ಶ ಹ ಸ ಈ ◌ೆ
ಭ ಜ ◌ಿ ಭ ಟ ಚ ◌ಿ ಬ ನ ಖ ◌ಾ ◌ಾ ಆ ◌್ ಉ ಖ
ನ ಬ ಗ ಫ ಓ ಈ ಹ ಕ ◌ಿ ಜ ಣ ಲ ಲ ◌ೆ ತ ಣ
◌ೂ ಧ ◌ಂ ಶ ಆ ರ ಉ ಭ ಲ ಖ ಒ ◌ೆ ಫ ರ ಣ ಶ
ಭ ರ ಅ ತ ಶ ತ ಶ ಸ ◌ಿ ನ ಜ ರ ಸ ಓ ಟ ಭ
ಸ ◌ೂ ಪ ರ ◌್ ಮ ◌ಾ ರ ◌್ ಕ ◌ೆ ಟ ◌್ ಬ ಅ ಕ
ಔ ಷ ಧ ◌ಾ ಲ ಯ ವ ಢ ಕ ◌್ ಯ ◌ಾ ◌ಂ ◌್ ಬ ವ

ವಿಮಾನ ನಿಲ್ದಾಣ
ಬೇಕರಿ
ಬ್ಯಾಂಕ್
ಸಿನಿಮಾ
ಕ್ಲಿನಿಕ್
ಹೂಗಾರ
ಗ್ಯಾಲರಿ
ಹೋಟೆಲ್
ಗ್ರಂಥಾಲಯ
ಮಾರುಕಟ್ಟೆ
ಮ್ಯೂಸಿಯಂ
ಔಷಧಾಲಯ
ರೆಸ್ಟೋರೆಂಟ್
ಶಾಲೆ
ಕ್ರೀಡಾಂಗಣ
ಅಂಗಡಿ
ಸೂಪರ್ಮಾರ್ಕೆಟ್
ನಾಟಕ

49 - Antarctica

ಡ	ಮ	ಭ	ಭ	ಕ	ಟ	ಬ	ಚ	ಷ	ಒ	ಹ	ಒ	◌ೂ	ಓ	ಓ	ದ
ಮ	◌ೊ	ಡ	ಗ	ಳ	◌ು	ಳ	◌ು	ಗ	ಷ	◌ಿ	◌್	ಕ	ಪ	ಟ	◌್
ಭ	ಳ	◌ಂ	ಚ	ಈ	ಟ	ಕ	ರ	ಮ	ಢ	ಮ	ಬ	◌ೇ	ಐ	ಢ	ವ
◌ೂ	ತ	ಖ	ಐ	ಚ	ವ	ಢ	ಕ	ಚ	ವ	ನ	ಖ	ಉ	ಟ	ಅ	◌ೀ
ಗ	ಟ	◌ಾ	ಓ	ಫ	ಜ	ಶ	ಫ	ಮ	ಢ	ದ	ಜ	ಡ	ಚ	ಡ	ಪ
◌ೊ	ಉ	ಸ	ಪ	ಟ	ಬ	ಭ	ಚ	ತ	ಉ	◌ಿ	ಬ	ಮ	ಟ	ಒ	ಗ
ಳ	ಭ	◌ಂ	ಚ	ಮ	ಳ	ಟ	ಈ	ಒ	ಐ	ಗ	ಲ	ವ	ಕ	ಫ	ಳ
ಶ	ಹ	ಶ	ಭ	ಲ	◌ಾ	ತ	◌ಿ	ಕ	◌ೃ	ಳ	◌ಾ	ಥ	◌್	ಸ	◌ು
◌ಾ	◌ಿ	◌ೊ	ಆ	ಆ	ಚ	ನ	ಹ	ಷ	ಬ	◌ು	ಸ	ಚ	ಚ	◌ೊ	ಢ
ಸ	ಮ	ಧ	ಸ	◌ಂ	ರ	ಕ	◌್	ಷ	ಐ	◌ೆ	◌ು	ನ	ಐ	ಆ	ಕ
◌್	ಕ	ಕ	ನ	◌ಿ	ಞ	◌ಾ	ಜ	◌್	◌ೈ	ವ	ನ	◌ೂ	ಡ	ದ	ವ
ತ	ಹ	ಪ	ರ	◌ಿ	ಸ	ರ	◌ು	◌ೀ	◌ಿ	ನ	◌್	ಚ	ಒ	ಭ	ಢ
◌್	ಟ	ಕ	ಐ	ಷ	ಡ	ರ	ಹ	ಆ	ಚ	ಭ	ನ	ತ	ವ	ಡ	ಫ
ರ	ವ	ಜ	ಐ	ಬ	ಹ	ಬ	◌ಾ	ಮ	ಟ	ನ	◌ಿ	ವ	ಓ	ಲ	ಕ
ವ	ಮ	ಬ	ಒ	ಡ	ಉ	ಫ	ಆ	ಕ	ನ	◌ೂ	◌ೆ	ಸ	ಲ	ವ	ಢ
ದ	◌ಂ	ಡ	ಯ	◌ಾ	ತ	◌್	ರ	◌ೆ	◌ಿ	ಚ	ಪ	ಅ	ಐ	ಓ	ಢ

ಬೇ
ಪಕ್ಷಿಗಳು
ಮೋಡಗಳು
ಸಂರಕ್ಷಣೆ
ಖಂಡ
ಕೋವ್
ಪರಿಸರ
ದಂಡಯಾತ್ರೆ
ಭೂಗೋಳಶಾಸ್ತ್ರ
ಹಿಮನದಿಗಳು
ಹಿಮ
ದ್ವೀಪಗಳು
ವಲಸೆ
ಪೆನಿನ್ಸುಲಾ
ಸಂಶೋಧಕ
ರಾಕಿ
ವೈಜ್ಞಾನಿಕ
ತಾಪಮಾನ
ಸ್ಥಳಾಕೃತಿ
ನೀರು

50 - Ballet

ಕ	ಚ	ವ	ಟ	ಓ	ಶ	ಸ	◌್	ನ	◌ಾ	ಯ	◌ು	ಗ	ಳ	◌ು	ಮ
ಸ	◌ೌ	ಪ	ಉ	ಒ	◌ೈ	ಟ	ಢ	ವ	ಲ	ಧ	ಳ	ಈ	ಜ	ಢ	ರ
ನ	ಅ	ಶ	◌್	ನ	ಲ	ಡ	ಧ	ಶ	ಭ	ಬ	ಚ	ಓ	ಧ	ಟ	ಮ
◌್	ವ	ಒ	ಲ	ಪ	◌ಿ	ಈ	ಕ	ಷ	◌ೂ	◌ೂ	ರ	ತ	ಸ	ಬ	ಅ
ನ	ಕ	ಮ	ತ	◌್	◌ಾ	ಲ	ಕ	ಢ	ಆ	ಅ	ಕ	ನ	ಭ	ಬ	ಭ
◌ೆ	ಭ	ತ	ಣ	ಮ	ಯ	ಳ	ಖ	◌ೂ	ಟ	ಆ	ಷ	ವ	ಒ	◌್	◌ಿ
ಓ	ರ	◌ಂ	ಟ	ಭ	ಲ	ನ	◌ೆ	ಭ	ಒ	ಜ	ಕ	ವ	ಜ	ಯ	ವ
ಖ	◌ು	ತ	ಸ	ಯ	◌ಾ	ಭ	◌್	ವ	◌ಾ	ರ	◌್	◌ೂ	ಪ	◌ಾ	◌್
◌ೂ	ಯ	◌್	◌ು	ಸ	◌ಂ	ಯ	◌ೋ	ಜ	ಕ	ಬ	ರ	ಣ	ಭ	ಲ	ಯ
ಜ	ಕ	ರ	ಲ	ತ	ಅ	ಒ	ಓ	ಟ	ತ	ತ	◌ೇ	ತ	ಕ	◌ೆ	ಕ
ಉ	◌ಿ	ಚ	ಲ	ಗ	◌ೀ	ಧ	ಹ	ಬ	ವ	ಸ	◌್	ರ	ಈ	ರ	◌್
ಜ	ತ	ಸ	◌ಿ	◌ೀ	ಹ	ವ	ಅ	ಆ	ಒ	ಭ	ಪ	ಣ	ಧ	◌ಿ	ತ
◌ೂ	◌್	ಅ	ತ	◌ಂ	ಉ	ಳ	◌್	ನ	ಟ	ಈ	ಓ	ಟ	ನ	ನ	◌ಿ
ಳ	ರ	ತ	ಈ	ಸ	ಲ	ನ	ಉ	ರ	ಓ	ನ	ಫ	ಸ	ಕ	◌ಾ	ಢ
ಳ	ನ	◌ೆ	ಜ	ಯ	◌ೋ	ಸ	◌ಂ	ಯ	ತ	◌್	◌ೃ	ನ	ಡ	ಮ	◌ೂ
ಅ	ಭ	◌್	ಯ	◌ಾ	ಸ	ಳ	ನ	ಈ	ದ	◌ೆ	ಢ	ಧ	ಣ	ಬ	ದ

ಚಪ್ಪಾಳೆ
ಕಲಾತ್ಮಕ
ಪ್ರೇಕ್ಷಕರ
ಬ್ಯಾಲೆರಿನಾ
ನೃತ್ಯ ಸಂಯೋಜನೆ
ಸಂಯೋಜಕ
ನರ್ತಕಿಯರು
ಅಭಿವ್ಯಕ್ತಿ
ಸನ್ನೆ
ಸುಲಲಿತ
ತೀವ್ರತೆ
ಸ್ನಾಯುಗಳು
ಸಂಗೀತ
ಅಭ್ಯಾಸ
ಪೂರ್ವಾಭ್ಯಾಸ
ಲಯ
ಕೌಶಲ್ಯ
ಶೈಲಿ
ತಂತ್ರ

51 - Fashion

ಧ	ಈ	ಧ	ಓ	ತ	◌ಿ	◌ೂ	ಸ	ಕ	ಆ	ಭ	ಳ	ಲ	ದ	ಅ	ಷ
ಜ	ಷ	ಉ	ಳ	ಲ	ಬ	ಶ	ವ	ಗ	ನ	ಧ	ಈ	ಓ	ಢ	ಚ	ಅ
ಹ	ಮ	ಧ	ಖ	ಶ	◌ೂ	ಬ	ಡ	◌ಿ	ರ	◌ಿ	◌ು	ಓ	ಆ	ಡ	ತ
ಅ	ಣ	ರ	ಧ	◌ಾ	◌ಾ	ಸ	ಲ	ಯ	ನ	ಳ	ಷ	ನ	ಆ	ಈ	◌್
ಆ	ಡ	◌ಿ	ಗ	◌ಂ	ಅ	ರ	ಳ	◌ೊ	ಬ	ಡ	ರ	◌್	◌ಿ	ಬ	ಯ
ಓ	ರ	ಬ	ಲ	◌ೂ	ವ	ಶ	ಚ	ರ	ರ	ಒ	ಲ	ಖ	ಠ	ಕ	◌ಾ
ಭ	◌ಿ	◌ಾ	◌ೂ	ಷ	ಲ	◌ೈ	ಡ	◌ಾ	ಭ	ಈ	ಸ	ತ	ಢ	ಸ	ಧ
ಫ	ದ	◌ು	ಮ	ಧ	ಣ	ಲ	ಲ	◌್	ಭ	ಚ	ಸ	ಷ	ಈ	ಢ	◌ು
ಬ	◌ಾ	ದ	ಭ	ದ	ಭ	◌ಿ	ಅ	ಪ	ಬ	ಟ	◌್	ಟ	◌ೆ	ಟ	ನ
ಬ	ಮ	ಳ	ರ	ಸ	◌ಾ	ಸ	◌ೊ	ಗ	ಸ	◌ಾ	ದ	ಮ	ನ	ಖ	◌ಿ
ದ	ಹ	◌ು	ಭ	ಆ	ಣ	ಯ	ಕ	ಉ	ಚ	ಒ	ಓ	ಒ	ಭ	ಷ	ಕ
ದ	ನ	ಗ	ಢ	ಲ	◌ೂ	◌ಾ	ಕ	ಆ	ಆ	ವ	ಷ	ತ	ಷ	ನ	ಳ
ಢ	ನ	◌ೆ	ಬ	ಓ	ನ	ನ	ಪ	◌್	ರ	ವ	◌ೃ	ತ	◌್	ತ	◌ಿ
ಣ	ಷ	ತ	ಹ	ಜ	ಡ	◌್	ಸ	ಜ	ಚ	ರ	ಓ	ಢ	ಜ	ಶ	ಕ
ಳ	ಒ	ಳ	◌ು	ಗ	ಡ	◌ಿ	◌ಂ	◌ು	ಗ	ರ	ನ	ಖ	ಭ	ಣ	ಷ
ಉ	ಭ	ಅ	ಭ	ರ	ಫ	ವ	ವ	ಕ	ಕ	ಡ	ಭ	ಉ	ತ	ವ	ಈ

ಅಂಗಡಿ
ಗುಂಡಿಗಳು
ಬಟ್ಟೆ
ಆರಾಮದಾಯಕ
ಸೊಗಸಾದ
ಕಸೂತಿ
ದುಬಾರಿ
ಅಳತೆಗಳು
ಕನಿಷ್ಠ
ಆಧುನಿಕ
ಸಾಧಾರಣ
ಮೂಲ
ಮಾದರಿ
ಪ್ರಾಯೋಗಿಕ
ಸರಳ
ಅತ್ಯಾಧುನಿಕ
ಶ್ಶೈಲಿ
ವಿನ್ಯಾಸ
ಪ್ರವೃತ್ತಿ

52 - Human Body

ಳ	ಚ	◌ೂ	ಓ	ಖ	ಈ	ಅ	ಲ	ಬ	ಖ	ಟ	ಳ	ಲ	ಚ	ದ	ಚ
ಭ	ಸ	ಭ	ಳ	ಅ	ಶ	ಸ	ಶ	ಓ	ಷ	ಭ	ಳ	ಢ	ತ	ಲ	◌ೆ
ಚ	ರ	◌್	ಮ	ಉ	ಉ	ಹ	ಕ	ಮ	ಉ	ತ	ತ	ರ	◌್	◌್	ಈ
ಭ	ಒ	ಈ	ಈ	ಒ	ರ	ದ	ಲ	ಭ	ಸ	ಲ	◌ು	◌ಾ	ಕ	ಕ	ಶ
ಓ	ರ	ಢ	ಲ	ಈ	ಧ	ಸ	ಷ	ಫ	ಚ	ಉ	ಢ	◌್	ರ	◌ಂ	ಳ
ನ	ಣ	ಷ	ಜ	ಲ	ವ	ವ	ವ	ಖ	ಟ	ಳ	ಸ	ಡ	ತ	ಆ	ಟ
ಓ	ಉ	ಖ	ಳ	ನ	ಒ	ರ	ತ	ಭ	ನ	ಢ	ಶ	ಳ	ತ	ಕ	ಅ
ಹ	ಬ	ಫ	ಖ	ಓ	ತ	ಬ	ಕ	ತ	ಳ	◌ು	ಗ	ಳ	◌ೆ	◌ೂ	ಮ
ಷ	ಢ	ಣ	ವ	ಸ	ಅ	ಸ	ಲ	ಯ	◌ಿ	◌ಾ	ಬ	ಒ	ಕ	ವ	ಖ
ಣ	ಧ	ಧ	ಒ	ಡ	ಆ	ಶ	◌ು	ಭ	ದ	◌್	ದ	ಗ	◌ು	◌ೂ	ಮ
ಉ	ಈ	ಧ	ನ	ಧ	ಈ	ನ	ಕ	ಖ	◌ು	ಮ	ಬ	◌ೆ	ರ	ಳ	◌ು
ಒ	ಳ	ತ	ಜ	ಹ	ಹ	ತ	◌ಾ	ಒ	◌ೆ	ಜ	ಜ	ಓ	ಉ	ದ	ಭ
ದ	ವ	ಡ	◌ೆ	◌ೃ	ಕ	◌ೈ	ಣ	◌ೊ	ಮ	ಣ	ಟ	ಜ	ಓ	ಆ	ಸ
ನ	ಣ	◌ಿ	ಲ	ದ	ಭ	ಭ	◌ೂ	ಕ	ರ	ನ	ಕ	ಣ	ಆ	ದ	ಜ
ವ	ಅ	ಅ	◌ಿ	ಯ	ಣ	ದ	◌ೆ	ಖ	ಟ	ಒ	ಭ	ಮ	ಢ	ಲ	ಉ
ಮ	ಧ	ಕ	◌ೈ	ಕ	ಷ	ರ	ಮ	ಳ	ಕ	ಜ	ರ	ಒ	ಶ	ಚ	ಟ

ಆಂಕಲ್
ರಕ್ತ
ಮೂಳೆಗಳು
ಮೆದುಳಿನ
ಗದ್ದ
ಕಿವಿ
ಮೊಣಕ್ಕೈ
ಮುಖ
ಬೆರಳು
ಕೈ
ತಲೆ
ಹೃದಯ
ದವಡೆ
ಮೊಣಕಾಲು
ಕಾಲು
ಬಾಯಿ
ಕತ್ತು
ಮೂಗು
ಭುಜ
ಚರ್ಮ

53 - Musical Instruments

ಸ	ಐ	ಜ	ಕ	ಶ	ಆ	ಐ	ಫ	ಲ	ವ	ಮ	ಮ	ಶ	ಚ	ಟ	ಕ
ರ	◌್	ಟ	◌ಾ	◌ಿ	ಗ	ಓ	ಬ	ಛ	ಧ	ಢ	ಢ	ಟ	ಶ	◌್	◌್
ಜ	ವ	ಯ	ದ	◌್	ವ	◌ಾ	ಳ	◌ಾ	ತ	ಬ	ಈ	ಡ	ಭ	ರ	ಲ
ರ	ಬ	ಕ	◌ಾ	ಹ	◌ಾ	ರ	◌್	ಮ	◌ೊ	ನ	◌ಿ	ಕ	◌ಾ	ಮ	◌ಾ
ಲ	◌ು	ಳ	◌ೊ	ಕ	ಮ	ಸ	ಷ	ಜ	◌ೂ	ಧ	ಅ	ನ	ಪ	◌್	ರ
ಓ	ಬ	◌ಿ	ಒ	ಇ	◌್	ಸ	◌ೆ	ವ	ದ	ಕ	ರ	◌್	◌ಿ	ಬ	◌ಿ
ತ	ತ	ಧ	ತ	ಆ	ರ	ಸ	ಜ	ಲ	ಓ	ಛ	ಢ	ಲ	ಟ	◌ೊ	ನ
ಛ	ಆ	◌ು	ಶ	ಓ	◌್	ಹ	◌ೊ	ಭ	◌್	ವ	◌ೂ	◌ಿ	◌ೀ	ನ	◌ೆ
ಢ	ಬ	ಡ	ತ	ಹ	ಡ	ಡ	◌ಂ	ಫ	ಈ	ಲ	ಜ	ಡ	ಲ	◌್	ಟ
ಅ	ಢ	ತ	ಡ	◌್	ನ	ಕ	ಬ	ಖ	◌ೊ	ತ	◌ೊ	◌ೊ	◌ು	ಹ	◌್
ಗ	◌ಾ	◌ಂ	ಗ	◌್	ತ	ಹ	ಧ	ಖ	ಈ	ನ	◌ೊ	ಯ	◌ಾ	◌ಿ	ಪ
ಆ	ಶ	ಈ	ಅ	ರ	ಡ	◌ೂ	ಮ	ಪ	◌್	ರ	◌್	◌ಾ	ಹ	ಅ	ಶ
ಹ	ಳ	ಅ	ಷ	ಢ	ನ	◌್	ರ	◌ಿ	ಬ	◌ೆ	◌ೂ	◌ಂ	◌ಾ	ಟ	ಅ
ಮ	ರ	◌ಿ	◌ಂ	ಬ	◌ಾ	ಡ	ದ	◌ಿ	◌ೂ	ದ	ದ	◌್	ಭ	ಕ	ತ
ಚ	ಢ	ಲ	ಧ	ಈ	ಟ	ಈ	ಸ	ಒ	◌ೂ	ತ	ಜ	ಮ	ಭ	ಈ	ಧ
ನ	ಢ	ಜ	ಈ	ಜ	ಐ	ಉ	ಷ	ಬ	◌ಾ	ಸ	◌್	ಸ	◌ೂ	ನ	◌್

ಬಂಜೋ
ಬಾಸ್ಸೂನ್
ಸೆಲ್ಲೋ
ಕ್ಲಾರಿನೆಟ್
ಡ್ರಮ್
ಕೊಳಲು
ಗಾಂಗ್
ಗಿಟಾರ್
ಹಾರ್ಮೋನಿಕಾ
ಹಾರ್ಪ್
ಮ್ಯಾಂಡೋಲಿನ್
ಮರಿಂಬಾ
ಓಬಿಒಇ
ತಾಳವಾದ್ಯ
ಪಿಯಾನೋ
ಸ್ಯಾಕ್ಸೋಫೋನ್
ಟಾಂಬೊರಿನ್
ಟ್ರೊಂಬೋನ್
ತುತ್ತೂರಿ
ಪಿಟೀಲು

54 - Fruit

ರ	◌ಾ	ಸ	◌್	ಪ	◌್	ಬ	◌ೆ	ರ	◌ಿ	ನ	ಢ	ಬ	◌ು	◌ೇ	ಸ
ಧ	ಉ	ರ	ಲ	ಮ	ದ	ರ	ಟ	ಚ	ವ	◌ಿ	ಲ	◌ೆ	ಲ	ಬ	ಓ
ಸ	◌ಿ	◌ೀ	ಬ	◌ೆ	ಹ	ಣ	◌್	ಣ	◌ು	◌ಂ	ಚ	ರ	ಕ	ಬ	ಟ
ಕ	ಬ	ಈ	ಉ	ವ	ಅ	ಲ	ಕ	ತ	◌ಾ	ಬ	ಢ	◌್	ಭ	ರ	ಉ
ಲ	◌ಾ	ಖ	ಜ	ಮ	ನ	ಒ	◌ಾ	ಜ	ಮ	◌ೆ	ಶ	ರ	◌ೀ	ಭ	ಕ
◌್	ಳ	ಧ	ಸ	ಸ	◌ಾ	ಅ	ರ	ನ	ಪ	ಧ	ಲ	◌ಿ	ಧ	ಪ	◌ಿ
ಲ	◌ೆ	ಪ	ಯ	ಓ	ನ	ವ	◌ಿ	ಡ	◌ೊ	◌ಾ	ಕ	ವ	ಆ	ಜ	ವ
◌ಂ	ಹ	ಟ	◌ಿ	ವ	ಸ	ಭ	◌್	ಫ	ಅ	ಲ	ಪ	ಓ	ತ	ನ	◌ಿ
ಗ	ಣ	ಹ	ಕ	ಯ	◌್	ಫ	ಪ	ಧ	ಚ	ನ	ಅ	ಯ	ಶ	ದ	ಡ
ಡ	◌್	ಶ	◌ಾ	ಜ	ರ	ಬ	ಏ	ಟ	ಡ	ಜ	ಹ	ಉ	◌ಾ	ಡ	ಭ
◌ಿ	ಣ	ಖ	ನ	ಡ	◌ಿ	◌್	ನ	◌ೆ	ಕ	◌್	ಟ	ರ	◌ಿ	ನ	◌್
ಮ	◌ು	ಒ	ಗ	ಶ	ರ	ಬ	ಜ	ಕ	ಳ	ಕ	ಈ	ತ	◌ೂ	ಉ	ಶ
◌ೂ	ವ	ಮ	◌ಿ	ಲ	◌್	ಸ	ಣ	ಹ	ಡ	ಖ	ಮ	◌್	ದ	ಣ	ವ
ಢ	ಳ	ಚ	◌ಂ	ಮ	◌ೆ	ಷ	ಒ	ಧ	ಹ	ಒ	ನ	◌ಿ	ಕ	ಓ	ಜ
ಭ	ಡ	ಖ	◌ೆ	ನ	ಚ	◌ೂ	ನ	ಒ	ಶ	ಸ	ಒ	ಚ	ಆ	ಶ	ಖ
ಸ	ಲ	ಸ	ತ	ದ	◌್	ರ	◌ಾ	ಕ	◌್	ಷ	◌ಿ	ಷ	ಢ	ಮ	ಈ

ಸೇಬು
ಏಪ್ರಿಕಾಟ್
ಆವಕಾಡೊ
ಬಾಳೆಹಣ್ಣು
ಬೆರ್ರಿ
ಚೆರ್ರಿ
ತೆಂಗಿನಕಾಯಿ
ಚಿತ್ರ
ದ್ರಾಕ್ಷಿ
ಸೀಬೆಹಣ್ಣು
ಕಿವಿ
ನಿಂಬೆ
ಮಾವು
ಕಲ್ಲಂಗಡಿ
ನೆಕ್ಟರಿನ್
ಪಾಪಯಾ
ಪೀಚ್
ಪಿಯರ್
ಅನಾನಸ್
ರಾಸ್ಪ್ಬೆರಿ

55 - Engineering

ಳ	ಟ	ನ	ಳ	ಧ	ಢ	ಟ	ರ	ಫ	ಛ	ಛ	◌ೂ	ಅ	ಅ	ಶ	ಖ
ಢ	ಫ	ಹ	ಣ	ಡ	ಲ	ಅ	ರ	ಹ	ಛ	ಷ	ಅ	ಳ	ಕ	ಜ	ಲ
ಢ	ರ	ಸ	ರ	ದ	ಧ	ಆ	ಆ	ಡ	ನ	ಣ	ರ	ತ	◌್	◌ಂ	ಯ
ಭ	ಈ	ಯ	◌್	ಲ	◌್	ಸ	◌ೆ	◌ೀ	ಡ	ಆ	ಭ	◌ೆ	ಷ	ರ	◌ೂ
ಸ	ಆ	◌ಾ	ಟ	ಥ	ಧ	ರ	ವ	ಳ	ವ	ಛ	ಕ	ಸ	ರ	◌ೇ	ಗ
ಲ	ಒ	◌್	◌ಾ	ಅ	◌ಿ	ವ	ವ	ಓ	◌ಿ	ಶ	◌ೊ	ಜ	◌ೆ	ಖ	◌ೇ
ಶ	ಜ	ವ	◌ೊ	ಈ	ಣ	ರ	ವ	ಬ	ತ	ಪ	ನ	ಅ	◌ೕ	◌ಾ	ರ
ರ	ಣ	ಫ	ಮ	ಮ	ಜ	ಚ	ತ	ಛ	ರ	◌್	ಲ	ಣ	ಖ	ಚ	◌ು
ಎ	◌ಂ	ಜ	◌ಿ	ನ	◌್	◌ಾ	◌ಿ	◌ೆ	ಣ	ರ	◌ಿ	ರ	◌ೆ	◌ಿ	ಬ
◌ೂ	ಭ	ರ	◌ೂ	ತ	ಡ	ಕ	◌್	ಅ	◌ೆ	◌ೌ	ಕ	ಚ	ಛ	ತ	ಣ
ಹ	ಶ	ಳ	ಚ	ಳ	ಳ	◌ಾ	ಕ	ಅ	ಈ	ಪ	◌ೊ	ನ	ಕ	◌್	ಕ
ವ	ಉ	ಟ	ಮ	ನ	ತ	ಕ	ಶ	ಸ	ಉ	ಲ	ನ	◌ೆ	ಷ	ರ	ಮ
ಷ	ಖ	ಚ	ಒ	ಅ	ಡ	◌್	ಟ	◌ೂ	ಫ	◌್	◌ೆ	ಧ	ಧ	ದ	ಢ
ಶ	ಚ	ಷ	ಟ	ಅ	ಅ	◌ೆ	ಆ	ಸ	ಧ	ಷ	◌್	ಬ	ದ	ಬ	ಬ
ಹ	ಷ	ಜ	ಧ	ಒ	ಮ	ಲ	ಫ	ಳ	◌ೂ	ನ	ನ	ಳ	ಓ	ಡ	ಮ
ಅ	ಮ	ಫ	ನ	◌ಿ	ರ	◌್	ಮ	◌ಾ	ಣ	◌್	ಸ	ಆ	ಧ	ಟ	ಮ

ಕೋನ
ಅಕ್ಷರೇಖೆ
ಲೆಕ್ಕಾಚಾರ
ನಿರ್ಮಾಣ
ಆಳ
ರೇಖಾಚಿತ್ರ
ವ್ಯಾಸ
ಡೀಸೆಲ್
ವಿತರಣೆ
ಶಕ್ತಿ
ಎಂಜಿನ್
ಗೇರು
ಸನ್ನೆಕೋಲಿನ
ಧ್ರುವ
ಯಂತ್ರ
ಅಳತೆ
ಮೋಟಾರ್
ಪ್ರೊಪಲ್ಶನ್
ಸ್ಥಿರತೆ
ರಚನೆ

56 - Government

ಪ	ಆ	ಅ	ಡ	ಶ	ಭ	ನ	ಚ	ಒ	ಲ	ಸ	◌್	ಮ	◌ಾ	ರ	ಕ
◌್	ಲ	◌್	ವ	◌ಿ	◌ಿ	ಸ	ರ	ಮ	◌ಿ	ಶ	ಕ	ಸ	ಖ	ಒ	ಳ
ರ	ಸ	ರ	ಧ	ತ	ನ	ಫ	◌್	◌ೂ	ಬ	◌ಾ	ತ	ಕ	ಭ	ಫ	ದ
ಜ	◌ಂ	◌ಾ	ಚ	ಡ	◌್	ಖ	ಚ	ಆ	ರ	◌ಂ	ಲ	ಜ	ದ	ಆ	ಕ
◌ಾ	ವ	ಷ	ಜ	ವ	ನ	ರ	◌ೆ	ನ	◌್	ತ	ಳ	ಹ	ಉ	ಖ	◌ಾ
ಪ	◌ಿ	◌್	ಣ	ಷ	◌ಾ	ಭ	◌ೌ	ಹ	ಟ	◌ಿ	ಢ	ಫ	ಖ	ಭ	ನ
◌್	ಧ	ಟ	ಚ	ಈ	ಭ	ಧ	ಛ	ಪ	◌ಿ	ಯ	ಜ	◌್	◌ಾ	ರ	◌ೂ
ರ	◌ಾ	◌್	ಹ	ಟ	◌ಿ	ನ	ಚ	ಈ	ಖ	◌ು	ಕ	ಳ	ಖ	◌ಾ	ನ
ಭ	ನ	ರ	ಚ	ಖ	ಪ	ಓ	◌ಾ	ಗ	ಡ	ತ	ಢ	ನ	ಢ	ಜ	◌ು
◌ು	ಭ	ಮ	ಷ	ಛ	◌್	ಟ	ಜ	ಯ	ಯ	◌ಾ	◌್	ನ	ಮ	ಕ	◌ೂ
ತ	ಉ	ಷ	ಬ	ತ	ರ	ದ	ಉ	◌ಾ	ಕ	ಸ	ದ	ಲ	ಭ	◌ೀ	ಲ
◌್	◌ೆ	ಧ	ಮ	ಣ	◌ಾ	ಡ	ಜ	◌ಂ	ದ	ಫ	ಹ	ಳ	ಓ	ಯ	ನ
ವ	ರ	ನ	ಹ	ಫ	ಯ	ಈ	ಟ	ಯ	ಚ	◌ಿ	ಹ	◌್	ನ	◌ೆ	ಳ
ರ	ಸ	ಷ	◌ಾ	ಟ	ಲ	ಸ	ವ	◌ಾ	ಷ	ಳ	ಭ	ಢ	ಷ	ಷ	ದ
ಳ	ಧ	ಈ	ದ	ಮ	ಭ	ಶ	ಣ	◌್	ನ	ಸ	ಆ	ಟ	ಖ	ಲ	ಓ
ಫ	ಉ	ಓ	ಡ	ಧ	ಸ	ಈ	ಶ	ನ	ಕ	◌ೂ	ಮ	ಒ	ವ	ದ	ಖ

ಪೌರತ್ವ
ಸಿವಿಲ್
ಸಂವಿಧಾನ
ಪ್ರಜಾಪ್ರಭುತ್ವ
ಚರ್ಚೆ
ಭಿನ್ನಾಭಿಪ್ರಾಯ
ಸಮಾನತೆ
ನ್ಯಾಯಾಂಗ
ನ್ಯಾಯ
ಕಾನೂನು
ನಾಯಕ
ಲಿಬರ್ಟಿ
ಸ್ಮಾರಕ
ರಾಷ್ಟ್ರ
ಶಾಂತಿಯುತ
ರಾಜಕೀಯ
ಭಾಷಣ
ರಾಜ್ಯ
ಚಿಹ್ನೆ

57 - Science Fiction

ಶ	ಅ	ಪ	◌ಂ	ಸ	◌್	ತ	ಕ	ಗ	ಳ	◌ಂ	ಡ	ನ	ರ	ಖ	ವ
ಆ	ಶ	ದ	ಕ	◌ಾ	ಲ	◌್	ಪ	ನ	◌ಿ	ಕ	◌ಿ	ಳ	ಜ	ಪ	ಬ
ಧ	ಷ	ಲ	◌್	ಕ	◌ಾ	ರ	ಒ	ಬ	ಧ	ತ	ಸ	◌ೂ	ಬ	◌್	ಣ
ಜ	ಲ	ಭ	ಳ	ಭ	ಬ	ತ	ರ	ಲ	ವ	ಧ	◌್	ಧ	ದ	ರ	ಛ
ಛ	ಧ	ಧ	◌ಂ	ಣ	◌ಂ	◌ಾ	ಮ	ರ	ಪ	ಳ	ಟ	ಮ	ಚ	ಪ	ಮ
ಡ	ಓ	ವ	ಗ	ಲ	ತ	ತ	ಲ	ಧ	ತ	ಳ	◌ೊ	ಷ	ಖ	◌ಂ	ಣ
ಬ	ಆ	ಖ	ಕ	ಬ	◌ಂ	ಭ	ಆ	ಅ	ಜ	ಭ	ಪ	ಉ	ಢ	ಚ	ಜ
◌ೆ	ಚ	ಬ	ನ	ತ	ತ	ರ	◌ೀ	ಪ	◌ಿ	ವ	◌ಿ	ಉ	ಢ	ಷ	ಢ
◌ಂ	ಉ	ಸ	◌ಿ	ಕ	◌್	ಲ	ಯ	◌ಾ	◌್	ಗ	ಯ	ವ	ಡ	ತ	ಫ
ಕ	ಅ	ಷ	ಯ	ಹ	ರ	ಭ	ಢ	ಹ	ಜ	ಚ	◌ಾ	ಭ	ದ	ಲ	ಳ
◌ಿ	ಜ	ಒ	ಸ	ಕ	ಜ	ವ	ಸ	ಸ	◌್	ಫ	◌ೊ	ಟ	ಖ	ಣ	ಕ
ಖ	ದ	ಟ	◌ಾ	ಮ	◌್	◌ಿ	◌ಿ	ನ	◌ಿ	ಗ	◌ೂ	ಢ	ಕ	ಓ	ಓ
ಉ	ತ	ಹ	◌ಾ	◌ೂ	ಞ	ಷ	ನ	ಹ	ದ	ಧ	ಭ	ಷ	ಚ	ಕ	ಡ
◌ೂ	ದ	◌ೂ	ರ	ದ	◌ಾ	◌್	◌ಿ	ಭ	◌್	ರ	ಮ	◌ೆ	ಧ	ಅ	ಟ
ಶ	ಉ	ಶ	ಸ	◌್	ನ	ಯ	ಮ	ಭ	ಟ	ಭ	ತ	◌ಾ	ಧ	ಚ	ಹ
ಷ	ಶ	ಶ	ನ	ಹ	ಗ	ದ	◌ಾ	ಡ	ಮ	ಷ	ಟ	ಸ	ರ	ಒ	ಜ

ಪರಮಾಣು
ಪುಸ್ತಕಗಳು
ರಾಸಾಯನಿಕಗಳು
ಸಿನಿಮಾ
ದೂರದ
ಡಿಸ್ಟೋಪಿಯಾ
ಸ್ಫೋಟ
ವಿಪರೀತ
ಅದ್ಭುತ
ಬೆಂಕಿ
ಭವಿಷ್ಯದ
ಗ್ಯಾಲಕ್ಸಿ
ಭ್ರಮೆ
ಕಾಲ್ಪನಿಕ
ನಿಗೂಢ
ಒರಾಕಲ್
ಗ್ರಹ
ತಂತ್ರಜ್ಞಾನ
ರಾಮ
ಪ್ರಪಂಚ

58 - Geometry

ಲ	ಣ	ಷ	ವ	ಸ	ಯ	◌ಾ	◌್	ವ	ರ	ಡ	ಮ	ಢ	ಢ	ಸ	ಡ
◌ೆ	◌ೂ	ಗ	ಭ	◌ಾ	◌ಿ	ವ	ಮ	◌ೇ	ಲ	◌್	ಮ	◌ೈ	ಚ	ಮ	ಡ
ಕ	◌ೂ	ಧ	ಆ	ತ	ತ	ಮ	◌ಾ	ಯ	ಆ	ಳ	ಷ	ವ	ಆ	◌ಾ	ಅ
◌್	ದ	ಸ	ವ	ಢ	ರ	ಳ	◌್	ಸ	◌ಂ	ಖ	◌್	ಯ	◌ೆ	ನ	ಬ
ಕ	ಹ	ಟ	ಫ	ನ	ಧ	◌್	ನ	ಮ	ಜ	ಓ	ಹ	ಹ	ಚ	◌ಾ	ಹ
◌ಾ	ಒ	ರ	ತ	ಬ	ವ	ಓ	ಕ	ಷ	◌ೆ	ಚ	ರ	ಳ	ಭ	◌ಂ	ಚ
ಚ	ಬ	ರ	ಲ	ತ	ಛ	ಕ	◌ೊ	ಫ	ಢ	ಟ	ರ	ಲ	ಭ	ತ	ಣ
◌ಾ	ಉ	ತ	ಎ	ತ	◌್	ತ	ರ	ಢ	ಒ	ಕ	◌್	ಣ	ಸ	ರ	ನ
ರ	ಳ	ಧ	ಸ	ಮ	◌ೂ	ಹ	◌ಿ	ಷ	ತ	ಧ	ಲ	ರ	ಧ	◌್	ಮ
ಟ	ಆ	◌ಾ	ತ	ಣ	ಶ	ಉ	◌್	ಮ	ವ	ಈ	ಟ	ಕ	◌ಿ	ಕ	ಧ
ಅ	ಶ	◌ಂ	ಕ	ಒ	ಮ	ವ	ತ	ಳ	ಅ	ಚ	ತ	◌ೀ	ತ	ವ	◌್
ದ	ಡ	ದ	ಖ	ಣ	ವ	ಚ	ಛ	ಧ	ಧ	ಢ	ಧ	ಮ	ಡ	ಜ	ಯ
◌ೂ	ಳ	◌್	ಅ	ನ	◌ು	ಪ	◌ಾ	ತ	ನ	ಶ	ಅ	ಸ	ರ	ಭ	ಮ
ಮ	ಟ	◌ಿ	ಡ	◌ೊ	ಡ	ಛ	ಧ	ಈ	ಹ	ಹ	◌ೂ	ಮ	ಚ	ವ	ನ
ಛ	ಉ	ಸ	ಬ	ಕ	ಮ	ಷ	ಶ	ಹ	ಬ	ವ	ತ	ಕ	ಖ	ಳ	ಫ
ಮ	ಶ	◌ೂ	ಷ	ಛ	ಒ	ಲ	ವ	◌ೃ	ತ	◌್	ತ	ಕ	ಲ	ಭ	ಟ

ಕೋನ
ಲೆಕ್ಕಾಚಾರ
ವೃತ್ತ
ವಕ್ರ
ವ್ಯಾಸ
ಆಯಾಮ
ಸಮೀಕರಣ
ಎತ್ತರ
ಅಡ್ಡ
ತರ್ಕ

ಸಮೂಹ
ಮಧ್ಯಮ
ಸಂಖ್ಯೆ
ಸಮಾನಾಂತರ
ಅನುಪಾತ
ವಿಭಾಗ
ಮೇಲ್ಮೈ
ಸಿಮ್ಮೆಟ್ರಿ
ಸಿದ್ಧಾಂತ
ತ್ರಿಕೋನ

59 - Airplanes

◌ೂ ದ ಈ ಜ ಭ ಆ ಢ ದ ಫ ಜ ಸ ಉ ಚ ಡ ಓ ನ
ರ ಖ ಧ ಲ ಸ ◌ಾ ಹ ಸ ಓ ಶ ಹ ಈ ಢ ಧ ಓ ◌್
ಫ ಭ ಸ ಜ ◌ೂ ವ ◌ಿ ನ ◌್ ಯ ◌ಾ ಸ ಸ ಟ ಪ ಯ
ಓ ಓ ಣ ನ ಢ ಮ ಇ ◌ಂ ಧ ನ ◌ಿ ಕ ಟ ಕ ◌ೈ ◌ಾ
ಳ ಹ ಹ ಕ ಳ ಣ ಒ ಅ ಲ ರ ತ ಭ ಆ ನ ಲ ವ
ಪ ◌್ ರ ಯ ◌ಾ ಣ ◌ಿ ಕ ರ ಳ ಇ ಈ ರ ◌ಿ ಟ ◌ಿ
ಏ ರ ◌್ ಬ ಲ ◌ೂ ನ ◌್ ಚ ನ ಧ ಢ ಟ ರ ◌್ ಗ
ಢ ಬ ನ ಹ ಖ ಗ ◌್ ಡ ◌ಿ ◌ಂ ಯ ◌ಾ ◌ಂ ◌್ ಲ ◌ೀ
ಢ ಮ ◌ಿ ಓ ಒ ಒ ನ ಆ ಭ ರ ಜ ಧ ◌ೂ ಮ ನ ಟ
ರ ಫ ರ ಎ ತ ◌್ ತ ರ ಣ ರ ವ ತ ◌ಾ ◌ಾ ವ ◌್
ಬ ಆ ◌್ ಚ ◌ೂ ಫ ಈ ಷ ತ ಟ ಉ ಸ ಭ ಣ ಈ ಡ
ಬ ಚ ದ ◌ಿ ಬ ◌ಂ ಬ ◌್ ◌ಿ ಸ ಛ ಒ ಜ ಹ ಲ ಈ
◌ೂ ಚ ◌ೀ ಪ ◌್ ರ ಕ ◌್ ಷ ◌ು ಬ ◌್ ಧ ತ ◌ೆ ಹ
◌ೂ ಳ ಶ ಒ ಷ ಖ ಲ ಈ ಸ ಮ ಣ ಫ ಉ ಣ ಭ ವ
ಕ ಧ ನ ಒ ಓ ಹ ಜ ಒ ಕ ಫ ಣ ತ ನ ಈ ಫ ದ
ಎ ◌ಂ ಜ ◌ಿ ನ ◌್ ಈ ದ ಚ ಬ ಅ ಆ ಲ ಬ ಮ ಫ

ಸಾಹಸ
ಏರ್
ವಾತಾವರಣ
ಬಲೂನ್
ನಿರ್ಮಾಣ
ಸಿಬ್ಬಂದಿ
ಮೂಲ
ವಿನ್ಯಾಸ
ನಿರ್ದೇಶನ
ಎಂಜಿನ್
ಇಂಧನ
ಎತ್ತರ
ಇತಿಹಾಸ
ಜಲಜನಕ
ಲ್ಯಾಂಡಿಂಗ್
ನ್ಯಾವಿಗೇಟ್
ಪ್ರಯಾಣಿಕರ
ಪೈಲಟ್
ಆಕಾಶ
ಪ್ರಕ್ಷುಬ್ಧತೆ

60 - Ocean

ಅ	ಷ	ಚ	ಪ	ಈ	ಲ	◌್	ಢ	ಟ	ಲ	ರ	ಅ	ಖ	ಕ	ತ	ಕ
ಳ	ಶ	ವ	◌ಾ	ಈ	ಬ	ಭ	ಛ	ಜ	◌್	ಕ	ಜ	ವ	ಡ	◌ಿ	ತ
◌ು	◌ಿ	ಕ	ಚ	ಆ	ಛ	ಳ	ಅ	ಉ	ರ	ಯ	ಐ	ಲ	ಲ	ಮ	ಡ
ಗ	ಡ	ಗ	◌ಿ	ಒ	ಳ	ಶ	ಜ	ಕ	◌ೊ	ಫ	◌ೂ	ಡ	ಕ	◌ಿ	ಫ
◌ೆ	ಏ	ಶ	◌ಾ	ರ	◌್	ಕ	◌್	ವ	ಕ	ಸ	ಡ	ನ	ಳ	◌ಂ	ಜ
ಲ	ಸ	ದ	ಅ	ರ	ಶ	ಟ	ಬ	ಳ	ನ	◌ಿ	ತ	◌ು	◌ೆ	ಗ	ಭ
ಅ	ಮ	ಆ	ಛ	ಬ	◌ು	ತ	ಒ	ತ	ಶ	◌ಂ	ಬ	◌ೀ	ಶ	◌ಿ	ಟ
ಓ	ಜ	ಕ	ರ	ಹ	ಷ	◌ಿ	ಖ	ಆ	ಮ	ಪ	ತ	ಮ	ಟ	ಲ	◌ೂ
ಷ	ಚ	◌್	ಥ	ಐ	ಮ	ಡ	ಬ	ಮ	ಜ	◌ಿ	ಆ	ತ	ತ	ಛ	ಶ
ಉ	ಥ	ಟ	ದ	ಖ	ಅ	ಶ	ಐ	◌ೆ	ಳ	ದ	ಶ	ಷ	ಓ	ಥ	ಛ
ಲ	ಜ	◌ೊ	ನ	ಳ	ಶ	ಲ	ಟ	ಲ	ಳ	◌ೂ	ರ	ಡ	◌ೂ	ಕ	◌ೂ
ಅ	◌ೆ	ಪ	ಷ	ಕ	◌ೂ	ಬ	ದ	ಡ	◌ಾ	ಲ	◌್	ಫ	◌ಿ	ನ	◌್
ಛ	ಲ	ಸ	◌ು	ಲ	ವ	ಟ	ಟ	ಢ	ಖ	ಡ	ಹ	◌್	ಒ	ರ	ಲ
ಓ	◌್	◌್	ಜ	◌್	ಪ	◌ಾ	◌ಂ	◌್	ಸ	ಒ	ದ	◌ೀ	ಶ	ಢ	ಕ
ವ	ಲ	ಜ	ಉ	ಜ	ಪ	ಢ	ಶ	ಸ	ಷ	ಕ	ಛ	ರ	ಛ	ಜ	ಸ
ಡ	◌ಿ	ಗ	◌ೀ	ಸ	ಉ	ಉ	ರ	ಬ	ಢ	ಚ	ಶ	ತ	ರ	ಲ	ಮ

ಪಾಚಿ
ಕೋರಲ್
ಏಡಿ
ಡಾಲ್ಫಿನ್
ಈಲ್
ಮೀನು
ಜೆಲ್ಲಿ
ಆಕ್ಟೋಪಸ್
ಸಿಂಪಿ
ರೀಫ್
ಉಪ್ಪು
ಕಡಲಕಳೆ
ಶಾರ್ಕ್
ಸೀಗಡಿ
ಸ್ಪಾಂಜ್
ಬಿರುಗಾಳಿ
ಟ್ಯೂನ
ಆಮೆ
ಅಲೆಗಳು
ತಿಮಿಂಗಿಲ

61 - Birds

ಚ	ಮ	ಗ	ಚ	ಲ	ಳ	ಬ	ಈ	ಕ	◌ೂ	ಲ	ಬ	ಢ	ಖ	ಗ	ಚ
ಸ	ಈ	◌ೊ	◌ೂ	ಚ	ದ	ಒ	◌್	ಖ	ರ	ಮ	◌ಾ	ದ	ಜ	◌ೂ	ಕ
ರ	ನ	ಮ	ಟ	ನ	ಡ	ಓ	ಛ	ಲ	ಳ	ಣ	ತ	ಷ	ಒ	ಸ	◌ೊ
ನ	ಚ	◌ಿ	ಚ	◌್	ಬ	ಬ	◌್	◌ು	ಗ	ಡ	◌ು	◌ಿ	ಗ	◌್	ಕ
ಧ	ವ	◌ಂ	ಲ	ವ	ಟ	ಷ	ಷ	◌ಿ	◌ೆ	ಸ	ಕ	ಕ	ನ	ವ	◌್
ಬ	ಹ	ಲ	ತ	◌ಾ	ಮ	◌ೆ	ವ	ವ	◌ಾ	ಷ	◌ೆ	◌್	ಖ	ಫ	ಕ
ಕ	ಧ	◌ೆ	ನ	◌್	ರ	ಡ	ಷ	ನ	ಕ	ಮ	◌ೂ	ಪ	ಛ	ಬ	ರ
ವ	ಕ	◌್	ಭ	ಸ	ಕ	ಜ	ಜ	◌್	ಭ	ಆ	◌ೕ	ರ	ಜ	ಹ	◌ೆ
ಸ	ಟ	ಫ	ಹ	ವ	ಸ	ಲ	ತ	ಕ	ಭ	ಫ	ಳ	ಟ	ಫ	◌ೆ	ಕ
ಆ	ರ	ಹ	ವ	ದ	ಖ	◌ೂ	ಬ	ಲ	ಹ	ಕ	◌ಿ	◌್	ಮ	ರ	ಬ
ಒ	◌ಿ	ದ	ಚ	ಧ	ಡ	ದ	ಭ	◌ಿ	ಟ	◌ೊ	ಣ	◌್	ಉ	◌ಾ	◌ೂ
ಉ	ನ	◌್	ವ	◌ಿ	ಗ	◌್	◌ಂ	◌ೆ	ಪ	ಗ	ಜ	ಷ	ಷ	ನ	ಜ
ಈ	ಯ	ದ	ಗ	◌ಿ	ಳ	◌ಿ	ಭ	ಪ	ಶ	◌ಿ	ಕ	ಉ	ಟ	◌್	ಈ
ಟ	◌ಾ	◌ು	ಖ	◌ೂ	ಸ	ಹ	ಹ	ವ	ಚ	ಲ	ಫ	◌ೊ	◌ೂ	ರ	ವ
ಟ	◌್	ಛ	ಧ	◌ೂ	ಕ	ರ	ಅ	ಡ	ಳ	◌ೆ	ಶ	ಅ	ಳ	ಅ	ಅ
ಭ	ಕ	ಜ	ಣ	ಜ	ಫ	ವ	ಫ	ಳ	ಭ	ರ	ಒ	ಡ	ಷ	◌ಿ	ದ

ಕ್ಯಾನರಿ
ಕೋಳಿ
ಕಾಗೆ
ಕೋಗಿಲೆ
ಬಾತುಕೋಳಿ
ಹದ್ದು
ಮೊಟ್ಟೆ
ಫ್ಲೆಮಿಂಗೊ
ಗೂಸ್
ಗಲ್
ಗಿಡುಗ
ಹೆರಾನ್
ಉಷ್ಟ್ರಪಕ್ಷಿ
ಗಿಳಿ
ನವಿಲು
ಪೆಲಿಕನ್
ಪೆಂಗ್ವಿನ್
ಗುಬ್ಬಚ್ಚಿ
ಕೊಕ್ಕರೆ
ಸ್ವಾನ್

62 - Nutrition

ಟ	ಉ	ಆ	ಓ	ಢ	ಳ	ಛ	ತ	ಮ	ಸ	ಲ	ಛ	ರ	ಶ	ಮ	ದ
ವ	◌ಾ	ತ	ಡ	ಡ	ಜ	ದ	◌ೂ	ಸ	ಮ	ಆ	ರ	◌ೊ	ಗ	◌್	ಯ
ಪ	◌ಿ	ಕ	ಖ	ಭ	ಹ	ಖ	ಕ	◌ಾ	ತ	ತ	ಚ	ಕ	ಟ	ಷ	ಓ
◌ೊ	ಹ	ಟ	◌್	ಲ	ಸ	ಅ	ಶ	ಲ	◌ೊ	ತ	ವ	ಆ	ಸ	ನ	ಭ
ಷ	ಕ	ಹ	ಮ	ಸ	ಆ	◌ೂ	◌ೂ	◌ೆ	ಲ	ಬ	ಮ	ರ	ಒ	ಢ	ಳ
ಕ	ಲ	ಒ	ನ	◌ಿ	◌ಿ	ಆ	ಯ	ಗ	◌ಿ	ಒ	ಕ	◌ೊ	ಶ	ಛ	ಡ
◌ಾ	ಣ	ಆ	◌್	ಓ	ನ	ನ	ದ	ಳ	ತ	ಳ	ಆ	ಗ	ಹ	ಕ	ಜ
◌ಂ	ಉ	ಣ	ಟ	ಉ	ಢ	◌್	◌್	◌ು	◌ು	◌ು	ದ	◌್	ಸ	◌ೆ	ಆ
ಶ	ಢ	ಧ	◌ೀ	ತ	ರ	ಳ	◌ಾ	◌ೂ	ವ	ಗ	ಟ	ಯ	◌ಿ	ವ	ಧ
ಷ	ಟ	ಓ	ರ	ಫ	ಟ	ಚ	ಖ	ಈ	ಭ	ಯ	ವ	ಕ	ವ	◌ಿ	ಲ
ಲ	ಡ	ಟ	◌ೊ	ಛ	ಓ	◌ಿ	ಓ	ಜ	ಭ	ನ	ಓ	ರ	◌ು	ಗ	ದ
ಸ	◌ಾ	ಸ	◌್	ಉ	ಗ	◌ು	ಣ	ಮ	ಟ	◌್	ಟ	ಆ	◌್	◌ು	ದ
ದ	ಉ	ಬ	ಪ	ಭ	ಲ	ರ	ಢ	ಹ	◌ೂ	◌ಾ	ದ	ಹ	ಢ	ದ	ಫ
ಟ	ಮ	ಫ	ಖ	ಹ	ಈ	ಉ	ತ	ಅ	ರ	ಧ	ಲ	◌ಾ	ಡ	◌ು	ತ
ಜ	◌ೀ	ರ	◌್	ಣ	ಕ	◌್	ರ	◌ಿ	ಯ	◌ೆ	ಳ	ರ	ಅ	◌ು	ತ
ಶ	ಭ	ದ	ಈ	ಹ	ಕ	ಓ	ಬ	ಧ	ಛ	ಧ	ಬ	ಟ	ಶ	ಹ	ಷ

ಹಸಿವು
ಸಮತೋಲಿತ
ಕಹಿ
ಧಾನ್ಯಗಳು
ಆಹಾರ
ಜೀರ್ಣಕ್ರಿಯೆ
ಖಾದ್ಯ
ಹುದುಗುವಿಕೆ
ರುಚಿ
ಆರೋಗ್ಯ
ಆರೋಗ್ಯಕರ
ದ್ರವಗಳು
ಪೋಷಕಾಂಶ
ಪ್ರೋಟೀನ್
ಗುಣಮಟ್ಟ
ಸಾಸ್
ಮಸಾಲೆಗಳು
ಟಾಕ್ಸಿನ್
ವಿಟಮಿನ್
ತೂಕ

63 - Hiking

ಉ	ಈ	ಮ	ಆ	ಈ	◌ೂ	ನ	ಕ	ಭ	ಫ	ವ	ಬ	ನ	ಖ	ಉ	ಮ
ಢ	ದ	ಸ	ಅ	ವ	ದ	ಸ	ಶ	ಲ	ಢ	ಢ	ರ	ಕ	ಚ	ಫ	◌ಾ
ಸ	◌ಿ	◌್	ಳ	◌ು	ಗ	ಳ	◌ೆ	ಳ	◌್	◌ೊ	ಸ	◌್	ಭ	◌ೂ	ರ
ಬ	ಐ	ಟ	ಯ	ಲ	ಈ	ಫ	ಭ	ಬ	ಢ	ಲ	ಶ	ಷ	◌ಾ	ಢ	◌್
ದ	ದ	ಶ	ಶ	◌ಾ	◌ೂ	◌ೂ	ವ	◌ೂ	ಜ	ಷ	◌ು	◌ೆ	ರ	ಒ	ಗ
◌ೃ	ಹ	ಉ	ಬ	ರ	ನ	ಅ	ಉ	ಅ	ಜ	ರ	ಜ	ಗ	◌ೂ	ಭ	ದ
ಷ	ಮ	ಡ	ಒ	ಢ	ಮ	ವ	ಖ	ಈ	ದ	◌ು	ಪ	ತ	ಳ	ಈ	ರ
◌್	ವ	ಐ	ಚ	◌ೂ	◌ಾ	ಖ	ನ	ಷ	ರ	◌ೕ	◌್	ಶ	ನ	◌ು	◌್
ಟ	◌ೂ	ಟ	ಓ	ರ	◌ಾ	ಳ	◌ು	ಗ	ಐ	◌ಿ	ರ	◌ಾ	◌್	ಪ	ಶ
◌ಿ	ವ	ಡ	ಉ	ಚ	ವ	ಷ	ಹ	ಅ	ಳ	ನ	ಕ	◌ೂ	ಶ	◌ೂ	◌ಿ
ಕ	ವ	ಡ	ಅ	ಭ	ಹ	ಓ	◌ೂ	ಕ	ತ	◌ು	◌ೃ	ಐ	ಮ	ಕ	ಗ
◌ೆ	ಕ	◌್	ಯ	◌ಾ	◌ಂ	ಪ	◌ಿ	◌ಂ	ಗ	◌್	ತ	ಜ	ಢ	ಉ	ಳ
◌ೂ	ಸ	◌ೂ	ರ	◌್	ಯ	ತ	ಯ	◌ಾ	ರ	◌ಿ	◌ಿ	ಡ	ಐ	ಆ	◌ು
◌ೕ	ಉ	ಭ	ಜ	ಲ	ಓ	ಷ	ಅ	ಪ	◌ಾ	ಯ	ಗ	ಳ	◌ು	◌ೂ	ಚ
ನ	ಭ	ಉ	ಚ	ಖ	ಶ	◌ೃ	◌ಂ	ಗ	ಸ	ಭ	◌ೆ	ಧ	ಉ	◌ಾ	ಜ
ಖ	ಖ	ಒ	ಉ	ಲ	ಚ	ಲ	ಪ	ರ	◌್	ವ	ತ	ಜ	ನ	ಮ	ಕ

ಪ್ರಾಣಿಗಳು
ಕ್ಯಾಂಪಿಂಗ್
ಹವಾಮಾನ
ಮಾರ್ಗದರ್ಶಿಗಳು
ಅಪಾಯಗಳು
ಭಾರ
ನಕ್ಷೆ
ಸೊಳ್ಳೆಗಳು
ಪರ್ವತ
ಪ್ರಕೃತಿ

ದೃಷ್ಟಿಕೋನ
ಉದ್ಯಾನವನಗಳು
ತಯಾರಿ
ಕಲ್ಲುಗಳು
ಶೃಂಗಸಭೆ
ಸೂರ್ಯ
ದಣಿದ
ನೀರು
ಕಾಡು

64 - Professions #1

ಒ	ಉ	ಣ	ಅ	ಹ	ಓ	ವ	◌ಿ	ಜ	◌್	ಞ	◌ಾ	ನ	◌ಿ	ಜ	ಹ
ಕ	◌ಾ	ರ	◌್	ಟ	◌ೊ	ಗ	◌್	ರ	◌ಾ	ಫ	ರ	◌್	ಣ	ಆ	ಸ
ಧ	ಒ	ಭ	ಚ	ರ	◌್	ಕ	ಯ	◌ಾ	◌ಂ	◌್	ಬ	◌್	ಡ	ತ	ಅ
ನ	ಜ	ಆ	ದ	◌್	ಕ	ನ	ಟ	ಫ	◌ೂ	ಸ	ಅ	ಅ	ಟ	ಜ	ಡ
ತ	ಷ	ಫ	ಖ	ಟ	◌ೊ	ಷ	ರ	◌ೈ	ಓ	ಟ	ಮ	ಗ	ಸ	◌ಂ	ಈ
ನ	◌ಾ	ವ	◌ಿ	ಕ	ಚ	ವ	ವ	◌್	ಲ	ಮ	ಈ	◌್	◌ಂ	ಕ	ಹ
ಶ	ಡ	ವ	ಶ	◌್	◌್	ಳ	ಕ	ಉ	ತ	ರ	ಆ	ನ	ಗ	◌ೊ	ಭ
ಒ	ಒ	ಶ	ಒ	◌ಾ	◌ೂ	ಕ	◌ೀ	ಆ	ವ	ಕ	◌್	◌ಿ	◌ೀ	ಳ	◌ೂ
ರ	ತ	ಅ	ಬ	ಡ	ರ	ಶ	ಲ	ಅ	ಯ	ನ	◌ಿ	ಶ	ತ	◌ಾ	ವ
ಫ	ಪ	◌ಿ	ಯ	◌ಾ	ನ	◌ೊ	ವ	◌ಾ	ದ	ಕ	ಭ	◌ಾ	ಗ	ಯ	◌ಿ
ಫ	ಣ	ಹ	ಖ	ದ	ನ	ಛ	ಸ	◌್	◌್	ರ	ನ	ಮ	◌ಾ	◌ಿ	ಜ
ಸ	ಟ	ಟ	ಷ	ಆ	ಹ	ಣ	◌ಂ	ರ	ವ	ದ	ಉ	ಕ	ರ	ಗ	◌್
ವ	ವ	ಶ	ಅ	ಫ	ಣ	ಜ	ಪ	ಧ	◌ೈ	ಧ	◌ೂ	ಒ	ಟ	◌ಾ	ಞ
ರ	◌ಾ	ಯ	ಭ	◌ಾ	ರ	◌ಿ	◌ಾ	ಹ	◌ು	ದ	ಳ	ಳ	ಬ	ರ	◌ಾ
ಫ	ಬ	ಷ	ಭ	ಮ	ಉ	ಚ	ದ	ಅ	ಶ	ಟ	ನ	ಶ	ಖ	ಷ	ನ
ನ	ನ	ಈ	ನ	ಈ	ಮ	ಬ	ಕ	ಢ	ಪ	ಚ	ಚ	ಉ	ಉ	ಣ	◌ಿ

ರಾಯಭಾರಿ
ವಕೀಲ
ಬ್ಯಾಂಕರ್
ಕಾರ್ಟೋಗ್ರಾಫರ್
ಕೋಚ್
ನರ್ತಕಿ
ಡಾಕ್ಟರ್
ಸಂಪಾದಕ
ಅಗ್ನಿಶಾಮಕ
ಭೂವಿಜ್ಞಾನಿ
ಹಂಟರ್
ಆಭರಣ
ಸಂಗೀತಗಾರ
ನರ್ಸ್
ಪಿಯಾನೋ ವಾದಕ
ಕೊಳಾಯಿಗಾರ
ನಾವಿಕ
ವಿಜ್ಞಾನಿ
ಟೈಲರ್
ಪಶುವೈದ್ಯ

65 - Barbecues

ಛ	ಳ	ವ	ಖ	ಚ	ಸ	◌ಾ	ಸ	◌್	ಈ	ಉ	ಶ	ಬ	ಓ	ಫ	ಭ
ನ	ವ	ಭ	ಲ	ವ	◌ಾ	ಮ	ಟ	ಧ	ಲ	ಕ	ಖ	ಬ	ಕ	ನ	ಳ
ನ	ಡ	ಫ	ಒ	ಸ	ಷ	ಕ	ಚ	ನ	ಓ	ಈ	ಬ	ಜ	ನ	ಶ	ಉ
ಸ	◌ಂ	ಗ	◌ೀ	ತ	ತ	ಣ	◌ು	◌್	ಣ	ಹ	ಸ	ಡ	ಟ	ಣ	ಆ
ಡ	ಳ	◌ೆ	ವ	ಹ	ಟ	ತ	ಟ	ಗ	ರ	ಈ	ಕ	ಉ	ಉ	ಜ	ತ
ತ	ಡ	ಸ	ಛ	ಈ	ಚ	ಜ	ಧ	ಲ	ಳ	ಭ	ಸ	◌ೊ	ಣ	ಒ	ರ
ವ	◌ು	◌ಿ	ಸ	ಹ	ಜ	ನ	ಊ	ಟ	ಕ	◌ು	ಡ	ಈ	ಳ	ಡ	ಕ
ನ	ಅ	◌ೇ	ಬ	◌ಿ	ಸ	◌ಿ	ಫ	ಭ	◌ು	ಳ	ಗ	ಟ	ಆ	◌ಿ	◌ಾ
ವ	ಭ	ಬ	ಗ	◌್	ರ	◌ಿ	ಲ	◌್	ಟ	◌ು	ಟ	ಒ	ಲ	ಓ	ರ
ಸ	ಕ	ಜ	ಥ	ಸ	ಧ	ಅ	ಹ	ಥ	◌ು	ಕ	ಥ	ಜ	ಳ	ಛ	◌ಿ
ಟ	◌ೊ	ಮ	◌್	ಯ	◌ಾ	ಟ	◌ೊ	ಕ	◌ಂ	◌್	ಕ	ಸ	ಶ	ಛ	ಗ
ಣ	ಷ	ಬ	ಖ	ಉ	ನ	ಓ	ಆ	ಈ	ಬ	ಕ	ಳ	ಟ	ರ	ಧ	ಳ
ಅ	ನ	ಟ	ನ	ಪ	ಕ	ಧ	ಬ	ಹ	ಆ	ಮ	ನ	ಓ	ಶ	ಈ	◌ು
ಸ	ಳ	◌ಿ	ಳ	◌್	◌ು	ರ	ಈ	ಫ	◌ಾ	ಭ	ಕ	◌ೂ	ಮ	ಛ	ಡ
◌ೂ	ಜ	ಬ	ಕ	ಪ	ಳ	ಮ	ನ	ಖ	ಧ	ರ	ಶ	ಭ	ಷ	ಒ	ಒ
ಮ	ಫ	ಣ	ರ	◌ು	ತ	ಹ	◌ಿ	ನ	◌ೇ	◌್	ಸ	ಕ	ಹ	ಶ	ಡ

ಕೋಳಿ
ಮಕ್ಕಳು
ಊಟ
ಕುಟುಂಬ
ಆಹಾರ
ಜನ
ಸ್ನೇಹಿತರು
ಹಣ್ಣು
ಆಟಗಳು
ಗ್ರಿಲ್
ಬಿಸಿ
ಹಸಿವು
ಚಾಕುಗಳು
ಸಂಗೀತ
ಈರುಳ್ಳಿ
ಉಪ್ಪು
ಸಾಸ್
ಬೇಸಿಗೆ
ಟೊಮ್ಯಾಟೊ
ತರಕಾರಿಗಳು

66 - Vegetables

ಡ	ಉ	ಈ	ಪ	ಛ	ಠ	ಕ	ಯ	◌ಿ	ಕ	◌ಾ	ತ	◌ೆ	◌ೌ	ಸ	ಖ
ಪ	ಳ	ಕ	◌ಾ	ಳ	◌ಿ	ಳ	◌್	ರ	◌ು	ಣ	◌ೀ	◌್	ಣ	ಸ	ಳ
◌ಾ	ಕ	ಸ	ರ	ಹ	◌ಂ	ಜ	ಕ	ಆ	◌ಂ	ಷ	ಬ	ಈ	ಣ	◌ು	ಉ
ಲ	ಅ	ದ	◌್	ನ	◌ು	ಆ	ಷ	ಜ	ಬ	ಕ	◌ೆ	ಧ	ಉ	ಕ	ರ
ಕ	ಚ	ಮ	ಸ	ವ	ಶ	ಣ	ಳ	ನ	ಳ	ಧ	ಳ	ಸ	ಭ	◌ೊ	ಆ
ಫ	ಹ	ವ	◌್	◌ು	ಅ	ಣ	ಬ	◌ೆ	ಕ	ಟ	◌್	ಟ	ಬ	◌ೂ	ಮ
ಸ	ಭ	◌ೂ	ಲ	ಹ	ಒ	ಢ	ಢ	ದ	◌ಾ	◌ೊ	ಳ	ಟ	ಅ	ಹ	ಉ
ಟ	ಲ	ಓ	◌ಿ	◌ೂ	ಈ	ಈ	ಆ	ಬ	ಯ	ಮ	◌ು	ಭ	ಷ	ಚ	ಢ
ಪ	ಗ	◌ಾ	◌ೂ	ಲ	ಬ	◌ೂ	ಆ	ಳ	◌ಿ	◌ೇ	ಳ	◌ೂ	ಓ	ವ	ಓ
◌್	◌ಿ	ಉ	ಡ	◌ೆ	ಒ	ಹ	ರ	◌ಿ	ಚ	ಟ	◌್	ಳ	ಚ	ಷ	ಈ
ನ	ಲ	ಇ	ಉ	◌್	ಕ	ಛ	ಉ	◌ಿ	◌ೂ	◌ೊ	ಳ	◌ಿ	ಕ	◌ೂ	ಧ
◌ಿ	◌ಂ	ಳ	ಎ	ಲ	ವ	ಸ	ಷ	ಬ	ಲ	ಡ	◌ಿ	ಳ	ಸ	ಅ	ರ
◌್	◌ೂ	ಣ	ಫ	ಪ	ಕ	◌್	ಯ	◌ಾ	ರ	◌ೆ	ಟ	◌್	ಣ	ರ	ಒ
ರ	ಮ	ಣ	ಖ	ಷ	ನ	ಡ	◌ೆ	ಡ	◌್	ಗ	ಸ	◌ು	◌ೊ	ಕ	ಣ
ಟ	ತ	ಚ	ಬ	ನ	ಉ	ಚ	ಅ	ಢ	ಅ	ಶ	ಚ	ರ	ಧ	ವ	ಷ
ಢ	ಜ	ಜ	ನ	ಭ	ಭ	ದ	ಣ	ರ	ಬ	ಢ	ತ	ಈ	ಣ	ಫ	ಸ

ಪಲ್ಲೆಹೂವು
ಕೋಸುಗಡ್ಡೆ
ಕ್ಯಾರೆಟ್
ಹೂಕೋಸು
ಸೆಲರಿ
ಸೌತೆಕಾಯಿ
ಬಿಳಿಬದನೆ
ಬೆಳ್ಳುಳ್ಳಿ
ಶುಂಠಿ
ಅಣಬೆ
ಈರುಳ್ಳಿ
ಪಾರ್ಸ್ಲಿ
ಪಿಇವಿ
ಕುಂಬಳಕಾಯಿ
ಮೂಲಂಗಿ
ಸಲಾಡ್
ಸಣ್ಣೀರುಳ್ಳಿ
ಪಾಲಕ
ಟೊಮೇಟೊ
ಟರ್ನಿಪ್

67 - The Media

◌ೂ	ಅ	ಷ	ಳ	◌ು	ಗ	ತ	◌ು	ರ	◌ಾ	ಹ	◌ೀ	◌ಾ	ಜ	ಡ	ಡ
ದ	ರ	ಳ	◌ು	ಗ	ಕ	◌ೆ	ಲ	◌ಿ	ಕ	◌ಾ	ತ	ಯ	◌ಿ	ನ	ವ
ಜ	ಢ	◌ೂ	ಗ	◌ಿ	ವ	◌ಾ	ರ	◌ೇ	ನ	ಶ	ರ	ಉ	ಆ	ನ	ರ
ಆ	ಡ	ಟ	ರ	ಫ	ಣ	ರ	◌ೂ	ಒ	ಕ	ಢ	ಒ	ನ	ವ	ಉ	ಅ
ಆ	ವ	◌ೃ	ತ	◌್	ತ	◌ಿ	ವ	ರ	◌್	ತ	ನ	◌ೆ	ಗ	ಳ	◌ು
ಡ	ಒ	◌ೂ	◌್	ಟ	ಮ	ಸ	ರ	ಢ	ರ	ಸ	ವ	ಶ	ಥ	◌ು	ಒ
ಥ	◌ಿ	ಧ	◌ಿ	ಲ	ಸ	◌ಂ	◌ೇ	ಖ	◌್	◌ಾ	◌ೈ	ತ	ಉ	ಗ	ಒ
ಫ	ತ	ಜ	ಚ	ಶ	ರ	ವ	ಡ	ಡ	ವ	ರ	ಯ	ಥ	ಕ	ಕ	ಉ
ಲ	ದ	ಒ	◌ಿ	ಅ	◌ೂ	ಹ	◌ಿ	ವ		◌್	ಕ	ಡ	ಅ	◌ೆ	ದ
ಷ	ಚ	ಥ	ಮ	ಟ	ಭ	ನ	ಯ	ನ	ಟ	ವ	◌್	ತ	ಕ	ರ	◌್
ಭ	ಳ	ಟ	ಥ	ಭ	ಲ	◌ಿ	◌ೊ	ಕ	◌್	ಜ	ತ	ರ	ಬ	◌ಿ	ಯ
ಶ	◌ಿ	ಕ	◌್	ಷ	ಣ	◌್	ಪ	ಳ	◌ೆ	ನ	◌ಿ	ತ	ಒ	◌್	ಮ
ವ	◌ಾ	ಣ	◌ಿ	ಜ	◌್	ಯ	ಡ	◌್	ನ	◌ಿ	ಕ	ಆ	◌ೂ	ತ	ಢ
ಬ	◌ೌ	ದ	◌್	ಧ	◌ಿ	ಕ	ಷ	ಅ	ರ	ಕ	ಸ	ಟ	ಖ	ಪ	ಅ
ಭ	ಆ	ತ	ಣ	ಸ	◌್	ಥ	ಳ	◌ೀ	ಯ	◌ಾ	ಹ	ಸ	ನ	ಧ	◌ೂ
ಭ	ಚ	ಶ	ಥ	ಓ	ಟ	ಓ	ಣ	◌ೂ	◌ೂ	ರ	ಯ	ಥ	◌ೂ	ಹ	◌ೂ

ಜಾಹೀರಾತುಗಳು
ವರ್ತನೆಗಳು
ವಾಣಿಜ್ಯ
ಸಂವಹನ
ಡಿಜಿಟಲ್
ಆವೃತ್ತಿ
ಶಿಕ್ಷಣ
ಧನಸಹಾಯ
ಚಿತ್ರಗಳು
ವೈಯಕ್ತಿಕ
ಉದ್ಯಮ
ಬೌದ್ಧಿಕ
ಸ್ಥಳೀಯ
ನಿಯತಕಾಲಿಕೆಗಳು
ನೆಟ್‌ವರ್ಕ್
ಪತ್ರಿಕೆಗಳು
ನೇರವಾಗಿ
ಅಭಿಪ್ರಾಯ
ಸಾರ್ವಜನಿಕ
ರೇಡಿಯೋ

68 - Boats

◌ೂ ಸ ನ ಧ ಳ ಸ ಒ ಡ ನ ◌್ ಜ ◌ಿ ◌ಂ ಎ ಫ ರ
ಳ ◌ಿ ◌ಾ ಟ ಉ ಮ ಲ ಧ ಫ ದ ದ ತ ಡ ಬ ಈ ಟ
ಡ ಬ ಟ ಒ ಳ ◌ು ಗ ◌ೆ ಲ ಅ ◌ಿ ಮ ಭ ◌ೂ ಷ ಬ
◌ೂ ◌್ ◌ಿ ಣ ಕ ದ ◌್ ದ ಲ ಈ ಒ ಟ ಖ ಫ ಡ ರ
ದ ಬ ಕ ಫ ತ ◌್ ಗ ಸ ಶ ಓ ಅ ಸ ರ ◌ೊ ವ ರ
◌ೊ ◌ಂ ಲ ವ ಳ ರ ಹ ಳ ಖ ಡ ವ ಢ ◌ಾ ತ ಸ ◌ೂ
ಣ ದ ◌್ ನ ◌ಿ ಗ ಅ ಶ ಕ ಭ ಫ ಕ ಧ ಹ ಭ ಮ
◌ಿ ◌ಿ ಓ ಡ ವ ◌ಾ ಕ ◌್ ಯ ◌ಾ ನ ◌ೊ ಆ ಲ ಓ ಫ
ಣ ನ ಜ ಒ ◌ಿ ಸ ನ ಈ ◌ಾ ಚ ನ ರ ◌ೂ ಬ ಢ ಳ
ಳ ಕ ರ ಳ ರ ಉ ರ ಉ ಕ ಣ ಢ ಉ ಆ ನ ಕ ಬ
ಮ ದ ಆ ಹ ಬ ಜ ಆ ರ ಫ ನ ಳ ಜ ಳ ಭ ಡ ಸ
ಒ ಕ ಧ ಭ ◌್ ಮ ಅ ನ ಈ ಆ ಭ ಕ ಖ ಫ ◌ಾ ಹ
ತ ಕ ಫ ಭ ಬ ◌ೂ ಸ ಶ ಹ ನ ಅ ಡ ಧ ಅ ಕ ದ
ಧ ಒ ಶ ಡ ಉ ಖ ಅ ◌್ ಷ ಭ ಒ ಲ ಅ ಧ ◌್ ಷ
ಹ ◌ಾ ಯ ◌ಿ ದ ◌ೊ ಣ ◌ಿ ತ ಟ ಒ ಹ ಅ ಈ ಷ ಖ
ವ ◌ಿ ಹ ◌ಾ ರ ನ ◌ೌ ಕ ◌ೆ ◌್ ಣ ಅ ವ ಟ ಟ ಢ

ಆಧಾರ
ಕ್ಯಾನೋ
ಸಿಬ್ಬಂದಿ
ಡಾಕ್
ಎಂಜಿನ್
ದೋಣಿ
ಕಾಯಕ
ಸರೋವರ
ಕಡಲ
ಮಸ್ತ್
ನಾಟಿಕಲ್
ಸಾಗರ
ನದಿ
ಹಗ್ಗ
ಹಾಯಿದೋಣಿ
ನಾವಿಕ
ಸಮುದ್ರ
ಉಬ್ಬರವಿಳಿತ
ಅಲೆಗಳು
ವಿಹಾರ ನೌಕೆ

69 - Activities and Leisure

ಕ	◌ೆ	ರ	◌ಿ	ಗ	◌ಾ	ಟ	◌ೊ	ತ	ಡ	ಆ	ಢ	ಬ	ಈ	ಹ	ಪ
ಭ	ಕ	◌್	◌ೇ	ಷ	ಢ	ಶ	ಟ	◌ಿ	ಟ	◌ೈ	ಕ	ಧ	ಡ	ಆ	◌್
ನ	◌್	ಕ	ಬ	ಸ	ಲ	ರ	ದ	ರ	ಒ	ಕ	ವ	ಒ	ಆ	ರ	ರ
ಧ	ಯ	◌ಾ	ಶ	ಷ	◌ಿ	ತ	ತ	◌ಾ	ಮ	ಫ	ತ	◌ಿ	ನ	ಬ	ಯ
ಮ	◌ಾ	ಸ	ಸ	ಮ	ಹ	◌ಂ	ಈ	◌ಂ	ತ	ಜ	ಜ	ಧ	◌ಂ	ರ	◌ಾ
◌ೀ	◌ಂ	ಕ	ಗ	ರ	ಷ	ಒ	ಗ	ಶ	ಮ	ಡ	ಸ	ಳ	ಚ	ಗ	ಣ
ನ	ಪ	ಲ	◌ಾ	ಹ	◌್	ಆ	ಲ	◌್	ಬ	◌ಾ	ಸ	◌್	◌ೇ	ಬ	◌್
◌ು	◌ಿ	◌ೆ	ಲ	ಟ	ಜ	ಫ	ಆ	◌ಿ	ಶ	ಆ	ಈ	ವ	ಭ	ಲ	ಒ
ಗ	◌ಂ	ಣ	◌್	ಢ	ಡ	ಧ	◌ಿ	ವ	ಷ	ಆ	ಜ	ಭ	ಭ	◌್	ಮ
◌ಾ	ಗ	ಸ	ಫ	ಖ	ಈ	◌ೂ	ಒ	◌ಂ	ಷ	ಫ	◌ು	◌ೂ	ಭ	ಬ	ಈ
ರ	◌್	ಉ	◌್	ಮ	ವ	ಹ	ತ	ಷ	ಗ	◌್	ಪ	◌ಿ	◌ಂ	◌ಾ	ಶ
◌ಿ	ಷ	ಓ	ಅ	ಳ	◌ು	ಗ	ಸ	ಯ	◌ಾ	◌್	ವ	ಹ	◌ೂ	ಲ	ಮ
ಕ	ಬ	◌ಾ	ಕ	◌್	ಸ	◌ಿ	◌ಂ	ಗ	◌್	ಷ	ಳ	ರ	ಫ	◌ಿ	ಟ
◌ೆ	ಚ	◌ಿ	ತ	◌್	ರ	ಕ	ಲ	◌ೆ	ಜ	ಶ	ನ	ಚ	ಲ	◌ಾ	ದ
ಟ	◌ೆ	ನ	◌್	ನ	◌ಿ	ಸ	◌್	ವ	ಉ	ಶ	ರ	ಭ	ದ	ವ	ದ
ಡ	ಓ	ನ	ಒ	ಆ	ಒ	ಳ	ದ	ಣ	ಆ	ಟ	ಢ	ಫ	ಢ	ಓ	ಢ

ಕಲೆ
ಬೇಸ್ ಬಾಲ್
ಬಾಕ್ಸಿಂಗ್
ಕ್ಯಾಂಪಿಂಗ್
ಡ್ರೈವಿಂಗ್
ಮೀನುಗಾರಿಕೆ
ತೋಟಗಾರಿಕೆ
ಗಾಲ್ಫ್
ಹವ್ಯಾಸಗಳು
ಚಿತ್ರಕಲೆ
ರೇಸಿಂಗ್
ವಿಶ್ರಾಂತಿ
ಶಾಪಿಂಗ್
ಸಾಕರ್
ಸರ್ಫಿಂಗ್
ಈಜು
ಟೆನ್ನಿಸ್
ಪ್ರಯಾಣ
ವಾಲಿಬಾಲ್

70 - Driving

ಬ	ಜ	ಗ	◌ಿ	ನ	◌ಾ	ವ	ರ	ಪ	ಸ	◌್	ಲ	◌ೀ	◌ೊ	ಪ	ಅ
◌್	ನ	◌್	ಭ	ಆ	ಬ	ಲ	ರ	ತ	◌ಂ	ತ	ಷ	ಈ	ಧ	ನ	ಪ
ರ	ಢ	ಯ	ಓ	ಕ	ಶ	ನ	ಉ	ಒ	ಚ	ದ	ಹ	ಶ	ರ	ಕ	◌ಾ
◌ೇ	ಶ	◌ಾ	ವ	ಶ	ವ	ಡ	ತ	ತ	◌ಾ	◌ು	ಖ	ಲ	ಢ	◌್	ಯ
ಕ	ಗ	ರ	◌ಂ	◌ೃ	ಸ	ಣ	ಧ	ಅ	ರ	◌ು	ಆ	ನ	ಭ	ಷ	ಮ
◌್	ಹ	◌ೇ	ಟ	ಶ	ಸ	ಣ	ಚ	ಪ	ಪ	ಇ	ದ	ಢ	◌ು	◌ೆ	◌ೊ
ಗ	ಟ	ಜ	ವ	◌್	ಖ	ಷ	◌ಾ	ಘ	◌ಾ	ಭ	◌ಂ	ಷ	ಲ	ಲ	ಟ
ಳ	ಸ	◌್	◌ು	ನ	ರ	ಸ	ಲ	◌ಾ	ದ	ತ	ಲ	ಧ	◌ಿ	ಶ	◌ಾ
◌ೃ	ಮ	◌ೃ	ಣ	ಚ	ಚ	ಕ	ಕ	ತ	ಚ	ಉ	◌ು	ಒ	ನ	ಚ	ರ
ಸ	ಶ	ತ	ರ	ಉ	ಡ	ಖ	◌್	ರ	◌ಾ	ಉ	ಲ	ಕ	ಅ	ಓ	◌್
ಖ	ಕ	ತ	ಚ	ಕ	ಒ	ಹ	ಬ	ಸ	ರ	ತ	ಉ	ಚ	ಟ	ಮ	ಈ
ಭ	ಕ	ಟ	ಭ	ಉ	◌್	ಮ	ಕ	◌್	◌ಿ	ಜ	ಹ	ಆ	◌ು	ವ	◌ು
ಷ	ಣ	◌ು	◌ು	ಚ	ತ	ಷ	ಓ	ತ	ಮ	ಣ	ಣ	ಕ	ಸ	◌ೇ	ಧ
ರ	◌ು	ಜ	ಜ	ಓ	ಢ	ಒ	ತ	◌ೆ	ಉ	◌ು	ಹ	◌ಾ	ಭ	ಗ	ಖ
ಒ	ಲ	ಢ	ಟ	ಢ	ವ	ತ	ಭ	◌ೆ	ದ	ಕ	ಈ	ರ	ಉ	ಜ	ದ
◌ು	ಘ	ಳ	ಚ	ಶ	ಟ	ಉ	ಸ	◌ೈ	ಕ	ಲ	◌್	◌ೃ	ರ	ದ	ಟ

ಅಪಘಾತ
ಬ್ರೇಕ್ ಗಳು
ಕಾರು
ಅಪಾಯ
ಚಾಲಕ
ಇಂಧನ
ಗ್ಯಾರೇಜ್
ಅನಿಲ
ಪರವಾನಗಿ
ನಕ್ಷೆ
ಮೋಟಾರ್
ಸೈಕಲ್
ಪಾದಚಾರಿ
ಪೊಲೀಸ್
ರಸ್ತೆ
ಸುರಕ್ಷತೆ
ವೇಗ
ಸಂಚಾರ
ಟ್ರಕ್
ಸುರಂಗ

71 - Biology

ವ ಹ ಧ ರ ರ ಬ ಛ ಣ ರ ಳ ರ ಢ ಚ ಓ ರ ಸ
ಸ ◌್ ಸ ◌ಿ ಮ ◌ೊ ◌್ ಸ ಆ ಕ ಹ ಭ ರ ಹ ಖ ಳ
ಗ ಜ ರ ಸ ◌ೆ ಪ ◌್ ನ ◌ಾ ◌ಿ ಸ ಒ ತ ಢ ಫ ◌ೂ
◌ಿ ಶ ಓ ರ ◌್ ಜ ಚ ಣ ಓ ಣ ಲ ಶ ಪ ಲ ಫ ಹ
ಡ ಭ ಲ ಆ ಷ ತ ಡ ಒ ನ ◌್ ಜ ಲ ◌ಾ ಕ ಚ ನ
ಗ ಭ ◌್ ರ ◌ೂ ಣ ನ ಸ ◌್ ವ ಬ ಷ ◌ಂ ಡ ವ ಷ
ಳ ಫ ◌ೆ ಧ ಓ ಮ ಣ ◌ಿ ಮ ತ ◌ೀ ಲ ◌ೂ ರ ರ ಹ
◌ು ಪ ಸ ◌ೃ ◌ೀ ರ ಸ ಣ ◌ೊ ನ ತ ಜ ರ ಷ ◌್ ಪ
ಚ ಷ ಕ ರ ಕ ◌ಾ ಗ ◌ೊ ರ ರ ರ ಹ ಹ ಳ ಣ ◌್
ಆ ಯ ◌ಾ ರ ◌ಿ ಟ ◌ೀ ಕ ◌್ ಯ ◌ಾ ◌್ ಬ ಸ ತ ರ
◌ೂ ಷ ◌ಿ ನ ಅ ನ ಈ ಹ ◌ಾ ಜ ಷ ಛ ಒ ಫ ◌ಂ ◌ೊ
ಜ ಹ ವ ರ ಆ ಉ ನ ಖ ಹ ಕ ಧ ದ ಈ ◌ೂ ತ ಟ
ಢ ಜ ಚ ಕ ನ ◌ೆ ◌ೃ ಸ ರ ◌್ ಗ ◌ಿ ಕ ಶ ◌ು ◌ೀ
ಟ ಢ ಡ ◌ೊ ಭ ಖ ಅ ಭ ಕ ಉ ಅ ವ ದ ರ ಸ ನ
ಡ ಡ ಭ ಶ ಡ ಬ ◌ೂ ಟ ಉ ◌ೂ ಈ ಚ ಟ ಛ ಉ ◌್
ಒ ಚ ಧ ದ ಶ ಲ ಹ ದ ಜ ರ ಅ ಭ ಧ ಭ ಳ ದ

ಬ್ಯಾಕ್ಟೀರಿಯಾ
ಸೆಲ್
ವರ್ಣತಂತು
ಕಾಲಜನ್
ಭ್ರೂಣ
ಕಿಣ್ವ
ವಿಕಾಸ
ಹಾರ್ಮೋನ್
ಸಸ್ತನಿ
ರೂಪಾಂತರ

ನೈಸರ್ಗಿಕ
ನರ
ನರಕೋಶದ
ಆಸ್ಮೋಸಿಸ್
ರೋಗಕಾರಕ
ಗಿಡಗಳು
ಪ್ರೋಟೀನ್
ಸರೀಸೃಪ
ಸಹಜೀವನ
ಸಿನಾಪ್ಸೆ

72 - Professions #2

ಆ	ಗ	ವ	ಹ	ರ	ಗ	◌ಾ	ಟ	◌ೊ	ತ	ನ	ಓ	ಹ	ರ	ಸ	ಜ
ತ	ವ	◌್	ಢ	ಚ	ಆ	ಗ	ತ	ಜ	◌ೈ	ಒ	ಈ	ನ	ದ	ಳ	◌ೀ
ನ	ಪ	◌ಿ	ರ	ಓ	ಹ	ಡ	ನ	ಕ	ರ	ದ	ಖ	ಛ	ಛ	ಮ	ವ
◌ಿ	◌ೈ	ಸ	ಷ	◌ಂ	ಧ	ರ	◌್	ಯ	ನ	◌ಿ	ಜ	◌ಿ	◌ಂ	ಎ	ಶ
ಖ	ಲ	◌ಂ	ಢ	◌್	ಥ	ಖ	ಓ	ಖ	◌ಾ	ಹ	ಳ	ಢ	ವ	ದ	◌ಾ
◌ಾ	ಟ	ಶ	ಸ	ಒ	ಕ	ಪ	ನ	ಹ	ಳ	ತ	ಹ	ಲ	ರ	ರ	ಸ
ಧ	◌್	◌ೊ	ಖ	ಸ	ಪ	◌ಾ	◌ಾ	ಕ	ಷ	ಕ	◌್	◌ಿ	ಶ	ಛ	◌್
◌ಿ	ರ	ಧ	ತ	ಆ	◌ೇ	ಢ	ರ	ಲ	ಶ	ಬ	ಬ	ರ	ಒ	◌ಾ	ತ
ಕ	ಡ	ಕ	ಡ	ಈ	◌ಂ	ಟ	ನ	ಕ	ಕ	ನ	ರ	ರ	◌ಿ	ಯ	◌್
◌ಾ	ಆ	ಐ	ಖ	ರ	ಟ	ವ	◌ೈ	ದ	◌್	ಯ	ಒ	ಓ	ಷ	◌ಾ	ರ
ರ	ನ	ಅ	ತ	ಚ	ರ	◌ಿ	ದ	◌ಾ	ತ	◌ೇ	◌್	ತ	ಪ	ಗ	ಜ
◌ಿ	ಲ	ಒ	ಯ	ದ	◌್	ವ	◌ೈ	ತ	◌ಂ	ದ	ರ	ಢ	ಳ	◌್	◌್
ಪ	ತ	◌್	ರ	ಕ	ರ	◌್	ತ	ಭ	ವ	ಫ	ಡ	ಬ	ಡ	ರ	ಞ
ತ	ತ	◌್	ವ	ಜ	◌್	ಞ	◌ಾ	ನ	◌ಿ	ಒ	ಟ	◌ೃ	ಳ	◌ಾ	ದ
ಇ	ಲ	◌್	ಲ	ಸ	◌್	ಟ	◌್	ರ	◌ೇ	ಟ	ರ	◌್	ಭ	ಹ	ದ
ಪ	◌್	ರ	◌ೊ	ಫ	◌ೆ	ಸ	ರ	◌್	ಜ	ಚ	ರ	ಶ	ತ	ಕ	ಧ

ಗಗನಯಾತ್ರಿ
ಜೀವಶಾಸ್ತ್ರಜ್ಞ
ದಂತವೈದ್ಯ
ಪತ್ತೇದಾರಿ
ಎಂಜಿನಿಯರ್
ರೈತ
ತೋಟಗಾರ
ಇಲ್ಲಸ್ಟ್ರೇಟರ್
ಆವಿಷ್ಕಾರಕ
ತನಿಖಾಧಿಕಾರಿ
ಪತ್ರಕರ್ತ
ಗ್ರಂಥಪಾಲಕ
ಪೇಂಟರ್
ತತ್ವಜ್ಞಾನಿ
ಛಾಯಾಗ್ರಾಹಕ
ವೈದ್ಯ
ಪೈಲಟ್
ಪ್ರೊಫೆಸರ್
ಸಂಶೋಧಕ
ಶಿಕ್ಷಕ

73 - Mythology

ಉ	ದ	ರ	ಕ	◌ಾ	ಯ	◌ಾ	ತ	◌್	◌ೃ	◌ೆ	ದ	ಫ	ಲ	ಮ	ಚ
ಶ	ಚ	◌ು	◌ಂ	◌ಿ	ಮ	ಅ	ಸ	◌ೂ	ಯ	◌ೆ	◌ೂ	ಳ	ಲ	ಖ	ಕ
ಸ	ಣ	ತ	ರ	◌ೋ	◌ೀ	ಹ	ಈ	ಜ	ಚ	ಢ	ಭ	ರ	ಢ	ಳ	◌್
ಢ	◌ಂ	ಚ	ಷ	◌ಂ	ಅ	ಣ	ನ	ತ	ಲ	ಲ	ಭ	◌ೂ	ಧ	ಜ	ರ
ಅ	ವ	ಸ	ಓ	ಥ	ತ	ಭ	ಗ	◌ು	ಡ	◌ು	ಗ	◌ು	ಉ	ಕ	ವ
ಮ	ಷ	ಣ	◌್	◌ೆ	ನ	ದ	ಓ	ಢ	ಅ	◌ು	ಟ	ಭ	ಆ	ಟ	◌್
ರ	ಳ	◌ು	ಗ	ಕ	◌ೆ	ಬ	◌ಿ	◌ಂ	ನ	ಉ	◌ೇ	ಣ	ಹ	ಒ	ಯ
ತ	ತ	ಫ	ರ	ತ	◌ೃ	ಭ	ನ	ಶ	ಕ	◌ೂ	ಭ	ಸ	◌ೂ	ಧ	◌ೂ
◌್	ಓ	ಕ	◌್	◌ಂ	ಣ	ತ	◌ೂ	ಕ	ಸ	◌ೃ	ಷ	◌್	ಟ	◌ಿ	ಹ
ವ	ಒ	ಅ	ವ	ದ	ಓ	◌ೂ	◌ಿ	◌್	ದ	ಚ	ಡ	ತ	ಬ	ವ	ತ
ಚ	ಟ	ಭ	◌್	◌ೂ	◌ೂ	ನ	ತ	ತ	ಈ	ಜ	◌ೀ	ವ	◌ಿ	ಲ	ತ
ಭ	ಖ	ನ	ಸ	ತ	ಹ	ಚ	ಆ	◌ಿ	ಉ	ಒ	ಡ	ಜ	ಹ	ಧ	ದ
ಅ	ಫ	ಕ	ಆ	ರ	◌್	ಕ	◌ೆ	ಟ	◌ೈ	ಪ	◌್	ಯ	ಣ	ಹ	ಖ
ದ	◌ೇ	ವ	ತ	◌ೆ	ಗ	ಳ	◌ು	ನ	ಷ	ಓ	ಬ	◌ೋ	ಲ	ಟ	ರ
ಖ	ಢ	ಒ	ತ	ಆ	ಶ	ಭ	ಚ	ಉ	ತ	ಭ	ಉ	ಧ	ಚ	ನ	ಆ
ಷ	ನ	ಡ	ವ	ಳ	◌ಿ	ಕ	◌ೆ	ಳ	ಅ	ಜ	ಸ	ತ	ಸ	ಮ	ರ

ಆರ್ಕೆಟೈಪ್
ನಡವಳಿಕೆ
ನಂಬಿಕೆಗಳು
ಸೃಷ್ಟಿ
ಜೀವಿ
ಸಂಸ್ಕೃತಿ
ದೇವತೆಗಳು
ದುರಂತದ
ಸ್ವರ್ಗ
ಹೀರೋ

ಅಮರತ್ವ
ಅಸೂಯೆ
ಚಕ್ರವ್ಯೂಹ
ದಂತಕಥೆ
ಮಿಂಚು
ದೈತ್ಯಾಕಾರದ
ಸೇಡು
ಶಕ್ತಿ
ಗುಡುಗು
ಯೋಧ

74 - Agronomy

◌ೂ	ಅ	ಸ	◌ಾ	ವ	ಯ	ವ	ದ	ಹ	ಕ	ಕ	ವ	ಒ	ರ	ಡ	ಆ
ಒ	ಧ	ಕ	ಷ	ಟ	ಫ	ತ	ಆ	ಗ	◌ೆ	ಐ	◌ಿ	ವ	ಳ	◌ೆ	ಬ
ಸ	◌್	ಮ	◌್	ಟ	ಸ	◌್	◌ಿ	ಸ	ಜ	ಸ	ಜ	ಪ	◌ು	ಫ	ಚ
◌ೂ	ಯ	ರ	◌ೊ	ಗ	ಗ	ಳ	◌ು	◌್	ಉ	ವ	◌್	ರ	ಗ	ವ	ಲ
ಛ	ಯ	ಮ	ಪ	ಮ	ಅ	ಸ	ಮ	◌ೂ	ಕ	ಚ	ಞ	◌ಿ	ಡ	ಬ	ಸ
◌ೂ	ನ	ಕ	◌ಾ	ರ	◌ಾ	ಹ	ಆ	ಆ	ನ	ಶ	◌ಾ	ಸ	◌ಿ	◌ೀ	ವ
ಢ	◌ೆ	◌ೃ	ಡ	ಲ	◌ಿ	◌ೂ	ವ	ಓ	◌ಿ	ಡ	ನ	ರ	ಗ	ಜ	◌ೆ
ಲ	ದ	ಷ	ಟ	ಹ	◌ಿ	ಸ	ಒ	ಛ	◌ೀ	ಡ	ಛ	ವ	ಓ	ಗ	ತ
ಖ	ಪ	◌ಿ	ಹ	ಷ	ಜ	ನ	ರ	ಷ	ರ	ಮ	ದ	◌ಿ	ಸ	ಳ	ಷ
ಆ	◌ಾ	ಐ	ಮ	◌ೀ	ರ	◌ಾ	◌್	ಗ	◌ು	ಶ	ಜ	ಜ	ಧ	◌ು	ಖ
ಚ	◌್	ಬ	ಬ	ಛ	ರ	ಐ	ವ	ಯ	ಟ	ಬ	ಹ	◌್	ಐ	ಚ	ಈ
ಷ	ತ	ಬ	ಹ	ಹ	ಒ	ಚ	ಜ	ಢ	ಡ	ಆ	ಆ	ಞ	ಸ	ಈ	◌ೂ
ಖ	ಊ	ಅ	ಜ	ಖ	ವ	ಅ	ಳ	◌ು	ಗ	ರ	◌ಿ	◌ಾ	ಕ	ರ	ತ
ದ	ಟ	ಚ	ರ	ಸ	ಗ	◌ೊ	ಬ	◌್	ಬ	ರ	ರ	ನ	ಢ	ಹ	ವ
ಛ	ಛ	ಟ	ಳ	ಟ	ಖ	ಬ	ಛ	ಫ	ಳ	ಧ	ಒ	ಜ	ಆ	ಷ	ತ
ಕ	ವ	ಬ	ದ	ಛ	ಲ	ಶ	ಧ	ಓ	ದ	ಶ	ನ	ಖ	ದ	ತ	ಹ

ಕೃಷಿ
ರೋಗಗಳು
ಪರಿಸರ ವಿಜ್ಞಾನ
ಶಕ್ತಿ
ಪರಿಸರ
ಸವೆತ
ರಸಗೊಬ್ಬರ
ಆಹಾರ
ಬೆಳವಣಿಗೆ
ಸಾವಯವ
ಗಿಡಗಳು
ಮಾಲಿನ್ಯ
ಉತ್ಪಾದನೆ
ಗ್ರಾಮೀಣ
ವಿಜ್ಞಾನ
ಬೀಜಗಳು
ಅಧ್ಯಯನ
ಸಿಸ್ಟಮ್ಸ್
ತರಕಾರಿಗಳು
ನೀರು

75 - Hair Types

ಊ	ಛ	ವ	ಆ	ಹ	ಲ	ಬ	ನ	ಭ	ಢ	ನ	ಕ	◌ೂ	ಲ	ಒ	ಧ
ದ	ಧ	ಶ	ಚ	ರ	◌ೆ	ಫ	◌ೂ	ಸ	◌ು	ರ	◌ು	ಳ	◌ಿ	ಮ	ಲ
◌್	ಓ	ಳ	ಧ	ಶ	◌ೊ	ಐ	ಒ	ಜ	ಭ	ಕ	ಬ	ತ	◌ೂ	ಢ	ಖ
ದ	ಒ	ಜ	ಚ	ಆ	ಭ	ಗ	◌ೆ	ಶ	ರ	◌ಂ	ಸ	ಉ	ಢ	ಐ	ಡ
ಲ	ಒ	ಛ	ಭ	ಳ	ಮ	ಅ	◌್	ಯ	ಜ	ದ	◌ು	◌ೂ	ಬ	ಅ	ಡ
ಹ	◌ೌ	ಳ	◌ೆ	ಯ	◌ು	ವ	ಅ	ಯ	ಲ	◌ು	ಢ	ಆ	ಐ	ಮ	ರ
ಟ	◌ೂ	ಐ	ಳ	ನ	ಓ	ಆ	ಲ	ಸ	ಕ	◌್	ವ	ಓ	◌್	ವ	ಷ
ಜ	ನ	ಬ	ಅ	◌ಿ	ಐ	ಪ	◌ೆ	ಅ	ಶ	ರ	ಪ	ನ	ಐ	ಕ	ದ
ಫ	◌ೆ	ಓ	ಬ	◌ೊ	ಳ	◌ು	ಅ	ಳ	ಒ	ಉ	ಢ	ಟ	ದ	ವ	ಪ
ಸ	ತ	ಕ	ಬ	ಟ	◌ೂ	◌್	ಲ	◌ಿ	◌್	ರ	ಕ	ಜ	◌್	ಡ	◌್
ಸ	◌್	ಛ	ರ	ಲ	ಒ	ಪ	◌ೆ	◌ಿ	ಓ	ತ	ಸ	ಜ	ರ	ಟ	ಪ
ಢ	ತ	ಹ	ಧ	ಖ	ಭ	ಕ	ಯ	ಬ	ಚ	ಚ	ಚ	ಬ	ಡ	ಶ	ಐ
ಜ	◌ಿ	ಬ	ಉ	ಜ	ಶ	ಐ	◌ಾ	ಲ	ಫ	ಟ	ಈ	ಜ	ಮ	ಳ	ಷ
ಓ	ಲ	ರ	ಒ	ಉ	ಢ	ರ	ದ	◌ು	◌ೃ	ಮ	ಬ	ಓ	ಹ	ವ	ಶ
ಳ	ಕ	ದ	ಚ	ತ	◌ೆ	ಳ	◌ು	ವ	◌ಾ	ದ	◌ಾ	ವ	ಯ	ನ	ಹ
ಷ	ಬ	ಓ	ಟ	ಫ	ನ	ವ	ದ	ಖ	ಧ	ಖ	ಸ	ಶ	ಉ	ಫ	ದ

ಬೋಳು
ಕಪ್ಪು
ಹೆಣೆಯಲ್ಪಟ್ಟ
ಕಂದು
ಬಣ್ಣದ
ಸುರುಳಿ
ಕರ್ಲಿ
ಒಣ
ಬೂದು
ಆರೋಗ್ಯಕರ
ಉದ್ದ
ನೆತ್ತಿ
ಹೊಳೆಯುವ
ಬೆಳ್ಳಿ
ನಯವಾದ
ಮೃದು
ದಪ್ಪ
ತೆಳುವಾದ
ಅಲೆಅಲೆಯಾದ
ಬಿಳಿ

76 - Diplomacy

ನ	ಫ	ಸ	ಢ	ಉ	ಓ	ಚ	ಡ	ಭ	ರ	ಷ	ರ	ಖ	ನ	ವ	ಸ
ಢ	◌್	ಮ	ಸ	ಈ	ಭ	ಒ	ರ	ರ	◌ಿ	ಭ	◌ಾ	ಯ	◌ಾ	ರ	◌ಂ
ಒ	ಳ	ಯ	ಬ	ಈ	ಮ	ರ	ಸ	◌್	ಖ	ಢ	ಯ	ತ	ಗ	ಬ	ಫ
ಫ	ಹ	ಟ	◌ಾ	ಅ	ಖ	ಕ	ಧ	ಧ	ಚ	ಡ	ಭ	ಕ	ರ	ಸ	ರ
ಕ	ಢ	ಜ	ಆ	ಯ	ದ	◌ಾ	◌ು	ಮ	ಸ	◌ೆ	◌ಾ	ರ	◌ಿ	ಶ	◌್
ರ	◌ಾ	ಜ	ಕ	◌ೀ	ಯ	◌್	ಬ	ಧ	ತ	ಮ	ರ	◌ಿ	ಕ	ದ	ಷ
ಹ	ಮ	ಸ	ಭ	ದ	◌್	ರ	ತ	◌ೆ	ತ	ರ	ಗ	ತ	ರ	ಜ	ಳ
◌ಾ	◌ಾ	ಲ	ಳ	ಕ	ಷ	ಸ	ಢ	ಬ	ತ	◌ೆ	ಫ	◌್	◌ು	ಅ	◌ು
◌ಿ	ನ	ಹ	ಹ	ಚ	ಸ	ಉ	ನ	ಮ	ಧ	ಸ	ಡ	ತ	ರ	ಅ	ಗ
ರ	ವ	◌ೆ	ಸ	ಹ	ಕ	◌ಾ	ರ	ಚ	ಲ	ಲ	ಕ	◌ಾ	ನ	ತ	ಷ
ಪ	◌ೀ	ಗ	ಹ	ವ	◌ಿ	ದ	◌ೇ	ಶ	◌ಿ	◌್	ಭ	◌ಂ	ಬ	ಒ	◌ೆ
ವ	ಯ	◌ಾ	ಟ	ಶ	ನ	ಪ	ತ	ಅ	ದ	ಯ	ಡ	ಜ	ಅ	ಟ	◌ಾ
ಭ	ಓ	ರ	ಟ	ಆ	ಹ	◌ಂ	ರ	ವ	ಮ	◌ೂ	ಸ	◌ಾ	ಢ	ಚ	ಭ
ಶ	ಸ	ತ	ಭ	ವ	ತ	◌್	ಸ	ಮ	ಶ	ಶ	◌ೂ	ರ	ಜ	ಳ	ಳ
ಳ	ನ	ಬ	ಐ	ಸ	ಮ	ಪ	ಫ	ನ	ಐ	ನ	ರ	ನ	ಟ	ಈ	ಡ
ಭ	◌ೂ	ಶ	ಲ	ದ	ಹ	ಒ	ಭ	ಷ	ಧ	◌್	ಧ	ಐ	ಶ	ಹ	ಲ

ಸಲಹೆಗಾರ
ರಾಯಭಾರಿ
ನಾಗರಿಕರು
ಸಮುದಾಯ
ಸಂಘರ್ಷ
ಸಹಕಾರ
ರಾಜತಾಂತ್ರಿಕ
ಚರ್ಚೆ
ರಾಯಭಾರ
ವಿದೇಶಿ
ಸರ್ಕಾರ
ಮಾನವೀಯ
ಸಮಗ್ರತೆ
ನ್ಯಾಯ
ಭಾಷೆಗಳು
ರಾಜಕೀಯ
ರೆಸಲ್ಯೂಶನ್
ಭದ್ರತೆ
ಪರಿಹಾರ
ಒಪ್ಪಂದ

77 - Beach

ಓ	ಢ	ವ	ಲ	ಭ	ಬ	ಒ	ದ	ಳ	ಷ	ಈ	ಚ	ಆ	ಮ	ಲ	ಸ
ಷ	ಕ	◌ೊ	ಡ	◌ೆ	ನ	ಐ	◌ಿ	ದ	◌ೊ	ಯ	◌ಿ	◌ಾ	ಹ	ಗ	ಫ
ರ	◌ೀ	ಫ	◌್	ತ	ಜ	ಭ	◌ೂ	ಡ	ರ	ಐ	ಪ	ತ	ಐ	◌ೂ	ಆ
ದ	◌್	ವ	◌ೀ	ಪ	ಕ	ರ	ಸ	ಒ	ಏ	ಕ	◌್	◌ಾ	ಡ	ನ	ಆ
ಶ	ಡ	ಆ	ಅ	ಯ	ರ	◌್	◌ೂ	ಸ	ಶ	ಟ	ಪ	◌ೂ	ಐ	◌್	ಫ
ಫ	ಲ	ಅ	ಜ	ಮ	◌ಾ	ಡ	◌ೂ	ಆ	ಒ	ಢ	◌ಂ	ಳ	ರ	ಮ	ಚ
ಟ	ವ	◌ೆ	ಲ	◌್	ವ	ಖ	ರ	◌ೂ	ನ	ರ	ಗ	◌ಾ	ಸ	ಉ	ತ
ಚ	ಡ	ಕ	◌ಿ	ಓ	ಳ	ಜ	ಧ	ಓ	ಖ	ದ	ಳ	ಲ	ಮ	ಫ	ಹ
ಉ	ಪ	ಸ	◌ೀ	ರ	◌ಿ	ಶ	ಆ	ಒ	ಷ	◌್	◌ಂ	ಟ	ಢ	ಆ	ಉ
ಷ	ದ	◌್	ನ	ಸ	ಈ	ರ	ಒ	ಐ	ವ	◌ಂ	ಭ	ವ	ಖ	◌ೂ	ಳ
ಅ	ಷ	ಸ	ಪ	ಖ	ಓ	ಉ	ನ	ಚ	ದ	ಮ	ಉ	ದ	ದ	ಹ	ಖ
ಅ	ಹ	ಜ	ಟ	ಲ	ಶ	ಢ	ಉ	ಫ	◌ೊ	ಸ	ಲ	ಶ	ದ	ಸ	ಹ
ಶ	ಈ	ಕ	ಉ	ದ	◌ಿ	ಕ	ಶ	ಭ	ಐ	ದ	ಹ	ಬ	ಟ	ದ	ಚ
ವ	◌ೂ	ಧ	ಢ	ಈ	ಲ	ಗ	ಆ	ಅ	◌ಿ	ಟ	ಐ	ಫ	ಖ	ಷ	ಉ
ಡ	ಐ	ಒ	ಈ	ಡ	ಸ	ಫ	ಳ	ಜ	◌ೂ	ಢ	ಚ	ತ	ಲ	ಟ	ಆ
ಢ	ವ	ಢ	ಅ	ಉ	ಷ	ಭ	ಆ	◌ಂ	ಲ	ಡ	ಷ	ಕ	ಬ	ಫ	ಭ

ನೀಲಿ
ದೋಣಿ
ಕರಾವಳಿ
ಏಡಿ
ಡಾಕ್
ದ್ವೀಪ
ಲಗೂನ್
ಸಾಗರ
ರೀಫ್

ಹಾಯಿದೋಣಿ
ಮರಳು
ಚಪ್ಪಲಿಗಳು
ಸಮುದ್ರ
ಚಿಪ್ಪುಗಳು
ಸೂರ್ಯ
ಟವೆಲ್
ಕೊಡೆ
ರಜೆ

78 - Countries #1

<table>
<tr><td>ಷ</td><td>ಫ</td><td>ಈ</td><td>ಈ</td><td>ಮ</td><td>ಅ</td><td>ಸ</td><td>ಉ</td><td>ಕ</td><td>ಛ</td><td>ಫ</td><td>ಖ</td><td>ಈ</td><td>ಆ</td><td>ಐ</td><td>ಭ</td></tr>
<tr><td>ಢ</td><td>ಡ</td><td>◌್</td><td>ಯ</td><td>◌ಾ</td><td>◌ಂ</td><td>ಲ</td><td>◌್</td><td>ನ</td><td>◌್</td><td>◌ಿ</td><td>ಫ</td><td>ಜ</td><td>ಶ</td><td>◌ೂ</td><td>ಶ</td></tr>
<tr><td>ಢ</td><td>ಡ</td><td>ಮ</td><td>ಒ</td><td>ನ</td><td>ಐ</td><td>ಧ</td><td>ತ</td><td>ಪ</td><td>ಈ</td><td>ಉ</td><td>ಉ</td><td>◌ಿ</td><td>ದ</td><td>ಟ</td><td>ತ</td></tr>
<tr><td>ಈ</td><td>ಕ</td><td>ಡ</td><td>ಡ</td><td>ಪ</td><td>ಚ</td><td>ಖ</td><td>ಓ</td><td>ದ</td><td>◌ೇ</td><td>ಳ</td><td>ಭ</td><td>ಪ</td><td>ಅ</td><td>ಲ</td><td>ಕ</td></tr>
<tr><td>ಕ</td><td>ಐ</td><td>ನ</td><td>◌ಿ</td><td>ಮ</td><td>◌್</td><td>ರ</td><td>ಜ</td><td>ಭ</td><td>ಲ</td><td>ನ</td><td>ಲ</td><td>◌್</td><td>ಷ</td><td>ಳ</td><td>ಳ</td></tr>
<tr><td>ಓ</td><td>ಶ</td><td>◌ಿ</td><td>ರ</td><td>◌ೊ</td><td>ಮ</td><td>◌ೇ</td><td>ನ</td><td>◌ಿ</td><td>ಯ</td><td>◌ಾ</td><td>◌್</td><td>ಟ</td><td>ರ</td><td>ಕ</td><td>ಆ</td></tr>
<tr><td>ವ</td><td>ವ</td><td>ಕ</td><td>ಬ</td><td>ಮ</td><td>◌ೊ</td><td>ರ</td><td>◌ಾ</td><td>ಕ</td><td>◌ೊ</td><td>ಖ</td><td>ದ</td><td>◌್</td><td>ಚ</td><td>ಖ</td><td>ಢ</td></tr>
<tr><td>◌ಿ</td><td>◌ೆ</td><td>ರ</td><td>ಫ</td><td>◌್</td><td>ಜ</td><td>ಕ</td><td>ಆ</td><td>ವ</td><td>ಲ</td><td>ವ</td><td>ಇ</td><td>ರ</td><td>◌ಾ</td><td>ಕ</td><td>◌್</td></tr>
<tr><td>ಯ</td><td>ನ</td><td>◌ಾ</td><td>ಷ</td><td>ವ</td><td>ರ</td><td>ಉ</td><td>◌ೆ</td><td>ದ</td><td>ನ</td><td>◌ೆ</td><td>ಖ</td><td>ಒ</td><td>ಧ</td><td>ದ</td><td>ಆ</td></tr>
<tr><td>◌ೆ</td><td>◌ೆ</td><td>ಗ</td><td>ಳ</td><td>ಭ</td><td>ಅ</td><td>◌ೆ</td><td>ಢ</td><td>ನ</td><td>ಡ</td><td>ರ</td><td>ಫ</td><td>ಜ</td><td>ಓ</td><td>ಉ</td><td>ಕ</td></tr>
<tr><td>ಟ</td><td>ಜ</td><td>◌ು</td><td>ಧ</td><td>ಹ</td><td>ಛ</td><td>ಓ</td><td>ಜ</td><td>ಢ</td><td>ಡ</td><td>◌್</td><td>ಲ</td><td>◌ೆ</td><td>◌ಂ</td><td>◌ೊ</td><td>ಪ</td></tr>
<tr><td>◌್</td><td>◌ು</td><td>ವ</td><td>ಮ</td><td>ದ</td><td>ಜ</td><td>ಭ</td><td>ವ</td><td>◌ಿ</td><td>ಯ</td><td>◌ಾ</td><td>ಬ</td><td>◌ಿ</td><td>◌ಿ</td><td>ಲ</td><td>ಫ</td></tr>
<tr><td>ನ</td><td>ವ</td><td>◌ಾ</td><td>ಈ</td><td>ಚ</td><td>ಲ</td><td>◌ೂ</td><td>ಮ</td><td>ಲ</td><td>ಲ</td><td>ನ</td><td>ನ</td><td>ಬ</td><td>ವ</td><td>ಜ</td><td>ಚ</td></tr>
<tr><td>◌ಾ</td><td>◌ೆ</td><td>ತ</td><td>ಭ</td><td>ಭ</td><td>ಉ</td><td>ಟ</td><td>ಓ</td><td>ಟ</td><td>ಲ</td><td>◌್</td><td>ಗ</td><td>ನ</td><td>◌ೆ</td><td>◌ೆ</td><td>ಸ</td></tr>
<tr><td>◌ಂ</td><td>ಲ</td><td>◌್</td><td>ರ</td><td>◌ೇ</td><td>◌್</td><td>ಸ</td><td>ಇ</td><td>ಇ</td><td>ಚ</td><td>ರ</td><td>ನ</td><td>ಸ</td><td>◌ೂ</td><td>ದ</td><td>ಢ</td></tr>
<tr><td>ಯ</td><td>◌ಾ</td><td>ವ</td><td>◌ಿ</td><td>ಟ</td><td>◌್</td><td>◌ಾ</td><td>ಲ</td><td>ಳ</td><td>ಆ</td><td>ಐ</td><td>ತ</td><td>ದ</td><td>ವ</td><td>ಳ</td><td>ವ</td></tr>
</table>

ಬ್ರೆಜಿಲ್
ಕೆನಡಾ
ಈಜಿಪ್ಟ್
ಫಿನ್ಲ್ಯಾಂಡ್
ಜರ್ಮನಿ
ಇರಾಕ್
ಇಸ್ರೇಲ್
ಇಟಲಿ
ಲಾಟ್ವಿಯಾ
ಲಿಬಿಯಾ
ಮೊರಾಕೊ
ನಿಕರಾಗುವಾ
ನಾರ್ವೆ
ಪನಾಮ
ಪೋಲೆಂಡ್
ರೊಮೇನಿಯಾ
ಸೆನೆಗಲ್
ಸ್ಪೇನ್
ವೆನೆಜುವೆಲಾ
ವಿಯೆಟ್ನಾಂ

79 - Immigration

ಮ ನ ಅ ಕ ಲ ಮ ಉ ಪ ಅ ನ ◌ು ಮ ◌ೋ ದ ನ ◌ೆ
ಆ ◌ಾ ಇ ಕ ಹ ವ ಛ ◌್ ಭ ◌ು ಹ ದ ಜ ಟ ◌ೂ ಖ
ಚ ಚ ತ ವ ಳ ರ ಒ ರ ವ ನ ಮ ವ ದ ಹ ರ ಈ
ಢ ತ ◌ಿ ◌ು ◌ು ಲ ಧ ಕ ಚ ◌ೂ ಶ ◌ೂ ◌ಂ ಡ ದ ಗ
ಡ ಜ ಥ ರ ಕ ಖ ಲ ◌್ ಭ ◌ಾ ಬ ಕ ಲ ಸ ದ ಡ
◌ೂ ಷ ◌ಿ ◌ೆ ◌್ ತ ಇ ರ ಮ ಕ ಲ ಉ ವ ನ ◌ಾ ◌ಿ
ಖ ಛ ಸ ನ ಕ ◌ಿ ◌ೆ ◌ಿ ರ ದ ಫ ಈ ಧ ಖ ಖ ಈ
ಭ ಒ ◌್ ಜ ಮ ಳ ಷ ಯ ◌ಾ ಹ ಸ ನ ಧ ಅ ಲ ಶ
ವ ರ ◌ಿ ಛ ಇ ಡ ◌್ ◌ೆ ಹ ಧ ◌ಾ ಓ ಶ ನ ◌ೆ ಮ
ಸ ಈ ರ ದ ಸ ಆ ಕ ಢ ಉ ಹ ಓ ◌ಿ ಢ ಹ ಗ ಟ
ತ ಶ ಪ ಉ ವ ದ ರ ವ ಯ ಸ ◌್ ಕ ರ ◌ು ಳ ಖ
◌ಿ ಒ ತ ◌್ ತ ಡ ಮ ◌ೂ ಭ ಇ ಖ ಖ ಟ ಪ ◌ು ಓ
ಶ ಓ ಷ ವ ಆ ತ ಫ ಳ ◌ಾ ನ ಖ ಚ ಓ ಖ ಚ ಜ
ಭ ಉ ಆ ಕ ಅ ಸ ಹ ಜ ಷ ನ ಕ ಸ ಫ ನ ಉ ಸ
ದ ಹ ಸ ಕ ರ ಹ ಕ ಷ ◌ೆ ಸ ನ ಲ ಕ ಈ ಳ ಉ
ಬ ಒ ಖ ಡ ರ ಜ ಬ ಅ ಧ ◌ಿ ಕ ◌ಾ ರ ◌ಿ ಈ ಲ

ಆಡಳಿತ
ವಯಸ್ಕರು
ನೆರವು
ಅನುಮೋದನೆ
ಗಡಿ
ಮಕ್ಕಳು
ಸಂವಹನ
ದಾಖಲೆಗಳು
ಧನಸಹಾಯ
ವಸತಿ
ಭಾಷೆ
ಕಾನೂನು
ಮಾತುಕತೆ
ಅಧಿಕಾರಿ
ಪ್ರಕ್ರಿಯೆ
ರಕ್ಷಣೆ
ಪರಿಸ್ಥಿತಿ
ಪರಿಹಾರ
ಒತ್ತಡ

80 - Adjectives #1

ಓ	ದ	ದ	ಟ	ಛ	ಒ	ಹ	◌್	ಯ	◌ಾ	ಪ	◌ಿ	ಓ	ಫ	ದ	ಮ
ಧ	ಜ	ಚ	ಢ	ಲ	ಚ	◌ಂ	ಛ	ಸ	ಬ	ಡ	ಷ	ಪ	ನ	ಳ	ಖ
ಆ	ನ	ಢ	ಡ	ಐ	ಒ	ರ	ದ	ಜ	◌ೆ	ಛ	ಳ	◌್	ಧ	◌ೂ	ಸ
◌ೂ	ರ	◌ಾ	ದ	ಉ	ಐ	ಭ	ವ	◌ೇ	ಲ	ಧ	ಕ	ರ	◌ಾ	ಭ	ಹ
ಉ	ಹ	◌ೊ	ಬ	ಫ	ದ	ಫ	◌ಾ	ಸ	◌ೆ	ಶ	ನ	◌ಾ	◌ಿ	ಮ	◌ಾ
ಛ	ಓ	ಷ	ಮ	ತ	ದ	◌ೂ	ಳ	ವ	ಬ	ಬ	◌ಿ	ಮ	ನ	ಜ	ಯ
ವ	ಸ	ದ	ಉ	◌್	ತ	ದ	◌ು	ಭ	◌ಾ	ಜ	◌ು	◌ಾ	ಉ	ಬ	ಕ
ರ	◌ು	ಖ	ಅ	ಹ	ಯ	ಉ	◌ೆ	ಒ	ಳ	ಐ	ಧ	ಐ	ಮ	ಆ	ವ
ಟ	◌ಂ	ಕ	ಫ	◌ೃ	ಢ	◌ಾ	ತ	ಬ	◌ು	ಡ	ಆ	◌ಿ	ಫ	ವ	◌ಾ
ಅ	ದ	ವ	ಷ	ಬ	ಭ	ಈ	ಟ	ಒ	ವ	ಐ	ಕ	ಕ	ಉ	ಆ	ಗ
ಐ	ರ	◌್	ಪ	◌ೂ	◌ಂ	ಸ	ಗ	◌ಿ	ಷ	ಕ	ರ	ಮ	ಖ	ಡ	◌ಿ
ಜ	ಜ	ಮ	◌ು	ಖ	◌್	ಯ	ಫ	◌ಂ	ಕ	ಧ	◌್	ತ	ಈ	◌ಾ	ದ
ಉ	ಜ	ನ	ದ	ಶ	ಢ	ಕ	ಡ	ಟ	ಭ	◌್	ಷ	◌್	ಧ	ರ	◌ೆ
ಢ	ಭ	ವ	◌ಿ	ಲ	ಕ	◌್	ಷ	ಐ	ಛ	◌ೀ	ಕ	◌ಾ	ಒ	◌್	ಭ
ಶ	ಲ	ಓ	ಫ	ಡ	ಮ	ಈ	ಜ	ತ	ಷ	ಒ	ರ	ಲ	ಭ	ಕ	ದ
ಆ	ಅ	ಐ	ಳ	ಅ	ಶ	ಹ	ಕ	ದ	ಡ	ಛ	ವ	ಕ	ಭ	◌್	ವ

ಸಂಪೂರ್ಣ
ಆರೊಮ್ಯಾಟಿಕ್
ಕಲಾತ್ಮಕ
ಆಕರ್ಷಕ
ಸುಂದರ
ಡಾರ್ಕ್
ವಿಲಕ್ಷಣ
ಉದಾರ
ಹ್ಯಾಪಿ
ಭಾರ
ಸಹಾಯಕವಾಗಿದೆ
ಪ್ರಾಮಾಣಿಕ
ಬೃಹತ್
ಒಂದೇ
ಮುಖ್ಯ
ಆಧುನಿಕ
ಗಂಭೀರ
ನಿಧಾನ
ತೆಳುವಾದ
ಬೆಲೆಬಾಳುವ

81 - Rainforest

ವ	ಒ	ಪ	ಪ	ಹ	ಷ	ಜ	ಪ	ಒ	ವ	ಯ	ಹ	ಭ	ಆ	ಫ	ಮ
◌ೈ	ಬ	ಕ	◌್	ಷ	ಜ	ಢ	◌ು	ಳ	ಗ	ರ	ಚ	ಯ	ಭ	ಉ	◌ೊ
ವ	ಕ	◌್	ರ	ಒ	ಕ	ಒ	ನ	ವ	ಯ	◌್	◌ೌ	ಫ	ಳ	ಶ	ಡ
◌ಿ	ಜ	ಷ	ಕ	ಷ	ಶ	ನ	◌ಃ	ಕ	ಳ	ಶ	ಥ	ಗ	ಟ	ಸ	ಗ
ಧ	◌ಂ	◌ಿ	◌ೃ	ಣ	ಜ	ಜ	ಸ	ಓ	◌ೀ	ಆ	ಳ	ಸ	ಬ	ಸ	ಳ
◌್	ಗ	ಗ	ತ	ಚ	ಉ	ಹ	◌್	ಒ	ಥ	ಟ	◌ು	ಕ	ಥ	◌್	◌ು
ಯ	ಲ	ಳ	◌ಿ	ಸ	◌ಿ	ವ	ಥ	ಟ	◌್	ತ	ಗ	ಸ	ನ	ಯ	ಸ
ತ	◌್	◌ು	ಖ	ಭ	ಆ	◌ಾ	◌ಾ	ಣ	ಸ	ಲ	ತ	ಳ	ಷ	ಶ	◌ಂ
◌ೆ	ಷ	ಚ	ಷ	◌ೂ	ಖ	ಮ	ಪ	ಖ	ರ	ಧ	◌ಿ	ಭ	◌ು	◌ಾ	ರ
ಶ	ಜ	ಢ	ಜ	ಢ	ಮ	◌ಾ	ನ	ಖ	ಉ	ತ	◌ಾ	ಳ	ಥ	ಸ	ಕ
ಳ	ಚ	ಟ	ಉ	ಜ	ಈ	ನ	◌ೆ	ಜ	ಕ	ಳ	ಜ	ಲ	ಧ	◌್	◌್
ಭ	ನ	ಮ	ಓ	ಜ	ಸ	ಸ	◌್	ತ	ನ	◌ಿ	ಗ	ಳ	◌ು	ತ	ಷ
ಬ	ದ	◌ು	ಕ	◌ು	ಳ	◌ಿ	ಯ	◌ು	ವ	◌ಿ	ಕ	◌ೆ	ಡ	◌್	ಣ
ಬ	◌ೆ	ಲ	◌ೆ	ಬ	◌ಾ	ಳ	◌ು	ವ	ಫ	ನ	ಓ	ಅ	ಈ	ರ	◌ೆ
ತ	ತ	ಒ	ವ	ಭ	ರ	ವ	ಚ	ಓ	ಚ	ಸ	ಫ	ಹ	ಖ	◌ೀ	ಢ
ಸ	ಮ	◌ು	ದ	◌ಾ	ಯ	ಧ	ಳ	ವ	ಲ	ವ	ಹ	ಹ	ಆ	ಯ	ಅ

ಉಭಯಚರಗಳು
ಪಕ್ಷಿಗಳು
ಸಸ್ಯಶಾಸ್ತ್ರೀಯ
ಹವಾಮಾನ
ಮೋಡಗಳು
ಸಮುದಾಯ
ವೈವಿಧ್ಯತೆ
ಸ್ಥಳೀಯ
ಕೀಟಗಳು
ಜಂಗಲ್
ಸಸ್ತನಿಗಳು
ಪಾಚಿ
ಪ್ರಕೃತಿ
ಸಂರಕ್ಷಣೆ
ಆಶ್ರಯ
ಗೌರವ
ಪುನಃಸ್ಥಾಪನೆ
ಜಾತಿಗಳು
ಬದುಕುಳಿಯುವಿಕೆ
ಬೆಲೆಬಾಳುವ

82 - Technology

ಜ	ಭ	ಶ	ಜ	ಇ	ಫ	ಟ	ಜ	ಕ	ಭ	ಜ	ಬ	ಪ	ತ	ಐ	ಉ
◌ೂ	ದ	ವ	ರ	ಡ	◌ಂ	◌ಾ	ಈ	ಧ	ಢ	ವ	◌್	◌್	ಉ	ಸ	ಮ
ಬ	◌್	ಲ	◌ಾ	ಗ	◌್	ಟ	◌ಂ	ಚ	ಫ	ಈ	ರ	ರ	ಷ	ಉ	ಡ
◌ೂ	ಸ	ದ	ಚ	ಉ	ಆ	ಅ	ರ	ಟ	ರ	ಬ	◌ೌ	ದ	ಫ	ಷ	◌ಿ
ಕ	◌್	ಯ	◌ಾ	ಮ	◌ೆ	ರ	◌ಾ	◌್	◌್	ಆ	ಸ	ರ	ಹ	ಭ	ಜ
ವ	ರ	◌್	ಚ	◌ು	ವ	ಲ	◌್	ಸ	ನ	ಈ	ರ	◌್	ಳ	ಅ	◌ಿ
ಈ	◌ೈ	ಳ	ಜ	ತ	ಲ	◌್	ಭ	ಉ	ಲ	◌ೆ	◌್	ಶ	ಶ	ಟ	ಟ
ಭ	ವ	ಒ	ಟ	ಜ	ತ	◌ೈ	ಅ	ಲ	ಖ	ಕ	ಟ	ನ	ಅ	ಓ	ಲ
ಧ	ಐ	ಚ	ಭ	ಓ	◌ೂ	ಫ	ಶ	ರ	◌ಾ	◌ಂ	ತ	◌್	◌ಂ	ತ	◌್
ಫ	ವ	ಧ	ಐ	ಹ	ತ	ಖ	ಸ	ದ	ಖ	ಪ	ಮ	ಉ	ಕ	ಆ	ತ
ಒ	ಡ	ಓ	ಟ	ಡ	ನ	ಮ	◌ಂ	ಭ	ದ	◌್	ಟ	ಐ	◌ಿ	ಭ	ಶ
◌ೂ	ಯ	ಐ	ಖ	ಷ	ಅ	ರ	ಶ	ಭ	ಒ	ಯ	ಓ	ಶ	◌ಂ	ರ	ಧ
ದ	◌ೆ	ಅ	ಈ	ಭ	ಮ	ಮ	◌ೊ	ತ	ಳ	◌ೂ	ಡ	ದ	ಅ	ಬ	◌ೂ
ಭ	ದ	◌್	ರ	ತ	◌ೆ	ಶ	ಧ	ಉ	ಶ	ಟ	ಬ	◌ೇ	ತ	ಲ	ಬ
ಆ	ರ	◌್	ಸ	◌್	ರ	ಕ	ನ	ನ	ಚ	ರ	ಆ	◌ಂ	ಟ	ಉ	ಶ
ಳ	ಪ	ನ	ಭ	ಉ	ದ	ಅ	◌ೆ	ಭ	ಫ	◌್	ಉ	ಸ	ಹ	◌ಾ	ಭ

ಬ್ಲಾಗ್
ಬ್ರೌಸರ್
ಕ್ಯಾಮೆರಾ
ಕಂಪ್ಯೂಟರ್
ಕರ್ಸರ್
ಡೇಟಾ
ಡಿಜಿಟಲ್
ಪ್ರದರ್ಶನ
ಫೈಲ್
ಫಾಂಟ್
ಇಂಟರ್ನೆಟ್
ಸಂದೇಶ
ಸಂಶೋಧನೆ
ಪರದೆಯ
ಭದ್ರತೆ
ತಂತ್ರಾಂಶ
ಅಂಕಿಅಂಶ
ವರ್ಚುವಲ್
ವೈರಸ್

83 - Global Warming

ಬ	ಶ	ಖ	ಳ	ಶ	ಳ	ಈ	ಖ	ಜ	ಹ	ನ	ನ	ಫ	ಚ	ಖ	ರ
ಅ	ಫ	ಆ	ಉ	ಣ	ಣ	ಗ	ಒ	ಮ	ಓ	ಚ	ಒ	ಈ	ಹ	ಅ	ಚ
ತ	ಭ	ತ	ತ	ಸ	ಸ	ಡ	ಒ	ರ	ಸ	ಬ	ಕ	ಹ	ನ	ಧ	ಅ
◌ಾ	ಭ	◌ಿ	ಆ	ಷ	ಖ	ನ	ಸ	ನ	◌ಿ	ಞ	◌ಾ	ಜ	◌್	◌ಿ	ವ
ಪ	ನ	◌್	ವ	ಉ	ದ	◌್	ಯ	ಮ	ಭ	ವ	◌ಿ	ಷ	◌್	ಯ	ಖ
ಮ	ಶ	ಕ	ಧ	◌ೃ	ತ	ಬ	ಭ	ಗ	ಹ	ವ	◌ಾ	ಮ	◌ಾ	ನ	ಒ
◌ಾ	ಫ	ಶ	ಲ	ಒ	ದ	ಲ	◌ಿ	ನ	ಅ	ಖ	ಭ	ಣ	◌ೂ	ಟ	ಣ
ನ	ರ	ಸ	ಸ	ಯ	ಪ	◌್	◌ೆ	ಕ	ಸ	ರ	◌್	ಕ	◌ಾ	ರ	ಚ
ದ	ಡ	ಟ	ಶ	◌ೆ	ರ	ಶ	ಧ	ಮ	◌್	ಬ	ಶ	ಒ	ಅ	ದ	ನ
ರ	ಅ	ದ	ತ	ಖ	◌ಿ	ಹ	ರ	◌ಿ	◌ಾ	ಕ	ವ	ಲ	ಆ	ಟ	ಧ
◌ೂ	ಜ	ಓ	ತ	◌್	ಸ	ಉ	ಆ	ಷ	ನ	ರ	ಟ	ಒ	ಮ	ಫ	ಖ
ಧ	ಹ	ಶ	ಒ	◌ಂ	ರ	ಥ	ದ	ಣ	ಚ	◌ೂ	◌ು	◌್	ಖ	ನ	ಡ
ಆ	ವ	◌ಾ	ಸ	ಸ	◌್	ಥ	◌ಾ	ನ	ಗ	ಳ	◌ು	ಗ	ಟ	ಥ	ಕ
ಛ	ಶ	◌ಾ	ಸ	ನ	ಜ	ತ	ಡ	◌ೇ	ಟ	◌ಾ	ವ	ಷ	ಳ	◌ು	ಭ
ಉ	ಣ	ಈ	ಣ	ಜ	ಆ	ರ	◌್	ಕ	◌್	ಟ	◌ಿ	ಕ	◌್	◌ು	ಛ
ಅ	◌ಂ	ತ	◌ಾ	ರ	◌ಾ	ಷ	◌್	ಟ	◌್	ರ	◌ೀ	ಯ	◌ೂ	ಣ	ಧ

ಆರ್ಕ್ಟಿಕ್
ಗಮನ
ಹವಾಮಾನ
ಬಿಕ್ಕಟ್ಟು
ಡೇಟಾ
ಅಭಿವೃದ್ಧಿ
ಶಕ್ತಿ
ಪರಿಸರ
ಭವಿಷ್ಯ
ಅನಿಲ
ತಲೆಮಾರುಗಳು
ಸರ್ಕಾರ
ಆವಾಸಸ್ಥಾನಗಳು
ಉದ್ಯಮ
ಅಂತಾರಾಷ್ಟ್ರೀಯ
ಶಾಸನ
ಈಗ
ಜನಸಂಖ್ಯೆ
ವಿಜ್ಞಾನಿ
ತಾಪಮಾನ

84 - Landscapes

ಷ	ಉ	ಶ	ಹ	ಆ	ಐ	ತ	ಹ	ಷ	ದ	ಚ	ಕ	ಈ	ಳ	ವ	ಪ
ಡ	ಖ	ಕ	◌ೂ	ಧ	ಡ	ಫ	ಛ	ಭ	ಓ	ಭ	ದ	ದ	ಚ	ಸ	◌ೆ
ಬ	ಓ	ಢ	ಖ	ಈ	ಭ	ಟ	◌ೂ	ಸ	ಮ	◌ು	ದ	◌್	ರ	ರ	ನ
ದ	ನ	ಮ	ಐ	ಲ	ಜ	ಉ	ಜ	ಷ	ಷ	ಅ	ಒ	ನ	ಸ	◌ೊ	◌ಿ
ನ	◌್	ಫ	ಚ	ಛ	ಪ	◌್	ವ	◌ಾ	◌ಂ	◌್	ಸ	ಆ	ಜ	ವ	ನ
ಮ	ತ	ವ	◌್	ರ	ಪ	ಸ	ವ	ರ	◌ು	◌್	ಧ	ಆ	ಹ	ರ	◌್
ಮ	ಬ	ಷ	◌ೀ	ಒ	ಕ	◌ೂ	ಮ	◌ಾ	ಕ	ಐ	◌ಿ	ವ	◌ೆ	ಓ	ಸ
ಬ	ರ	ಳ	ಬ	ಪ	ಭ	ಗ	◌ಂ	ಟ	ಲ	ತ	ದ	ಲ	◌ು	ಯ	◌ು
ಚ	ಓ	◌ು	ಟ	ಈ	ಐ	◌ೀ	ಜ	◌ೂ	ದ	◌ಾ	ನ	ಒ	ಗ	ಸ	ಲ
ಫ	ರ	ಈ	ಭ	◌ೂ	ಖ	ಸ	◌ು	ಸ	ಸ	ಪ	ಮ	ನ	ಈ	◌ಿ	◌ಾ
ಭ	ಟ	ಓ	ನ	◌ೂ	ಐ	ರ	ಗ	◌ಾ	ಸ	ಲ	ಒ	◌ು	ಡ	ಸ	ಹ
ಬ	ಛ	ಳ	ಆ	ಹ	ಮ	◌್	ಡ	ಸ	ವ	ಜ	ಅ	ಜ	ಖ	◌್	ಛ
ಡ	ಕ	ಜ	ಮ	ಓ	◌ೂ	◌ಿ	◌್	◌ೂ	ಹ	ಉ	ಓ	ಐ	ಚ	◌ಿ	ಬ
ಢ	ಒ	ಈ	ಓ	ಫ	ದ	ಉ	ಡ	ಐ	ಚ	ಆ	ಲ	ಟ	ತ	ಚ	ಲ
ಹ	◌ಿ	ಲ	◌್	ಶ	ಚ	ಓ	◌ೆ	ಕ	ಲ	ಛ	ಬ	ಮ	ರ	ಜ	ಳ
ಗ	◌್	ಲ	◌ೇ	ಸ	◌ಿ	ಯ	ರ	◌್	ಫ	ಳ	ಚ	ಓ	ಚ	ಉ	ಬ

ಬೀಚ್
ಗುಹೆ
ಮರುಭೂಮಿ
ಗೀಸರ್
ಗ್ಲೇಸಿಯರ್
ಹಿಲ್
ಮಂಜುಗಡ್ಡೆ
ದ್ವೀಪ
ಸರೋವರ
ಪರ್ವತ
ಓಯಸಿಸ್
ಸಾಗರ
ಪೆನಿನ್ಸುಲಾ
ನದಿ
ಸಮುದ್ರ
ಸ್ವಾಂಪ್
ಧ್ರುವ
ಕಣಿವೆ
ಜ್ವಾಲಾಮುಖಿ
ಜಲಪಾತ

85 - Visual Arts

ದ	ಊ	ಆ	ರ	◌್	ಕ	◌ಿ	ಟ	◌ೆ	ಕ	◌್	ಚ	ರ	◌್	ಖ	ಲ
ಜ	ಜ	ಚ	ವ	ಳ	ನ	ಮ	ದ	ಟ	ಡ	ಬ	ಷ	ಖ	ಡ	ಛ	ಆ
ಣ	ಓ	ರ	ಆ	ತ	ನ	ಮ	ಜ	ತ	ಟ	ಢ	ನ	ಅ	ಈ	ಹ	ಓ
ಸ	ಣ	ಭ	ಅ	ಖ	ಫ	ಷ	◌್	ನ	◌ಿ	ರ	◌್	◌ಾ	ವ	ಆ	ಒ
ಕ	◌ೆ	ಜ	◌ೇ	ಡ	◌ಿ	ಮ	ಣ	◌್	ಣ	◌ು	ಲ	ಜ	ಚ	ಫ	ಓ
ಟ	ಲ	ರ	ಫ	ಡ	ಜ	ಒ	ನ	◌ೆ	ಜ	ಯ	◌ೆ	◌ೂ	◌ೀ	◌ಂ	ಸ
ಓ	ಟ	◌ಾ	◌ಾ	ಮ	◌ೇ	ಣ	ಢ	ಪ	ನ	ಪ	ಕ	ಭ	ಮ	ಚ	ಕ
ಭ	ಅ	ಬ	ವ	ಮ	◌ೂ	ಶ	ತ	ಬ	ಕ	◌ೆ	ಪ	◌ಾ	◌ೇ	◌ಿ	◌ೊ
ಭ	ತ	ತ	ಧ	◌ಿ	◌ಿ	ಓ	ತ	ರ	◌ೊ	ನ	ಲ	ವ	ರ	ತ	ರ
ಖ	ಆ	ಟ	ಧ	ಈ	ದ	ಕ	ಡ	ಸ	ಟ	◌್	◌್	ಚ	◌ು	◌್	◌ೆ
ಇ	ದ	◌್	ದ	◌ಿ	ಲ	◌ು	◌್	ಚ	◌ಿ	ಸ	◌ಿ	◌ಿ	ಕ	ರ	ಯ
ಚ	ಲ	ನ	ಚ	◌ಿ	ತ	◌್	ರ	ಸ	ಷ	◌ಿ	ಶ	ತ	◌ೃ	ಕ	ಚ
ಸ	◌ೃ	ಜ	ನ	ಶ	◌ೀ	ಲ	ತ	◌ೆ	◌್	ಲ	ಓ	◌್	ತ	ಲ	◌್
ಛ	◌ಾ	ಯ	◌ಾ	ಚ	◌ಿ	ತ	◌್	ರ	◌ೃ	◌್	ಆ	ರ	◌ಿ	◌ೆ	ಚ
ಒ	ಓ	ಸ	ಷ	ಓ	ಣ	ಳ	ಓ	ಈ	ದ	ಈ	ಫ	ಷ	ಟ	ಷ	◌ು
ಜ	ಹ	ಶ	ಒ	ಸ	◌ೀ	ಮ	◌ೆ	ಸ	◌ು	ಣ	◌್	ಣ	ನ	ಶ	ಸ

ಆರ್ಕಿಟೆಕ್ಚರ್
ಕಲಾವಿದ
ಸೆರಾಮಿಕ್ಸ್
ಸೀಮೆಸುಣ್ಣ
ಇದ್ದಿಲು
ಜೇಡಿಮಣ್ಣು
ಸಂಯೋಜನೆ
ಸೃಜನಶೀಲತೆ
ಚಲನಚಿತ್ರ
ಮೇರುಕೃತಿ
ಚಿತ್ರಕಲೆ
ಪೆನ್
ಪೆನ್ಸಿಲ್
ದೃಷ್ಟಿಕೋನ
ಛಾಯಾಚಿತ್ರ
ಭಾವಚಿತ್ರ
ಶಿಲ್ಪಕಲೆ
ಕೊರೆಯಚ್ಚು
ವಾರ್ನಿಷ್
ಮೇಣ

86 - Plants

ವ	ಮ	ಧ	ಢ	ನ	ಜ	ದ	ಭ	ಉ	ದ	◌್	ಯ	◌ಾ	ನ	ವ	ಭ
ಗ	ರ	◌್	ವ	ಯ	◌್	ಸ	ಸ	ಳ	ಉ	ಣ	ಉ	ಕ	ಓ	ಕ	ಳ
ಚ	ಡ	◌ೂ	ಚ	ಣ	ಷ	ಒ	ಟ	ಈ	ಒ	ಅ	ಳ	ತ	ಆ	◌ೂ	ಬ
ಪ	◌ಂ	ಓ	ಚ	ಅ	ಓ	ಧ	ಡ	ಉ	ಒ	ಸ	ಜ	ಮ	ಹ	ಶ	ರ
ಮ	◌ಾ	ಡ	ದ	ಫ	ಸ	ಟ	ಲ	ದ	ಈ	ಬ	ರ	◌ು	◌ೕ	◌ೆ	ಬ
ಫ	ಕ	ಸ	ಶ	ಲ	◌ೂ	ಜ	◌ೂ	ಓ	ಮ	ಭ	ತ	ಳ	ಹ	ಹ	ಬ
ಧ	◌್	ಉ	◌ು	ತ	ಢ	ಶ	ಈ	ಬ	◌ೀ	ನ	◌್	ಟ	ನ	ಷ	◌್
ಢ	ಓ	ಲ	ಸ	ಕ	ಖ	ಜ	◌ೂ	ಆ	ಫ	ರ	ಸ	ನ	ಓ	ಚ	◌ೊ
ಧ	ಜ	◌ು	◌ೊ	ಜ	ಳ	◌ು	ಗ	◌ೆ	ಲ	ಎ	◌್	ಆ	ಉ	ಕ	ಗ
ಟ	ಢ	ಲ	ಉ	ರ	ಅ	◌್	ಅ	ಚ	ಭ	ತ	ಶ	ಈ	ಕ	ಫ	ಸ
ಧ	ತ	◌್	ಮ	◌ು	◌ಾ	ಸ	ಳ	ರ	ಅ	ಬ	◌ಾ	ಧ	ಹ	ಭ	ರ
ಸ	ವ	◌ು	ಚ	ದ	ಢ	ಲ	ಹ	◌ಿ	ರ	◌ು	ಯ	ಫ	ಕ	ಖ	ಬ
ಢ	◌ೂ	ಹ	ಳ	◌ಿ	ವ	ಐ	ಭ	ರ	ಣ	ಷ	◌್	ಓ	ಲ	ಒ	ಚ
ತ	ಧ	ರ	ಷ	◌ಿ	ಕ	ವ	ಶ	◌್	◌್	◌್	ಸ	ಮ	ದ	ಲ	ಚ
ಲ	ಉ	ದ	ಧ	ಬ	ಚ	ವ	ಉ	◌ೆ	ಯ	ಶ	ಸ	ಧ	ವ	ಳ	ವ
ಈ	ಹ	ಮ	ಫ	ರ	ನ	ತ	ಆ	ಬ	ತ	ವ	ಪ	◌ಾ	ಚ	◌ಿ	ಓ

ಬಿದಿರು
ಬೀನ್
ಬೆರ್ರಿ
ಸಸ್ಯಶಾಸ್ತ್ರ
ಬುಷ್
ಪಾಸುಕಳ್ಳಿ
ರಸಗೊಬ್ಬರ
ಫ್ಲೋರಾ
ಹೂ
ಎಲೆಗಳು
ಅರಣ್ಯ
ಉದ್ಯಾನ
ಹುಲ್ಲು
ಐವಿ
ಪಾಚಿ
ದಳ
ಬೇರು
ಕಾಂಡ
ಮರ
ಸಸ್ಯವರ್ಗ

87 - Countries #2

ಕ ◌ೊ ಸ ◌ಿ ಕ ◌್ ◌ೆ ಮ ಧ ಐ ಢ ಈ ಜ ರ ರ ಉ
ಈ ದ ◌ೊ ನ ◌್ ರ ◌ೇ ◌್ ಕ ಉ ಐ ಈ ◌ೂ ಷ ನ ಗ
ಲ ಲ ಮ ◌ೈ ಡ ಛ ಳ ಚ ◌ೂ ಳ ಕ ಸ ಸ ◌್ ಕ ◌ಾ
◌ೆ ಕ ◌ಾ ಜ ಹ ಳ ವ ಳ ಅ ಯ ಚ ಆ ◌ು ಯ ಪ ◌ಂ
ಬ ◌್ ಲ ◌ೀ ಛ ಯ ಚ ಜ ಪ ◌ಾ ನ ◌್ ಡ ◌ಾ ◌ಾ ಡ
ನ ರ ◌ಿ ರ ಉ ◌ಾ ಲ ಫ ಜ ರ ವ ಐ ◌ಾ ಓ ಕ ◌ಾ
◌ಾ ◌್ ಯ ◌ಿ ರ ನ ◌ಾ ಮ ಟ ◌ಿ ◌ೈ ಹ ನ ಐ ◌ಿ ಹ
ನ ಮ ◌ಾ ಯ ಮ ◌ಿ ವ ಹ ಬ ಬ ಳ ಳ ◌್ ವ ಸ ಜ
◌್ ◌ಾ ಯ ◌ಾ ರ ಬ ◌ೊ ಧ ಮ ◌ೀ ತ ಳ ಚ ಬ ◌್ ಮ
ಟ ನ ◌ಾ ಭ ಚ ◌ೇ ಸ ಛ ಓ ◌ೈ ಸ ಳ ಫ ಟ ತ ◌ೈ
ಗ ◌್ ರ ◌ೀ ಸ ◌್ ◌್ ಉ ಫ ಲ ಉ ಒ ಈ ಒ ◌ಾ ಕ
ವ ◌ೆ ◌ಿ ಭ ಖ ಲ ಫ ಧ ನ ◌ೇ ಪ ◌ಾ ಳ ಓ ನ ◌ಾ
◌ೂ ಡ ◌ಿ ಓ ಟ ಅ ಇ ಥ ◌ಿ ಯ ◌ೊ ಪ ◌ಿ ಯ ◌ಾ ಚ
ಡ ತ ಸ ಒ ಕ ರ ಲ ಒ ಉ ಶ ಐ ನ ಹ ವ ಐ ವ
ಸ ಭ ರ ಜ ಈ ದ ಅ ತ ಛ ಖ ದ ಹ ಫ ಸ ಖ ಕ
ಸ ಢ ಜ ಉ ಖ ಭ ಛ ಧ ಫ ಕ ಚ ಆ ಶ ನ ಒ ಡ

ಅಲ್ಬೇನಿಯಾ
ಡೆನ್ಮಾರ್ಕ್
ಇಥಿಯೋಪಿಯಾ
ಗ್ರೀಸ್
ಹೈಟಿ
ಜಮೈಕಾ
ಜಪಾನ್
ಲಾವೋಸ್
ಲೆಬನಾನ್
ಲೈಬೀರಿಯಾ
ಮೆಕ್ಸಿಕೋ
ನೇಪಾಳ
ನೈಜೀರಿಯಾ
ಪಾಕಿಸ್ತಾನ
ರಷ್ಯಾ
ಸೊಮಾಲಿಯಾ
ಸುಡಾನ್
ಸಿರಿಯಾ
ಉಗಾಂಡಾ
ಉಕ್ರೇನ್

88 - Ecology

ಸ	ಣ	ಭ	ವ	ಚ	ಹ	ಸ	ಜ	ಉ	ಹ	ಶ	◌ೂ	ಜ	ಸ	ಹ	ದ
ನ	ಸ	ಷ	ರ	◌ೈ	ಈ	ನ	ಮ	◌ಾ	◌ಾ	ವ	ಹ	◌ಾ	ಮ	ಸ	ಥ
ಶ	ವ	◌್	ಮ	ಆ	ವ	ಮ	ಮ	◌ು	ಈ	ಕ	ಫ	ಗ	◌ು	◌ೂ	ಪ
ಫ	ರ	ರ	ಯ	ಚ	ಣ	◌ಿ	ಆ	ಖ	ದ	ಸ	ಹ	ತ	ದ	ಕ	◌್
ನ	ಜ	◌್	ರ	ವ	◌ಿ	ಢ	ಧ	ಟ	ಳ	◌ಾ	ಕ	◌ಿ	◌್	◌ೂ	ರ
ಥ	ಹ	◌ಾ	ಭ	ಚ	ರ	ಬ	ಢ	◌್	ಬ	ತ	ಯ	ಕ	ರ	ಉ	ಕ
◌ಾ	ಉ	ಮ	ಅ	ಷ	◌ಾ	◌್	ಭ	◌ೂ	ಯ	ಭ	ರ	ಗ	ನ	ಟ	◌ೃ
ಸ	◌ೂ	ಭ	ಓ	ಲ	◌್	ನ	ಗ	ಶ	ಜ	ತ	ಓ	ನ	ಳ	ಳ	ತ
◌್	ಖ	ವ	ರ	ಢ	ಪ	ಒ	ರ	ಫ	ಕ	ಬ	◌ೆ	ಈ	ಬ	◌ು	◌ಿ
ಸ	◌ಂ	ಪ	ನ	◌್	ಮ	◌ೂ	ಲ	ಗ	ಳ	◌ು	ಫ	ಸ	ಲ	ಗ	ಒ
◌ಾ	ಭ	ಪ	ರ	◌್	ವ	ತ	ಗ	ಳ	◌ು	ಶ	ಶ	ಣ	ಟ	ತ	ಮ
ವ	ಈ	◌ೂ	ಶ	ಕ	ವ	ನ	ನ	◌ೆ	◌ೃ	ಸ	ರ	◌್	ಗ	◌ಿ	ಕ
ಆ	ಭ	ಷ	ಒ	ಗ	◌ಿ	ಡ	ಗ	ಳ	◌ು	ಶ	ಶ	ಳ	ಫ	◌ಾ	ಓ
ಶ	ಭ	ಸ	◌್	ವ	ಯ	◌ಂ	ಸ	◌ೇ	ವ	ಕ	ರ	◌ು	ಢ	ಜ	ರ
ಫ	◌್	ಲ	◌ೊ	ರ	◌ಾ	ಫ	ವ	ಖ	ನ	ದ	ಷ	ಆ	ಭ	ಣ	ಚ
ಬ	ದ	◌ು	ಕ	◌ು	ಳ	◌ಿ	ಯ	◌ು	ವ	◌ಿ	ಕ	◌ೆ	ಣ	ಟ	ಚ

ಹವಾಮಾನ
ಸಮುದಾಯಗಳು
ವೈವಿಧ್ಯತೆ
ಬರ
ಪ್ರಾಣಿ
ಫ್ಲೋರಾ
ಜಾಗತಿಕ
ಆವಾಸಸ್ಥಾನ
ಸಮುದ್ರ
ಮಾರ್ಷ್
ಪರ್ವತಗಳು
ನೈಸರ್ಗಿಕ
ಪ್ರಕೃತಿ
ಗಿಡಗಳು
ಸಂಪನ್ಮೂಲಗಳು
ಜಾತಿಗಳು
ಬದುಕುಳಿಯುವಿಕೆ
ಸಸ್ಯವರ್ಗ
ಸ್ವಯಂಸೇವಕರು

89 - Adjectives #2

ಜ	ಬ	ಭ	ಹ	ಟ	ಕ	ಓ	ಊ	ಚ	ಆ	ಜ	ಹ	ಸ	ಬ	ನ	ತ
ಸ	ವ	◌ಿ	ಬ	ಒ	ಭ	ದ	ಪ	ಸ	ರ	ಧ	◌ೊ	ಳ	ಛ	ಚ	ಧ
ಚ	ನ	◌ಾ	ಸ	ತ	ಯ	◌ಾ	◌್	ಖ	◌ೊ	ಳ	ಸ	ಭ	ರ	ಓ	ಭ
ತ	ಟ	ಕ	ಬ	◌ಿ	ಹ	ವ	ಪ	ರ	ಗ	ಳ	ಒ	ಒ	ದ	ಓ	ಚ
◌ು	ಢ	ಯ	ಊ	◌್	ವ	ಲ	◌ಂ	ಧ	◌್	ಢ	ಊ	ಣ	ಹ	ಖ	ಛ
ಡ	ಟ	ದ	ಣ	ಹ	ದ	ಬ	ಸ	ತ	ಯ	ಜ	ಆ	ಈ	ಮ	ಲ	ಡ
ಆ	ಬ	◌ಾ	ಳ	ಅ	ಅ	◌ಾ	ದ	ತ	ಕ	◌ೃ	◌ಿ	ಧ	ಅ	ಶ	ಖ
ರ	ಈ	ತ	ಖ	ಹ	ಮ	ಸ	ರ	ಕ	ರ	ಢ	ಳ	ಓ	ಊ	◌ೀ	ಚ
ಚ	ಆ	◌ಿ	ಕ	◌ು	◌ೆ	ಕ	ಗ	◌ಿ	ರ	◌್	ಸ	◌ೃ	◌ೆ	ನ	ಕ
◌ು	ಛ	◌್	ದ	ಊ	ಫ	ಮ	ಖ	ಜ	ಯ	ತ	ಖ	ಷ	ಶ	ಜ	◌ಾ
ಡ	ಬ	ಕ	ಪ	◌ಿ	ಲ	◌ೀ	◌್	ಸ	ತ	◌ಂ	ಜ	ಜ	ಛ	◌ೃ	ಡ
ಲ	ದ	ಸ	◌ಾ	ಗ	◌ೊ	ಸ	ಕ	ಮ	ಛ	ಕ	ತ	ನ	ಕ	ಸ	◌ಂ
ಭ	ಹ	ಆ	◌್	◌ು	ಳ	ಹ	ಈ	ಡ	◌ೆ	ಛ	ಆ	ಫ	ಷ	ಭ	ಬ
ಷ	ದ	ಕ	ತ	ವ	◌ಿ	ನ	◌್	ಭ	◌ಾ	ತ	◌ಿ	ರ	◌್	ಪ	ಢ
ಧ	ಹ	ತ	ಊ	ಧ	ಒ	ಜ	ಡ	ಅ	ಬ	ಷ	ಹ	ಸ	◌ಿ	ದ	ವ
ವ	◌ಿ	ವ	ರ	ಣ	◌ಾ	ತ	◌್	ಮ	ಕ	ಡ	◌ು	ಬ	ಶ	ಒ	ಖ

ಅಧಿಕೃತ
ಸೃಜನಶೀಲ
ವಿವರಣಾತ್ಮಕ
ಒಣ
ಸೊಗಸಾದ
ಖ್ಯಾತ
ಪ್ರತಿಭಾನ್ವಿತ
ಆರೋಗ್ಯಕರ
ಬಿಸಿ
ಹಸಿದ
ಆಸಕ್ತಿದಾಯಕ
ನೈಸರ್ಗಿಕ
ಹೊಸ
ಉತ್ಪಾದಕ
ಹೆಮ್ಮೆ
ಜವಾಬ್ದಾರಿಯುತ
ಉಪ್ಪು
ಸ್ಲೀಪಿ
ಬಲವಾದ
ಕಾಡು

90 - Psychology

ಸ	ಆ	ಈ	ಮ	ವ	ಖ	ಖ	ಚ	ನ	◌ೆ	ದ	ವ	◌ೇ	◌ಂ	ಸ	ನ
ದ	ಮ	ಕ	ಫ	ಧ	ಳ	ವ	◌ಿ	ಪ	◌ೇ	ರ	ಷ	ಐ	ಉ	ಬ	ವ
ಫ	ಹ	ಸ	ಚ	ಚ	◌ು	ನ	ಕ	ಮ	ಟ	ಮ	ಓ	ಓ	ವ	ಢ	ಆ
ಡ	ಫ	ಸ	◌್	ಜ	ಗ	ಡ	◌ಿ	◌ಾ	ಈ	ರ	ಕ	◌ಾ	◌ಂ	ಹ	ಅ
ಟ	◌ೂ	ಭ	ಖ	ಯ	ನ	ವ	ತ	ಯ	ಳ	ಭ	◌ೆ	◌ಾ	ಢ	ಮ	ನ
ಮ	ಕ	ಜ	ಧ	ಲ	◌ೆ	ಳ	◌್	ಲ	ಟ	ಲ	ಹ	ಉ	ತ	◌ೂ	ಢ
ವ	ಲ	ಅ	ರ	◌್	ಚ	◌ಿ	ಸ	◌್	ಟ	ವ	◌ಿ	ತ	ಫ	◌ಿ	ಭ
ಪ	◌್	ಬ	ಭ	◌ಾ	◌ೊ	ಕ	◌ೆ	◌ೌ	ಖ	ಷ	ರ	◌್	ಫ	◌ಂ	ಸ
◌್	ಕ	ಯ	◌ೂ	ಬ	ಲ	◌ೆ	ಈ	ಮ	ದ	ಜ	◌್	ಆ	ವ	ಆ	ಕ
ರ	ನ	◌ೂ	ಕ	ಉ	ಆ	ಅ	ನ	◌ು	ಭ	ವ	ಗ	ಳ	◌ು	ಕ	ವ
ಭ	◌ಿ	ಹ	ಈ	◌್	ನ	ಈ	ಅ	◌ೂ	ವ	ತ	ಈ	◌ು	◌ಿ	ಟ	ಫ
◌ಾ	ಲ	ದ	ಭ	ಈ	ತ	ಆ	ಳ	ಫ	ಉ	ಸ	ಭ	ಗ	ರ	ಧ	ಲ
ವ	◌ಿ	◌ೂ	ಖ	ಸ	ಲ	◌ಿ	ಜ	ಅ	ಭ	◌್	ಮ	◌ು	ಅ	ಜ	◌ೂ
ಗ	◌್	ತ	ಚ	ಅ	ಧ	ನ	ತ	ಬ	ಈ	◌ಾ	ಆ	ಸ	ಜ	ಭ	ಹ
ಳ	ಕ	ಈ	ಈ	ಸ	ಹ	ಢ	ಫ	◌್	ಮ	ವ	ಢ	ನ	ಓ	ರ	ಆ
◌ು	ಭ	◌ಾ	ವ	ನ	◌ೆ	ಗ	ಳ	◌ು	ವ	ಟ	ಖ	ಕ	ಸ	ಡ	ಭ

ನೇಮಕಾತಿ
ಮೌಲ್ಯಮಾಪನ
ನಡವಳಿಕೆ
ಬಾಲ್ಯ
ಕ್ಲಿನಿಕಲ್
ಅರಿವು
ಸಂಘರ್ಷ
ಕನಸುಗಳು
ಅಹಂಕಾರ
ಭಾವನೆಗಳು
ಅನುಭವಗಳು
ಪ್ರಭಾವಗಳು
ಗ್ರಹಿಕೆ
ವ್ಯಕ್ತಿತ್ವ
ಸಮಸ್ಯೆ
ವಾಸ್ತವ
ಸಂವೇದನೆ
ಚಿಕಿತ್ಸೆ
ಆಲೋಚನೆಗಳು

91 - Math

ಚ ◌ೂ ಫ ತ ಶ ಳ ಢ ಓ ◌ೂ ಜ ದ ಷ ಜ ಭ ಬ ಸ
ಮ ಶ ಳ ◌್ ಷ ಹ ಛ ಛ ಉ ◌್ ಶ ಛ ವ ಶ ಹ ◌ಿ
ಣ ಢ ಣ ರ ಡ ದ ಮ ಸ ಟ ಯ ಮ ಸ ನ ಡ ◌ು ಮ
ರ ಳ ಣ ◌ಿ ತ ಲ ಢ ಸ ಟ ◌ಾ ◌ಾ ಮ ಬ ಭ ಭ ◌್
ಕ ◌ೌ ಚ ಕ ಧ ◌್ ಈ ಹ ಕ ಮ ◌ಂ ತ ಮ ಮ ◌ು ಮ
◌ೀ ◌ೊ ಅ ◌ೊ ಓ ನ ರ ಶ ಬ ◌ಿ ಶ ಅ ಜ ಅ ಜ ◌ೆ
ಮ ಉ ನ ನ ಮ ಜ ಉ ◌ಿ ಅ ತ ◌ಾ ಯ ಆ ಣ ◌ಾ ಟ
ಸ ಷ ಈ ಗ ಶ ವ ಖ ಈ ಜ ◌ಿ ಸ ಶ ಷ ಆ ಕ ◌್
ಯ ಣ ಆ ಹ ಳ ಖ ಮ ಹ ಹ ◌್ ಪ ◌ಿ ತ ಳ ◌ೃ ರ
◌ಾ ಆ ಮ ಚ ಆ ◌ು ಳ ಖ ಟ ಮ ಯ ರ ಣ ಛ ತ ◌ಿ
◌್ ಸ ಮ ◌ಾ ನ ◌ಾ ◌ಂ ತ ರ ಗ ಭ ◌ಾ ◌ಿ ವ ◌ಿ ಢ
ವ ಬ ಟ ◌ೂ ಣ ಶ ಸ ◌ಂ ಪ ◌ು ಟ ನ ಗ ಧ ಡ ಶ
ಸ ◌ಂ ಖ ◌್ ಯ ◌ೆ ಗ ಳ ◌ು ಚ ಚ ನ ಕ ಶ ◌ಿ ಚ
ಣ ಹ ವ ◌ೂ ನ ಅ ಘ ◌ಾ ತ ಷ ಉ ◌್ ◌ಂ ಢ ತ ತ
ಸ ◌ು ತ ◌್ ತ ಳ ತ ◌ೆ ಬ ಅ ರ ◌ಿ ಅ ಭ ಅ ರ
ಹ ◌ೂ ಮ ಧ ಶ ಭ ಡ ಅ ದ ಚ ಸ ಭ ಖ ಛ ರ ಹ

ಕೋನಗಳು
ಅಂಕಗಣಿತ
ಸುತ್ತಳತೆ
ದಶಮಾಂಶ
ವ್ಯಾಸ
ವಿಭಾಗ
ಸಮೀಕರಣ
ಘಾತ
ಭಿನ್ನರಾಶಿ
ಜ್ಯಾಮಿತಿ
ಸಂಖ್ಯೆಗಳು
ಸಮಾನಾಂತರ
ಪರಿಧಿ
ಬಹುಭುಜಾಕೃತಿ
ತ್ರಿಜ್ಯ
ಆಯಾತ
ಚೌಕ
ಸಿಮ್ಮೆಟ್ರಿ
ತ್ರಿಕೋನ
ಸಂಪುಟ

92 - Water

ದ	ಸ	ಧ	ಮ	ಮ	ಭ	ಚ	ಳ	ಆ	ಫ	ಆ	ಅ	ಧ	ಳ	ಗ	ಬ
ದ	ಉ	ಳ	ಕ	◌ು	ಡ	◌ಿ	ಯ	ಬ	ಹ	◌ು	ದ	◌ಾ	ದ	◌ೀ	ಫ
ಚ	ಳ	ಅ	ರ	◌ೂ	ಲ	ಚ	ಲ	◌ೂ	ನ	ವ	ಭ	ಳ	ಧ	ಸ	◌್
ಚ	◌ಂ	ಡ	ಮ	◌ಾ	ರ	◌ು	ತ	ದ	◌ೀ	ಜ	◌ಾ	◌ೂ	ಭ	ರ	ರ
ಸ	ತ	ಆ	ರ	ಷ	ವ	ಛ	ಉ	ಓ	ರ	ಆ	ಜ	ರ	ರ	◌್	◌ಾ
ರ	ಶ	◌ೇ	ತ	◌ೇ	ವ	◌ಾ	◌ಂ	ಶ	◌ಾ	ವ	ಮ	ಈ	◌್	ಹ	ಸ
◌ೊ	ಐ	ಈ	ವ	ಓ	ರ	ಆ	ದ	ಓ	ವ	◌ಿ	ಳ	ವ	ಮ	ಪ	◌್
ವ	ಜ	ಮ	◌ು	◌ಂ	ಗ	◌ಾ	ರ	◌ು	ರ	ಯ	◌ೆ	ಲ	◌ಂ	ಶ	ಟ
ರ	ಓ	◌ಿ	ಗ	ಉ	ರ	ಸ	ಉ	ಖ	◌ಿ	◌ಾ	ಶ	ಶ	ಜ	ಢ	◌್
ಬ	ಲ	ಹ	ಅ	ಧ	ಕ	ಟ	◌ಾ	ಲ	ಛ	ಗ	ವ	ಧ	◌ು	ಖ	ವ
ಕ	◌ಾ	ಲ	◌ು	ವ	◌ೆ	ಈ	ಶ	ಗ	ಚ	◌ು	ರ	ಫ	ಗ	ಐ	ಜ
ಅ	ಲ	◌ೆ	ಗ	ಳ	◌ು	ಈ	ರ	ಸ	ರ	ವ	◌್	ಮ	ಡ	ಜ	ಢ
ಧ	ಖ	ಮ	ಕ	ಉ	ಮ	ಧ	ಓ	ಕ	ದ	◌ಿ	ದ	ನ	◌್	ಜ	ಫ
ಉ	◌ೂ	ಛ	ದ	ಫ	ಳ	ಒ	ಹ	ಒ	ಛ	ಕ	ಆ	ತ	ಡ	ಶ	ಐ
ಸ	ಒ	ಮ	ಓ	ಕ	ಅ	◌ೂ	ಲ	ಧ	ವ	◌ೆ	◌ೂ	◌ೂ	◌ೆ	ನ	ಆ
ಢ	ರ	ಉ	ತ	ಡ	ನ	ಈ	ಛ	ಢ	ತ	ಹ	ಭ	ಛ	ವ	ಳ	ತ

ಕಾಲುವೆ
ತೇವ
ಕುಡಿಯಬಹುದಾದ
ಆವಿಯಾಗುವಿಕೆ
ಪ್ರವಾಹ
ಫ್ರಾಸ್ಟ್
ಗೀಸರ್
ಚಂಡಮಾರುತ
ಮಂಜುಗಡ್ಡೆ
ನೀರಾವರಿ
ಸರೋವರ
ತೇವಾಂಶ
ಮುಂಗಾರು
ಸಾಗರ
ಮಳೆ
ನದಿ
ಶವರ್
ಹಿಮ
ಉಗಿ
ಅಲೆಗಳು

91 - Math

ಚ	◌ೂ	ಘ	ತ	ಶ	ಳ	ಢ	ಓ	◌ೂ	ಜ	ದ	ಷ	ಜ	ಭ	ಬ	ಸ
ಮ	ಶ	ಳ	◌್	ಷ	ಹ	ಭ	ಭ	ಉ	◌್	ಶ	ಭ	ವ	ಶ	ಹ	◌ಿ
ಣ	ಢ	ಣ	ರ	ಡ	ದ	ಮ	ಸ	ಟ	ಯ	ಮ	ಸ	ನ	ಡ	◌ು	ಮ
ರ	ಳ	ಣ	◌ಿ	ತ	ಲ	ಢ	ಸ	ಟ	◌ಾ	◌ಾ	ಮ	ಬ	ಭ	ಭ	◌್
ಕ	◌ೌ	ಚ	ಕ	ಧ	◌್	ಈ	ಹ	ಕ	ಮ	◌ಂ	ತ	ಮ	ಮ	◌ು	ಮ
◌ಿ	◌ೊ	ಅ	◌ೊ	ಓ	ನ	ರ	ಶ	ಬ	◌ಿ	ಶ	ಅ	ಜ	ಅ	ಜ	◌ೆ
ಮ	ಉ	ನ	ನ	ಮ	ಜ	ಉ	◌ಿ	ಅ	ತ	◌ಾ	ಯ	ಆ	ಣ	◌ಾ	ಟ
ಸ	ಷ	ಈ	ಗ	ಶ	ವ	ಖ	ಈ	ಜ	◌ಿ	ಸ	ಶ	ಷ	ಆ	ಕ	◌್
ಯ	ಣ	ಆ	ಹ	ಳ	ಖ	ಮ	ಹ	ಹ	◌್	ಪ	◌ಿ	ತ	ಳ	◌ೃ	ರ
◌ಾ	ಆ	ಮ	ಚ	ಆ	◌ು	ಳ	ಖ	ಟ	ಮ	ಯ	ರ	ಣ	ಭ	ತ	◌ಿ
◌್	ಸ	ಮ	◌ಾ	ನ	◌ಾ	◌ಂ	ತ	ರ	ಗ	ಭ	◌ಾ	◌ಿ	ವ	◌ಿ	ಢ
ವ	ಬ	ಟ	◌ೂ	ಣ	ಶ	ಸ	◌ಂ	ಪ	◌ು	ಟ	ನ	ಗ	ಧ	ಡ	ಶ
ಸ	◌ಂ	ಖ	◌್	ಯ	◌ೆ	ಗ	ಳ	◌ು	ಚ	ಚ	ನ	ಕ	ಶ	◌ಿ	ಚ
ಣ	ಹ	ವ	◌ೂ	ನ	ಅ	ಘ	◌ಾ	ತ	ಷ	ಉ	◌್	◌ಂ	ಢ	ತ	ತ
ಸ	◌ು	ತ	◌್	ತ	ಳ	ತ	◌ೆ	ಬ	ಅ	ರ	◌ಿ	ಅ	ಭ	ಅ	ರ
ಹ	◌ೂ	ಮ	ಧ	ಶ	ಭ	ಡ	ಅ	ದ	ಚ	ಸ	ಭ	ಖ	ಭ	ರ	ಹ

ಕೋನಗಳು
ಅಂಕಗಣಿತ
ಸುತ್ತಳತೆ
ದಶಮಾಂಶ
ವ್ಯಾಸ
ವಿಭಾಗ
ಸಮೀಕರಣ
ಘಾತ
ಭಿನ್ನರಾಶಿ
ಜ್ಯಾಮಿತಿ

ಸಂಖ್ಯೆಗಳು
ಸಮಾನಾಂತರ
ಪರಿಧಿ
ಬಹುಭುಜಾಕೃತಿ
ತ್ರಿಜ್ಯ
ಆಯಾತ
ಚೌಕ
ಸಿಮ್ಮೆಟ್ರಿ
ತ್ರಿಕೋನ
ಸಂಪುಟ

92 - Water

ದ	ಸ	ಧ	ಮ	ಮ	ಭ	ಚ	ಳ	ಆ	ಫ	ಆ	ಅ	ಧ	ಳ	ಗ	ಬ
ದ	ಉ	ಳ	ಕ	◌ು	ಡ	◌ಿ	ಯ	ಬ	ಹ	◌ು	ದ	◌ಾ	ದ	◌ೀ	ಫ
ಚ	ಳ	ಅ	ರ	◌ೂ	ಲ	ಚ	ಲ	◌ೂ	ನ	ವ	ಭ	ಳ	ಧ	ಸ	◌್
ಚ	◌ಂ	ಡ	ಮ	◌ಾ	ರ	◌ು	ತ	ದ	◌ೀ	ಜ	◌ಾ	◌ೂ	ಭ	ರ	ರ
ಸ	ತ	ಆ	ರ	ಷ	ವ	ಘ	ಉ	ಓ	ರ	ಆ	ಜ	ರ	ರ	◌್	◌ಾ
ರ	ಶ	◌ೇ	ತ	◌ೇ	ವ	◌ಾ	◌ಂ	ಶ	◌ಾ	ವ	ಮ	ಈ	◌್	ಹ	ಸ
◌ೊ	ಐ	ಈ	ವ	ಓ	ರ	ಆ	ದ	ಓ	ವ	◌ಿ	ಳ	ವ	ಮ	ಪ	◌್
ವ	ಜ	ಮ	◌ು	◌ಂ	ಗ	◌ಾ	ರ	◌ು	ರ	ಯ	◌ೆ	ಲ	◌ಂ	ಶ	ಟ
ರ	ಓ	◌ಿ	ಗ	ಉ	ರ	ಸ	ಉ	ಖ	◌ಿ	◌ಾ	ಶ	ಶ	ಜ	ಢ	◌್
ಬ	ಲ	ಹ	ಅ	ಧ	ಕ	ಟ	◌ಾ	ಲ	ಘ	ಗ	ವ	ಧ	◌ು	ಖ	ವ
ಕ	◌ಾ	ಲ	◌ು	ವ	◌ೆ	ಈ	ಶ	ಗ	ಚ	◌ು	ರ	ಫ	ಗ	ಐ	ಜ
ಅ	ಲ	◌ೆ	ಗ	ಳ	◌ು	ಈ	ರ	ಸ	ರ	ವ	◌್	ಮ	ಡ	ಜ	ಢ
ಧ	ಖ	ಮ	ಕ	ಉ	ಮ	ಧ	ಓ	ಕ	ದ	◌ಿ	ದ	ನ	◌್	ಜ	ಫ
ಉ	◌ೂ	ಘ	ದ	ಫ	ಳ	ಒ	ಹ	ಒ	ಘ	ಕ	ಆ	ತ	ಡ	ಶ	ಐ
ಸ	ಒ	ಮ	ಓ	ಕ	ಅ	◌ೂ	ಲ	ಧ	ವ	◌ೆ	◌ೂ	◌ೂ	◌ೆ	ನ	ಆ
ಢ	ರ	ಉ	ತ	ಡ	ನ	ಈ	ಘ	ಢ	ತ	ಹ	ಭ	ಘ	ವ	ಳ	ತ

ಕಾಲುವೆ
ತೇವ
ಕುಡಿಯಬಹುದಾದ
ಆವಿಯಾಗುವಿಕೆ
ಪ್ರವಾಹ
ಫ್ರಾಸ್ಟ್
ಗೀಸರ್
ಚಂಡಮಾರುತ
ಮಂಜುಗಡ್ಡೆ
ನೀರಾವರಿ

ಸರೋವರ
ತೇವಾಂಶ
ಮುಂಗಾರು
ಸಾಗರ
ಮಳೆ
ನದಿ
ಶವರ್
ಹಿಮ
ಉಗಿ
ಅಲೆಗಳು

93 - Activities

ಶ	ಓ	ಒ	ಖ	ರ	ಒ	ಬ	ಮ	ಲ	ದ	ವ	ಖ	ಮ	ಕ	ಚ	ಆ
ನ	ದ	ಷ	ಖ	ವ	ಧ	ಮ	◌ೇ	ಢ	ಫ	ದ	ನ	◌್	◌್	ಟ	ವ
ಒ	◌ು	ಢ	ತ	ರ	ಡ	ಮ	ಶ	ಟ	ಅ	ಚ	ಳ	ಯ	ಯ	◌ು	◌ಿ
ಉ	ವ	ಕ	ಕ	ಭ	ಕ	ಮ	ಆ	ಳ	◌ೆ	ಆ	ಆ	◌ಾ	◌ಾ	ವ	ಶ
ದ	◌ಿ	ಣ	◌ೆ	ಫ	ಟ	ಡ	ಈ	◌ು	ಹ	ನ	ನ	ಜ	◌ಂ	ಟ	◌್
ಛ	ಕ	ಹ	ರ	ಉ	ಣ	ಆ	ಟ	ಗ	ಳ	◌ು	◌ಂ	◌ಿ	ಪ	◌ಿ	ರ
ಕ	◌ೆ	ರ	◌ಿ	ಗ	◌ಾ	ಟ	◌ೊ	ತ	◌ೆ	ಒ	ದ	ಕ	◌ಿ	ಕ	◌ಾ
ಧ	ತ	ಗ	ಗ	ಟ	ಮ	ಢ	ಕ	◌ಿ	ಓ	ಲ	ಒ	◌್	◌ಂ	◌ೆ	◌ಂ
ಣ	ಚ	◌್	◌ಾ	◌ೂ	ಢ	ಚ	ಒ	◌್	ವ	ಶ	◌ಿ	ಬ	ಗ	ಳ	ತ
ಕ	ಮ	ಯ	ನ	ವ	ಫ	ಷ	ಣ	ಕ	ಖ	◌ು	ಛ	◌ೊ	◌್	ಷ	◌ಿ
ಲ	ಳ	◌ಾ	◌ು	ಓ	ಧ	ಣ	ಟ	ಸ	ಛ	ಕ	ಈ	ಡ	ಹ	ಓ	◌ೂ
◌ೆ	ಡ	◌ಾ	◌ೀ	ತ	ಯ	ಈ	ಕ	ಆ	ಓ	ರ	ಹ	ಒ	ಷ	ಆ	ಹ
ಈ	ಟ	ಛ	ಮ	ಟ	ಓ	ತ	ಚ	ಧ	ಳ	ಕ	ವ	◌ಿ	ರ	◌ಾ	ಮ
ಸ	◌ೆ	ರ	◌ಾ	ಮ	◌ಿ	ಕ	◌್	ಸ	◌್	ಹ	◌ೆ	ಣ	◌ಿ	ಗ	◌ೆ
ಕ	◌ೌ	ಶ	ಲ	◌್	ಯ	ಷ	ಅ	◌ೃ	ಈ	ಆ	ಹ	ಬ	ತ	ಒ	ಹ
ಭ	ಕ	ಹ	ಬ	ಮ	ನ	ಳ	ಫ	ದ	ನ	ಕ	ಓ	ವ	ದ	ಶ	ಲ

ಚಟುವಟಿಕೆ
ಕಲೆ
ಕ್ಯಾಂಪಿಂಗ್
ಸೆರಾಮಿಕ್ಸ್
ಕರಕುಶಲ
ನೃತ್ಯ
ಮೀನುಗಾರಿಕೆ
ಆಟಗಳು
ತೋಟಗಾರಿಕೆ
ಬೇಟೆ

ಆಸಕ್ತಿಗಳು
ಹೆಣಿಗೆ
ವಿರಾಮ
ಮ್ಯಾಜಿಕ್
ಛಾಯಾಗ್ರಹಣ
ಆನಂದ
ಓದುವಿಕೆ
ವಿಶ್ರಾಂತಿ
ಹೊಲಿಗೆ
ಕೌಶಲ್ಯ

94 - Business

ಚ	ಭ	ಫ	ಕ	ಲ	ತ	ಆ	ಟ	ಳ	ಬ	ಮ	ಖ	ಟ	ನ	ತ	ಅ
ಫ	ಚ	ದ	ಫ	ಕ	ಧ	ಫ	ಖ	ಆ	ಸ	◌ು	◌ಾ	ಕ	ಣ	ಹ	ರ
ಉ	ದ	◌್	ಯ	◌ೊ	ಗ	◌ಿ	ಆ	ದ	◌ಾ	ಯ	ಬ	ರ	ಮ	ಈ	◌್
ಢ	ತ	ತ	◌ೆ	ಷ	ವ	ಕ	ಚ	ಜ	ಬ	ವ	◌ಂ	◌್	◌ಾ	ಡ	ಥ
ಡ	◌ಿ	ಳ	ಷ	ವ	ಓ	◌ೃ	ಭ	ಖ	ಣ	ಜ	ಡ	ಜ	ತ	ಟ	ಶ
ಫ	ಯ	ಕ	ಟ	ಭ	ದ	ಛ	ತ	ಜ	ನ	ಸ	ವ	ನ	ನ	ಓ	◌ಾ
ಅ	◌ಿ	ಜ	ಕ	ಜ	ಉ	ಕ	ಉ	◌್	ಹ	ಶ	◌ಾ	◌ೇ	ಟ	ಖ	ಸ
ಢ	ಯ	ಜ	◌್	ಣ	◌ಿ	◌ಾ	ವ	ಭ	ತ	ಡ	ಳ	ಯ	ಳ	ಓ	◌್
ಕ	◌ಾ	ರ	◌್	ಖ	◌ಾ	ನ	◌ೆ	ಉ	ಖ	◌ಿ	ಅ	◌ಾ	◌ೂ	ನ	ತ
ಆ	◌ಿ	ಸ	ಹ	ಓ	ಕ	ಫ	ಶ	◌ೂ	ನ	ಗ	ಛ	◌್	ಫ	ದ	◌್
ಕ	ರ	◌ೆ	ನ	◌್	ಸ	◌ಿ	ರ	ದ	ಷ	◌ಂ	ಸ	ಮ	ಲ	ನ	ರ
ಡ	◌ಿ	ಓ	◌ಿ	ಷ	ಟ	ತ	ನ	ಷ	ಸ	ಅ	ಲ	ಳ	ಅ	ಒ	ಈ
ಣ	◌ೇ	ಮ	ಪ	ಢ	ನ	ಡ	ಟ	ಹ	ಬ	ಶ	ಧ	ಹ	ಣ	ಚ	ಮ
ಡ	ಛ	ತ	◌ಂ	ಉ	ದ	◌್	ಯ	◌ೊ	ಗ	ದ	◌ಾ	ತ	ದ	ಅ	ತ
ಣ	ಕ	ಹ	ಕ	ಬ	ಜ	◌ೆ	ಟ	◌್	ಫ	ಣ	ಕ	ನ	ದ	ತ	ಅ
ರ	ಭ	ಉ	ಬ	ಖ	ಸ	ಡ	ತ	◌ೆ	ರ	◌ಿ	ಗ	◌ೆ	ಗ	ಳ	◌ು

ಬಜೆಟ್
ವೃತ್ತಿ
ಕಂಪನಿ
ವೆಚ್ಚ
ಕರೆನ್ಸಿ
ರಿಯಾಯಿತಿ
ಅರ್ಥಶಾಸ್ತ್ರ
ಉದ್ಯೋಗಿ
ಉದ್ಯೋಗದಾತ
ಕಾರ್ಖಾನೆ
ಹಣಕಾಸು
ಆದಾಯ
ಬಂಡವಾಳ
ಮ್ಯಾನೇಜರ್
ವಾಣಿಜ್ಯ
ಹಣ
ಕಛೇರಿ
ಮಾರಾಟ
ಅಂಗಡಿ
ತೆರಿಗೆಗಳು

95 - The Company

ಳ	◌ು	ಳ	ಗ	ಕ	ಟ	ಫ	ಬ	ಸ	ಅ	ದ	ಟ	◌ೂ	ಆ	ಭ	ಪ
ಕ	ಲ	ಚ	◌ು	ಖ	ಕ	ಖ	◌ಂ	ವ	ಖ	ಈ	ನ	ಛ	ಬ	ಢ	◌್
ಡ	ಡ	ಶ	ಣ	ಮ	ದ	ವ	ಡ	ಸ	◌ೃ	ಜ	ನ	ಶ	◌ೀ	ಲ	ರ
ಫ	ಳ	ಡ	ಮ	ರ	ಷ	ಒ	ವ	ನ	ಹ	ಧ	◌್	ಪ	ಒ	ಚ	ವ
ಜ	ಖ	ಜ	ಟ	ಳ	ಪ	ತ	◌ಾ	ರ	ಸ	ಸ	ಪ	◌್	ಓ	ವ	◌ೃ
ಜ	◌ಾ	ಢ	◌್	ಖ	ಹ	ತ	ಳ	ಓ	◌ಂ	ದ	◌್	ರ	ರ	ಮ	ತ
◌ೂ	ಶ	ಗ	ಟ	ತ	ಈ	◌ೆ	◌ಿ	ಧ	ಪ	ಒ	ತ	ಸ	ಢ	ಉ	◌್
ಶ	ಢ	ಕ	ತ	ಶ	ಓ	ಯ	ಈ	ತ	ನ	ಆ	ಉ	◌್	ಮ	ಶ	ತ
ಟ	ಚ	ಉ	◌ಿ	◌ಿ	ರ	ಧ	◌ಾ	ರ	◌್	◌ಿ	ನ	ತ	ರ	ಮ	◌ಿ
ಸ	ಅ	ದ	ಗ	ಣ	ಕ	◌್	ಟ	ಪ	ಮ	◌ೃ	◌ೀ	◌ು	ಸ	ಡ	ಗ
ಬ	ಲ	◌್	ರ	ಶ	ಈ	◌ಾ	ಲ	◌ಾ	◌ೂ	ಫ	ವ	ತ	ದ	ಳ	ಳ
ಶ	ಛ	ಯ	◌್	ಧ	ಕ	ಸ	ಶ	ಯ	ಲ	ಛ	ನ	◌ಿ	ದ	ವ	◌ು
ಆ	ರ	◌ೊ	ಪ	ಟ	ಳ	ಬ	ಅ	◌ಾ	ಗ	ಒ	ಒ	ಶ	ಛ	ದ	ಢ
ಚ	ದ	ಗ	ಭ	ದ	ಅ	ಡ	ಭ	◌್	ಳ	◌ು	ಗ	ಯ	◌ಾ	ಪ	ಅ
◌ೂ	ಣ	◌ಾ	ಡ	ಢ	ಶ	ಷ	ಜ	ವ	◌ು	ಖ	◌್	ಯ	◌ಾ	ತ	◌ಿ
ಶ	ಆ	ಮ	ಯ	◌್	ದ	ಉ	ಕ	ಒ	ಆ	ಉ	ಭ	ಒ	ಭ	ಟ	ಓ

ವ್ಯಾಪಾರ
ಸೃಜನಶೀಲ
ನಿರ್ಧಾರ
ಉದ್ಯೋಗ
ಜಾಗತಿಕ
ಉದ್ಯಮ
ನವೀನ
ಬಂಡವಾಳ
ಸಾಧ್ಯತೆ
ಪ್ರಸ್ತುತಿ
ಉತ್ಪನ್ನ
ವೃತ್ತಿಪರ
ಪ್ರಗತಿ
ಗುಣಮಟ್ಟ
ಖ್ಯಾತಿ
ಸಂಪನ್ಮೂಲಗಳು
ಆದಾಯ
ಅಪಾಯಗಳು
ಪ್ರವೃತ್ತಿಗಳು
ಘಟಕಗಳು

96 - Literature

ಧ	ಕ	ಬ	ಕ	ಟ	ಜ	ಶ	ಸ	ರ	◌ಾ	◌್	ಪ	ಚ	ಅ	ವ	ಈ
ಟ	ವ	ವ	ಆ	ಡ	◌ೀ	ಓ	◌ೈ	◌ಾ	ದ	◌ು	ರ	◌ಂ	ತ	ವ	ಕ
ಟ	◌ಿ	ಸ	ಢ	ಢ	ವ	ಖ	ಢ	ಲ	ದ	ಷ	ಓ	ಧ	ರ	◌ಿ	◌ಾ
ಡ	ತ	ಭ	ಳ	ಕ	ನ	ಅ	ಛ	ಬ	◌ಿ	◌ೃ	ಷ	ಟ	ಜ	ಶ	ಲ
ನ	◌ೆ	ವ	ದ	ಹ	ಚ	ಅ	ಖ	ಟ	◌ೂ	ಫ	ಶ	ತ	ಕ	◌್	◌್
ಕ	ಲ	ಧ	ಒ	◌ೊ	ರ	◌ಿ	ಬ	ದ	◌ಂ	◌ಾ	ಕ	◌್	ಓ	ಲ	ಪ
ಮ	ಒ	ಖ	ಜ	ಲ	◌ಿ	ಷ	ಚ	ಳ	ಶ	ಢ	ಢ	ಲ	ಯ	◌ೇ	ನ
ತ	ಬ	ನ	ಓ	◌ಿ	ತ	ಡ	ಲ	ರ	ಒ	ಮ	ತ	ಸ	ತ	ಷ	◌ಿ
◌್	◌ೀ	ಢ	ಫ	ಕ	◌್	ಮ	ರ	ಭ	ರ	◌ೂ	ಪ	ಕ	ಸ	ಇ	ಕ
ಯ	ಟ	ರ	ಸ	◌ೆ	ರ	ನ	ಅ	◌ೂ	ಭ	ರ	ಈ	ಪ	◌ಂ	◌ೆ	ಹ
◌ಾ	ಢ	ಟ	◌್	ಇ	◌ೆ	ರ	ವ	◌ಿ	ವ	ಒ	ಷ	ರ	ಭ	ಓ	ನ
ವ	ತ	ವ	ಸ	ಮ	ತ	ಇ	ದ	ಶ	ದ	ರ	ಇ	◌ೂ	◌ಾ	ವ	ಛ
◌್	ಬ	ತ	ಓ	◌್	◌ಾ	ಕ	ಆ	ಡ	ಶ	ತ	ಕ	◌ಿ	ಷ	ಡ	ಮ
◌ಾ	ಆ	ಡ	ಸ	◌ೀ	◌ೂ	ನ	ರ	ನ	ಕ	ಢ	ತ	ನ	ಇ	ಲ	ಡ
ಕ	ಖ	ಢ	ಯ	ಥ	◌ೆ	ಕ	ತ	◌ಂ	ದ	◌ೂ	ಜ	ಷ	◌ೆ	ಯ	ಡ
ಆ	ಅ	ಫ	ಸ	ಲ	ಖ	ರ	ಫ	ಳ	ಷ	ಲ	◌ೇ	ಖ	ಕ	ಷ	ಡ

ಸಾದೃಶ್ಯ
ವಿಶ್ಲೇಷಣೆ
ದಂತಕಥೆಯ
ಲೇಖಕ
ಜೀವನಚರಿತ್ರೆ
ಹೋಲಿಕೆ
ತೀರ್ಮಾನ
ವಿವರಣೆ
ಸಂಭಾಷಣೆ
ಕಾಲ್ಪನಿಕ
ರೂಪಕ
ನಿರೂಪಕ
ಕಾದಂಬರಿ
ಕವಿತೆ
ಕಾವ್ಯಾತ್ಮಕ
ಪ್ರಾಸ
ಲಯ
ಶೈಲಿ
ಥೀಮ್
ದುರಂತ

97 - Geography

ಕ	ಅ	ಢ	ಮ	ಖ	ಕ	ಅ	ಜ	ಅ	ಶ	ಡ	ಡ	ನ	ಖ	ಉ	ಧ
ಶ	ಟ	ಜ	◌ೆ	ಷ	ವ	◌ೂ	ಆ	ಟ	ಕ	ಡ	◌ೂ	ಒ	◌ಂ	ಢ	ದ
ಲ	◌್	ಉ	ರ	ಶ	ಬ	ಬ	ಪ	ವ	◌ೀ	◌್	ದ	ಕ	ಡ	ಟ	◌ೇ
ಟ	ಲ	ಆ	◌ಿ	ತ	ದ	ಢ	ಸ	ಳ	ಭ	ಮ	ಷ	ಜ	ಸ	ಧ	ಶ
ಛ	◌ಾ	ಧ	ಡ	ಬ	◌್	ಣ	ಢ	ಓ	ಪ	ಡ	◌ೆ	◌ಾ	ಓ	ಛ	ಟ
ಮ	ಸ	ಓ	◌ಿ	ದ	ನ	ತ	ಉ	◌ೂ	◌್	ವ	◌್	ಭ	◌ಂ	ಹ	ನ
ಸ	◌್	ಹ	ಯ	ಢ	ಜ	ಸ	ಉ	ಪ	ರ	ಛ	ಕ	ಮ	ವ	ಶ	ಗ
ಭ	◌ಾ	ಒ	ನ	ಒ	ಉ	ಜ	ಧ	ರ	ದ	ವ	ನ	ಸ	ರ	ವ	ರ
ಧ	ಅ	ಗ	◌್	ಹ	ಹ	ಭ	ಹ	◌್	◌ೇ	ವ	ಚ	ಮ	ಓ	ನ	ತ
ಛ	ಧ	ದ	ರ	ಷ	ದ	ಳ	ಣ	ವ	ಶ	◌ೂ	ಮ	◌ು	ಡ	ಧ	◌್
ಗ	◌ೊ	ಳ	◌ಾ	ರ	◌್	ಧ	ಅ	ತ	ಓ	ಢ	ಚ	ದ	ನ	ಹ	ತ
ಸ	ಷ	ಧ	ಚ	ವ	ಭ	ಜ	ಳ	ಉ	ಣ	ಷ	◌ಿ	◌್	ಕ	ದ	ಎ
ಪ	◌್	ರ	ಪ	◌ಂ	ಚ	ತ	ಖ	ಹ	ದ	ತ	◌್	ರ	ಚ	ಳ	ಉ
◌ೂ	ಷ	ಢ	ರ	ಆ	ಭ	ಮ	ಛ	ಚ	ಢ	ಳ	ಶ	ನ	ನ	ಶ	ಖ
ರ	ಢ	ಓ	ಒ	ಮ	ಚ	ಜ	ಜ	ಟ	ಹ	ಹ	ಪ	ಣ	ಛ	◌ೂ	ವ
ಛ	ಡ	ಹ	ಖ	ಈ	ಕ	ನ	ನ	ಭ	ಕ	ಡ	ಬ	ಟ	ಭ	ಸ	ಕ

ಎತ್ತರ
ಅಟ್ಲಾಸ್
ನಗರ
ಖಂಡ
ದೇಶ
ಸಮಭಾಜಕ
ಗೋಳಾರ್ಧ
ದ್ವೀಪ
ಅಕ್ಷಾಂಶ
ನಕ್ಷೆ
ಮೆರಿಡಿಯನ್
ಪರ್ವತ
ಉತ್ತರ
ಸಾಗರ
ಪ್ರದೇಶ
ನದಿ
ಸಮುದ್ರ
ದಕ್ಷಿಣ
ಪಶ್ಚಿಮ
ಪ್ರಪಂಚ

98 - Jazz

ಐ	ನ	ಶ	ರ	ಖ	ಖ	ಶ	ಆ	ಯ	ಛ	ಹ	ಹ	ಹ	ರ	ಖ	ಬ
ಧ	ಢ	ಲ	ಆ	ಕ	ವ	ಒ	ಷ	ಲ	ಡ	ದ	ವ	◌ಿ	◌ಾ	ಲ	ಕ
ಭ	ನ	ರ	ಲ	ಖ	ಕ	ಟ	ಹ	ಷ	◌್	ಡ	ಧ	ಳ	ಟ	ಡ	ಭ
ತ	ದ	ನ	ಸ	ಅ	ಜ	ಈ	ದ	ಜ	ಸ	ಬ	ಸ	ಸ	◌್	ಚ	◌ು
ವ	ಒ	ಜ	ತ	ದ	ಯ	ಐ	ಫ	ತ	ಳ	ವ	ಮ	ಫ	ಸ	◌ೊ	ಹ
ಈ	ಚ	ವ	ಗ	ಧ	◌ೊ	ಢ	ಅ	ಭ	ಈ	ಅ	ಛ	◌್	◌್	ಸ	ದ
ಡ	ಫ	ಛ	◌ೀ	ಸ	◌ಂ	ಯ	◌ೊ	ಜ	ನ	◌ೆ	ಜ	ಢ	ಕ	◌ಂ	ಮ
ತ	◌್	ಆ	◌ಂ	ರ	ಸ	ತ	ಜ	ಒ	ಭ	ಒ	ರ	ರ	◌ೆ	ಗ	ರ
ಶ	ಹ	ರ	ಸ	◌ು	ಧ	◌ಾ	ರ	ಐ	◌ೆ	ತ	ಟ	ತ	◌್	◌ೀ	ಉ
ಛ	ಢ	ಡ	ಮ	ಹ	ಳ	◌ೆ	ಯ	ಒ	ತ	◌್	ಫ	ನ	ರ	ತ	ವ
ಶ	◌ೈ	ಲ	◌ಿ	◌್	ಧ	ಈ	ಓ	ಅ	◌ಿ	ತ	ಳ	ತ	ಆ	ಕ	ಜ
ಖ	◌್	ಯ	◌ಾ	ತ	ಸ	ಛ	ಳ	ಟ	ರ	◌ು	ಚ	ಬ	ನ	ಚ	ಳ
ಢ	ಶ	ಭ	ರ	ಸ	ಷ	◌್	ಧ	ಫ	◌್	ಭ	ನ	ಫ	ಳ	◌ೇ	ಷ
ಚ	ಬ	ಚ	ಉ	ಷ	ಡ	ಸ	ಳ	◌ೆ	ಪ	◌ಾ	◌್	ಪ	ಚ	ರ	ದ
ಮ	◌ೆ	ಚ	◌್	ಚ	◌ಿ	ನ	ವ	◌ು	ಗ	ಳ	◌ು	ಒ	ಜ	◌ಿ	ಐ
ತ	◌ಂ	ತ	◌್	ರ	ಸ	ನ	ಒ	ಛ	ಅ	ರ	ಹ	ಒ	ಟ	ಛ	ಒ

ಆಲ್ಬಮ್
ಚಪ್ಪಾಳೆ
ಕಲಾವಿದ
ಸಂಯೋಜಕ
ಸಂಯೋಜನೆ
ಸಂಗೀತ ಕಚೇರಿ
ಡ್ರಮ್ಸ್
ಒತ್ತು
ಖ್ಯಾತ
ಮೆಚ್ಚಿನವುಗಳು
ಸುಧಾರಣೆ
ಸಂಗೀತ
ಹೊಸ
ಹಳೆಯ
ಆರ್ಕೆಸ್ಟ್ರಾ
ಲಯ
ಹಾಡು
ಶೈಲಿ
ಪ್ರತಿಭೆ
ತಂತ್ರ

99 - Nature

ಪ	◌್	ರ	◌ಾ	ಣ	◌ಿ	ಗ	ಳ	◌ು	ಷ	ಡ	ಎ	ಜ	ಓ	ಢ	ಆ
ಶ	◌ಾ	◌ಂ	ತ	◌ಿ	ಯ	◌ು	ತ	ಭ	ಛ	ಕ	ಲ	◌ೇ	ಛ	ಚ	ಡ
ಹ	ದ	◌ೂ	ಢ	ಬ	ಭ	ಕ	ಹ	ಸ	ಛ	ಅ	◌ೆ	ನ	ಡ	ಛ	ರ
◌ೂ	ಧ	ಬ	ಒ	ಭ	ವ	ಚ	ಷ	ಸ	ಖ	◌ೂ	ಗ	◌ು	◌ೈ	ಖ	ಒ
ಪ	ಯ	◌್	ಣ	ರ	ಅ	ಕ	ಶ	ಕ	ವ	ಭ	ಳ	ನ	ನ	ಓ	ಮ
ಢ	ರ	◌್	ಯ	ಸ	◌ಿ	ಲ	◌ೇ	◌್	ಗ	◌ೆ	◌ು	◌ೋ	◌ಾ	ನ	◌ೊ
ಜ	◌್	◌್	ಡ	ಷ	ದ	ಲ	◌ೂ	ಟ	ಕ	ದ	ತ	ಣ	ಮ	ಭ	ಡ
ನ	ದ	ಬ	ವ	ಜ	ನ	ಸ	ಢ	◌ಿ	ವ	ಪ	ವ	ಗ	◌ಿ	ಬ	ಗ
ವ	◌ಂ	ಪ	ಬ	ತ	ತ	ಢ	ತ	ಕ	ಹ	◌್	ಚ	ಳ	ಕ	ಅ	ಳ
ಖ	◌ೌ	◌್	ಡ	ಣ	ಗ	ಕ	ಆ	◌್	ತ	ರ	ಣ	◌ು	◌್	ಭ	◌ು
ತ	ಸ	ರ	ಷ	ಸ	ಲ	ಳ	ಡ	◌್	ಶ	ಶ	◌ೂ	ನ	ಓ	ಯ	ಢ
ತ	ರ	ಮ	ಮ	◌ಿ	ಭ	◌ೂ	◌ು	ರ	ಮ	◌ಾ	ಮ	ಚ	ಅ	◌ಾ	ಛ
ತ	ಫ	◌ು	◌ೂ	ಈ	ಣ	ಡ	◌ಾ	ಆ	ಸ	◌ಂ	◌ಂ	ತ	ನ	ರ	ಢ
ಉ	ಟ	ಖ	ಡ	ಟ	ಒ	ದ	ಕ	ಢ	ಟ	ತ	ಜ	ದ	ಭ	ಣ	ಕ
ಉ	ಷ	◌್	ಣ	ವ	ಲ	ಯ	ದ	ಡ	ಢ	ಫ	◌ು	ಖ	ರ	◌್	ರ
ಬ	ಬ	ಢ	ಅ	ತ	ಫ	ದ	ಹ	ಉ	ಛ	ಆ	ಷ	ಡ	ಆ	ಯ	ಚ

ಪ್ರಾಣಿಗಳು
ಆರ್ಕ್ಟಿಕ್
ಸೌಂದರ್ಯ
ಜೇನುನೊಣಗಳು
ಮೋಡಗಳು
ಮರುಭೂಮಿ
ಡೈನಾಮಿಕ್
ಸವೆತ
ಮಂಜು
ಎಲೆಗಳು
ಅರಣ್ಯ
ಗ್ಲೇಸಿಯರ್
ಪರ್ವತಗಳು
ಶಾಂತಿಯುತ
ನದಿ
ಅಭಯಾರಣ್ಯ
ಪ್ರಶಾಂತ
ಉಷ್ಣವಲಯದ
ಪ್ರಮುಖ
ಕಾಡು

100 - Vacation #2

ದ	ಓ	ವ	ಶ	ಫ	ಟ	ಟ	ಈ	ತ	ಜ	ಲ	ಷ	ಢ	ಷ	ಓ	ಜ
◌್	ಅ	ಮ	◌ಿ	ಜ	ಐ	ಷ	◌ೆ	◌್	ಕ	ನ	ವ	ಶ	ಚ	ಒ	ಭ
ವ	ನ	◌ೀ	ದ	ರ	ಯ	ಖ	◌ೂ	◌ಂ	ರ	ನ	ಮ	ನ	ಳ	ಅ	ಭ
◌ೀ	ರ	ಸ	◌ೇ	ದ	◌ಾ	ಭ	ಫ	ಐ	ಟ	ಷ	ಬ	ಛ	ಲ	ಕ	ಭ
ಪ	ಜ	ಲ	◌ಿ	◌್	ರ	ಮ	ಉ	ಜ	ಲ	◌್	ಟ	◌ೆ	◌ೊ	ಹ	ವ
ಳ	◌ಾ	◌ಾ	ವ	◌ು	◌್	ಒ	ರ	ಫ	◌ು	ಢ	◌್	ಈ	ಜ	ಕ	◌ಿ
ಉ	ಅ	ತ	ಒ	ಮ	ಪ	ವ	ನ	ಆ	◌ೈ	ಆ	ರ	ಬ	ಫ	◌್	ಮ
ಐ	ಭ	◌ಿ	ಐ	ಸ	◌ಾ	◌ೀ	ವ	ಚ	ರ	ಸ	◌ೆ	ಹ	ವ	ಯ	◌ಾ
ಟ	ಮ	ಗ	◌ೆ	ರ	◌ಿ	◌ಾ	ಸ	ಸ	ಸ	ಫ	◌ಂ	ತ	ಢ	◌ಾ	ನ
◌್	ಖ	ಳ	ಕ	ಶ	ಹ	ಮ	◌ೂ	ಶ	ಭ	ಬ	ಟ	ನ	ಬ	◌ಂ	ನ
ಯ	ಭ	◌ು	ಬ	ಚ	ಸ	ಫ	ದ	ಸ	ಐ	ಢ	◌ೊ	ಷ	ಈ	ಪ	◌ಿ
◌ಾ	ಬ	ಆ	ಲ	ಉ	ದ	ಧ	ಐ	ಉ	ಛ	ಷ	ಸ	ಟ	ಮ	◌ಿ	ಲ
ಕ	ಉ	◌ೀ	ಢ	ಐ	ಷ	ಳ	◌ು	ಗ	ತ	ವ	◌್	ರ	ಪ	◌ಂ	◌್
◌್	ಖ	ಸ	ಚ	ದ	ಶ	ಉ	ವ	ಬ	ಟ	ಲ	◌ೆ	ಡ	ಹ	ಗ	ದ
ಸ	ಉ	ಐ	ಈ	◌್	ಢ	ಮ	ಆ	ಸ	ಕ	ಛ	ರ	ಢ	ಜ	◌್	◌ಾ
◌ಿ	ಅ	ಪ	◌ಾ	ಸ	◌್	ಪ	◌ೊ	ರ	◌್	ಟ	◌್	ಚ	ಫ	ಅ	ಐ

ವಿಮಾನ ನಿಲ್ದಾಣ
ಬೀಚ್
ಕ್ಯಾಂಪಿಂಗ್
ವಿದೇಶಿ
ರಜಾ
ಹೋಟೆಲ್
ದ್ವೀಪ
ಪ್ರಯಾಣ
ವಿರಾಮ
ನಕ್ಷೆ
ಪರ್ವತಗಳು
ಪಾಸ್ಪೋರ್ಟ್
ಮೀಸಲಾತಿಗಳು
ರೆಸ್ಟೋರೆಂಟ್
ಸಮುದ್ರ
ಟ್ಯಾಕ್ಸಿ
ಟೆಂಟ್
ರೈಲು
ಸಾರಿಗೆ
ವೀಸಾ

99 - Nature

ಪ	◌್	ರ	◌ಾ	ಣ	◌ಿ	ಗ	ಳ	◌ು	ಷ	ಡ	ಎ	ಜ	ಓ	ಢ	ಆ
ಶ	◌ಾ	◌ಂ	ತ	◌ಿ	ಯ	◌ು	ತ	ಭ	ಛ	ಕ	ಲ	◌ೀ	ಛ	ಚ	ಡ
ಹ	ದ	◌ೂ	ಢ	ಬ	ಭ	ಕ	ಹ	ಸ	ಛ	ಅ	◌ೆ	ನ	ಡ	ಛ	ರ
◌ೂ	ಧ	ಬ	ಒ	ಭ	ವ	ಚ	ಷ	ಸ	ಖ	◌ೂ	ಗ	◌ು	◌ೈ	ಖ	ಒ
ಪ	ಯ	◌್	ಣ	ರ	ಅ	ಕ	ಶ	ಕ	ವ	ಭ	ಳ	ನ	ನ	ಓ	ಮ
ಢ	ರ	◌್	ಯ	ಸ	◌ಿ	ಲ	◌ೀ	◌್	ಗ	◌ೆ	◌ು	◌ೊ	◌ಾ	ನ	◌ೊ
ಜ	◌್	◌್	ಡ	ಷ	ದ	ಲ	◌ೂ	ಟ	ಕ	ದ	ತ	ಣ	ಮ	ಭ	ಡ
ನ	ದ	ಬ	ವ	ಜ	ನ	ಸ	ಢ	◌ಿ	ವ	ಪ	ವ	ಗ	◌ಿ	ಬ	ಗ
ವ	◌ಂ	ಪ	ಬ	ತ	ತ	ಢ	ತ	ಕ	ಹ	◌್	ಚ	ಳ	ಕ	ಅ	ಳ
ಖ	◌ೌ	◌್	ಡ	ಣ	ಗ	ಕ	ಆ	◌್	ತ	ರ	ಣ	◌ು	◌್	ಭ	◌ು
ತ	ಸ	ರ	ಷ	ಸ	ಲ	ಳ	ಡ	◌್	ಶ	ಶ	◌ೂ	ನ	ಓ	ಯ	ಢ
ತ	ರ	ಮ	ಮ	◌ಿ	ಭ	◌ೂ	◌ು	ರ	ಮ	◌ಾ	ಮ	ಚ	ಅ	◌ಾ	ಛ
ತ	ಫ	◌ು	◌ೂ	ಈ	ಣ	ಡ	◌ಾ	ಆ	ಸ	◌ಂ	◌ಂ	ತ	ನ	ರ	ಢ
ಉ	ಟ	ಖ	ಡ	ಟ	ಒ	ದ	ಕ	ಢ	ಟ	ತ	ಜ	ದ	ಭ	ಣ	ಕ
ಉ	ಷ	◌್	ಣ	ವ	ಲ	ಯ	ದ	ಡ	ಢ	ಫ	◌ು	ಖ	ರ	◌್	ರ
ಬ	ಬ	ಢ	ಅ	ತ	ಫ	ದ	ಹ	ಉ	ಛ	ಆ	ಷ	ಡ	ಆ	ಯ	ಚ

ಪ್ರಾಣಿಗಳು
ಆರ್ಕ್ಟಿಕ್
ಸೌಂದರ್ಯ
ಜೇನುನೊಣಗಳು
ಮೋಡಗಳು
ಮರುಭೂಮಿ
ಡೈನಾಮಿಕ್
ಸವೆತ
ಮಂಜು
ಎಲೆಗಳು
ಅರಣ್ಯ
ಗ್ಲೇಸಿಯರ್
ಪರ್ವತಗಳು
ಶಾಂತಿಯುತ
ನದಿ
ಅಭಯಾರಣ್ಯ
ಪ್ರಶಾಂತ
ಉಷ್ಣವಲಯದ
ಪ್ರಮುಖ
ಕಾಡು

100 - Vacation #2

ದ	ಓ	ವ	ಶ	ಫ	ಟ	ಟ	ಈ	ತ	ಜ	ಲ	ಷ	ಢ	ಷ	ಓ	ಜ
◌್	ಅ	ಮ	◌ಿ	ಜ	ಣ	ಷ	◌ೆ	◌್	ಕ	ನ	ವ	ಶ	ಚ	ಬ	ಭ
ವ	ನ	◌ೀ	ದ	ರ	ಯ	ಖ	◌ೂ	◌ಂ	ರ	ನ	ಮ	ನ	ಳ	ಅ	ಭ
◌ೀ	ರ	ಸ	◌ೇ	ದ	◌ಾ	ಭ	ಫ	ಣ	ಟ	ಷ	ಬ	ಫ	ಲ	ಕ	ಭ
ಪ	ಜ	ಲ	◌ಿ	◌್	ರ	ಮ	ಉ	ಜ	ಲ	◌್	ಟ	◌ೆ	◌ೊ	ಹ	ವ
ಳ	◌ಾ	◌ಾ	ವ	◌ು	◌್	ಒ	ರ	ಫ	◌ು	ಢ	◌್	ಈ	ಜ	ಕ	◌ಿ
ಉ	ಅ	ತ	ಒ	ಮ	ಪ	ವ	ನ	ಆ	◌ೈ	ಆ	ರ	ಬ	ಫ	◌್	ಮ
ಣ	ಭ	◌ಿ	ಣ	ಸ	◌ಾ	◌ೀ	ವ	ಚ	ರ	ಸ	◌ೆ	ಹ	ವ	ಯ	◌ಾ
ಟ	ಮ	ಗ	◌ೆ	ರ	◌ಿ	◌ಾ	ಸ	ಸ	ಸ	ಫ	◌ಂ	ತ	ಢ	◌ಾ	ನ
◌್	ಖ	ಳ	ಕ	ಶ	ಹ	ಮ	◌ೂ	ಶ	ಭ	ಬ	ಟ	ನ	ಬ	◌ಂ	ನ
ಯ	ಭ	◌ು	ಬ	ಚ	ಸ	ಫ	ದ	ಸ	ಣ	ಢ	◌ೊ	ಷ	ಈ	ಪ	◌ಿ
◌ಾ	ಬ	ಆ	ಲ	ಉ	ದ	ಧ	ಣ	ಉ	ಭ	ಷ	ಸ	ಟ	ಮ	◌ಿ	ಲ
ಕ	ಉ	◌ೀ	ಢ	ಣ	ಷ	ಳ	◌ು	ಗ	ತ	ವ	◌್	ರ	ಪ	◌ಂ	◌್
◌್	ಖ	ಸ	ಚ	ದ	ಶ	ಉ	ವ	ಬ	ಟ	ಲ	◌ೆ	ಡ	ಹ	ಗ	ದ
ಸ	ಉ	ಣ	ಈ	◌್	ಢ	ಮ	ಆ	ಸ	ಕ	ಭ	ರ	ಢ	ಜ	◌್	◌ಾ
◌ಿ	ಅ	ಪ	◌ಾ	ಸ	◌್	ಪ	◌ೊ	ರ	◌್	ಟ	◌್	ಚ	ಫ	ಅ	ಣ

ವಿಮಾನ ನಿಲ್ದಾಣ
ಬೀಚ್
ಕ್ಯಾಂಪಿಂಗ್
ವಿದೇಶಿ
ರಜಾ
ಹೋಟೆಲ್
ದ್ವೀಪ
ಪ್ರಯಾಣ
ವಿರಾಮ
ನಕ್ಷೆ
ಪರ್ವತಗಳು
ಪಾಸ್ಪೋರ್ಟ್
ಮೀಸಲಾತಿಗಳು
ರೆಸ್ಟೋರೆಂಟ್
ಸಮುದ್ರ
ಟ್ಯಾಕ್ಸಿ
ಟೆಂಟ್
ರೈಲು
ಸಾರಿಗೆ
ವೀಸಾ

1 - Antiques

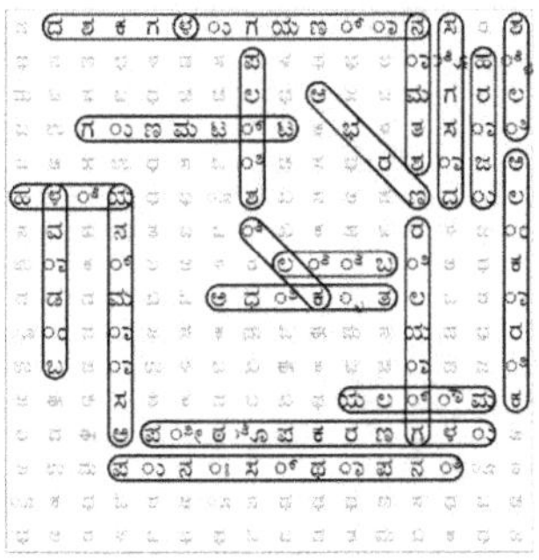

2 - Food #1

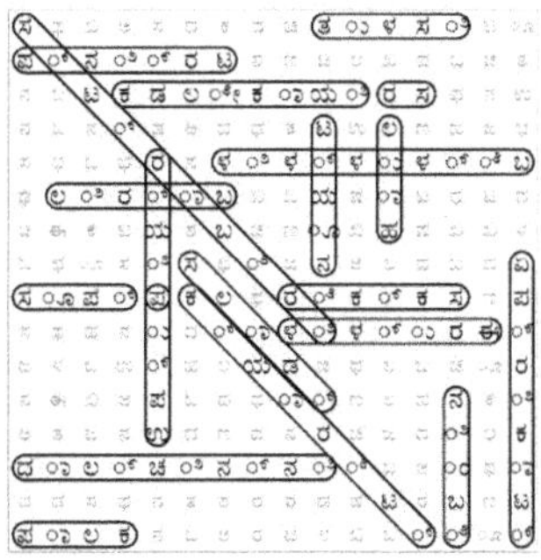

3 - Measurements

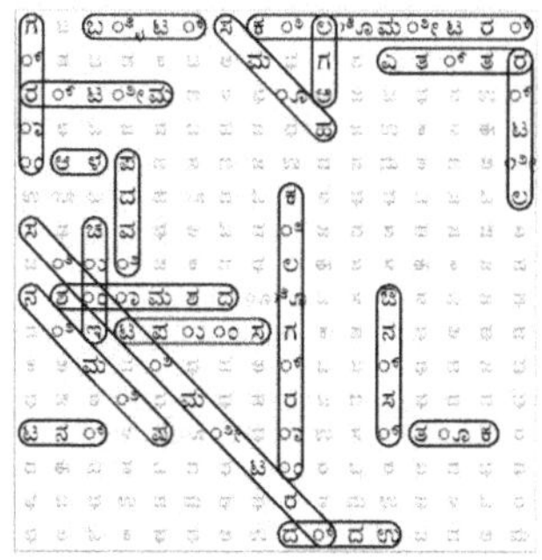

4 - Farm #2

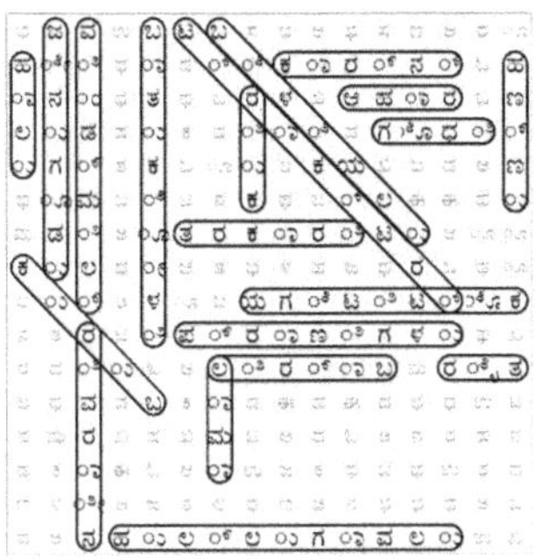

5 - Books

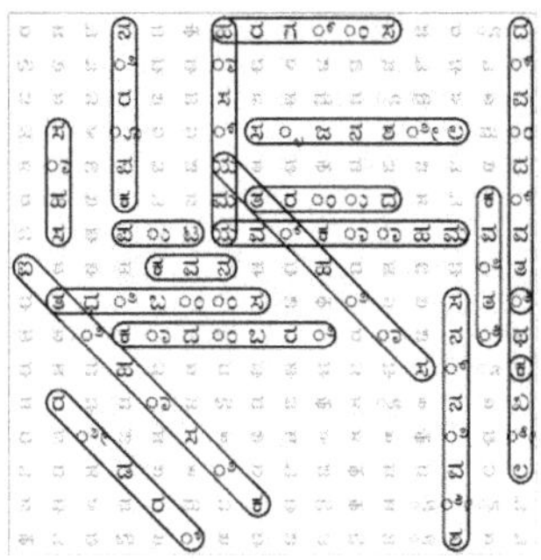

6 - Meditation

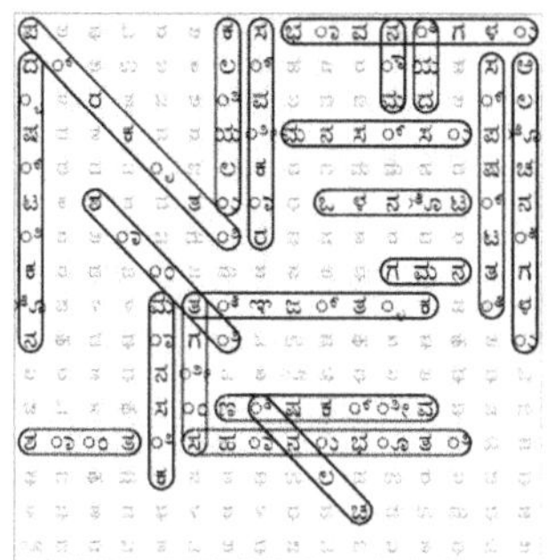

7 - Days and Months

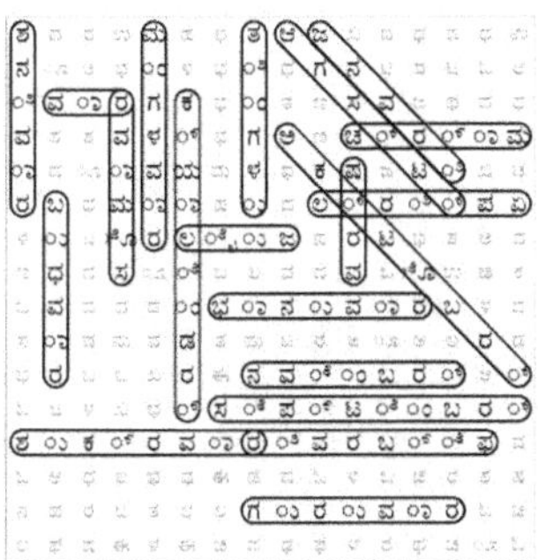

8 - Energy

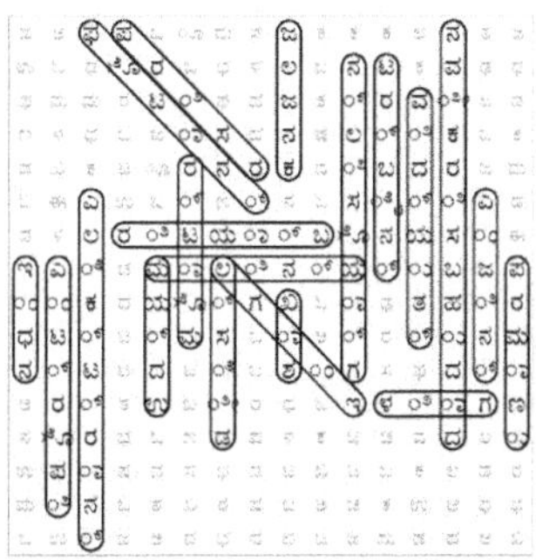

9 - Chess

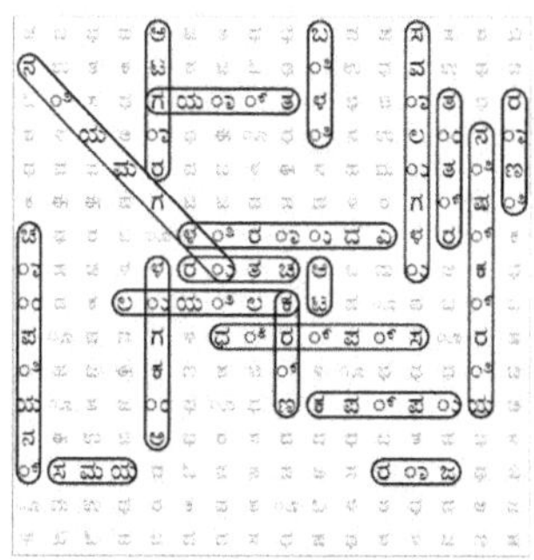

10 - Archeology

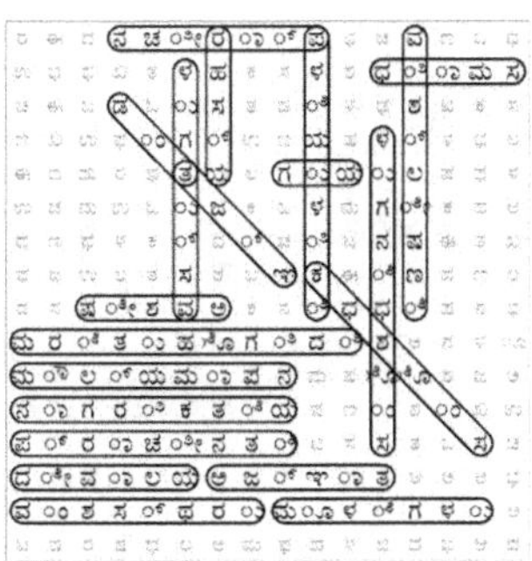

11 - Food #2

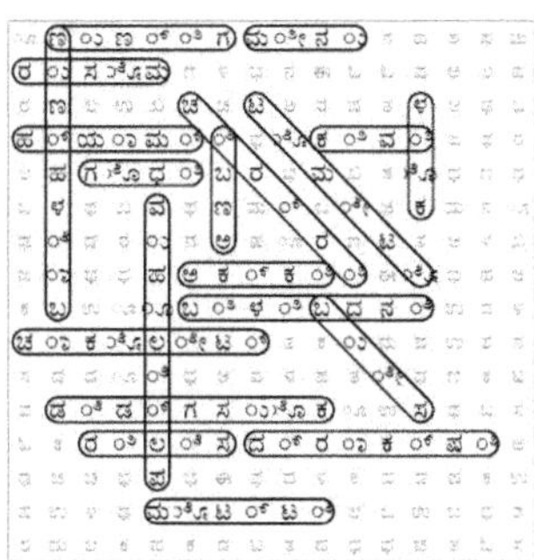

12 - Chemistry

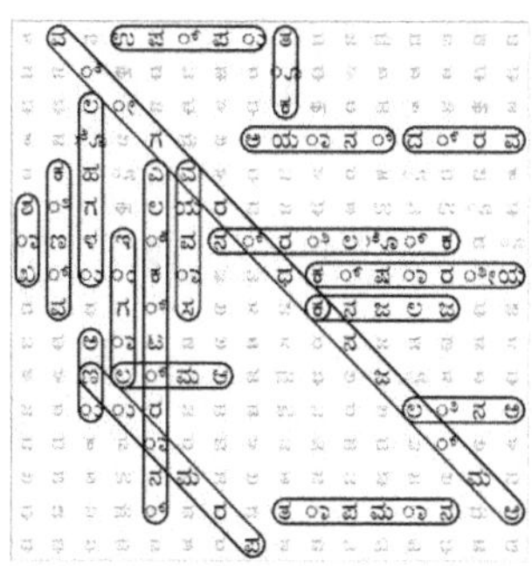

13 - Music

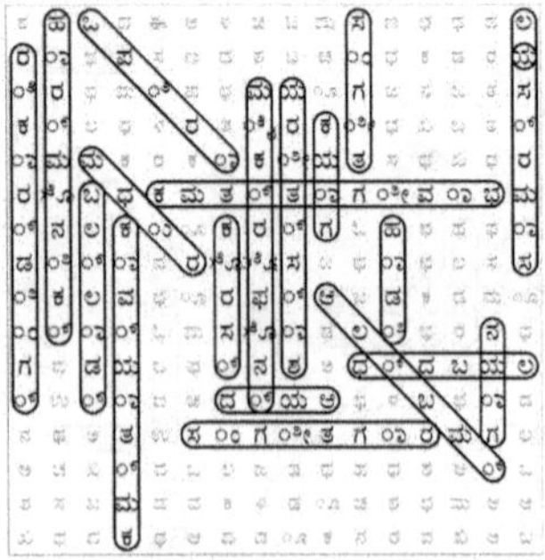

14 - Family

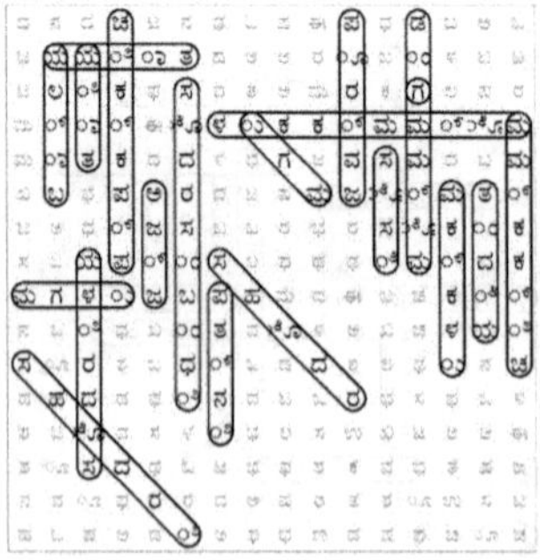

15 - Farm #1

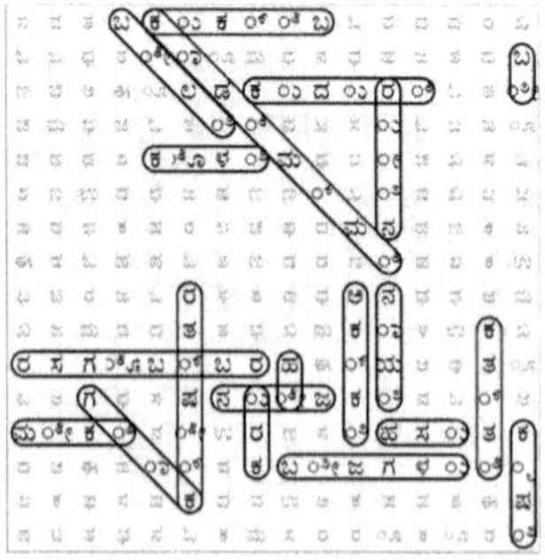

16 - Camping

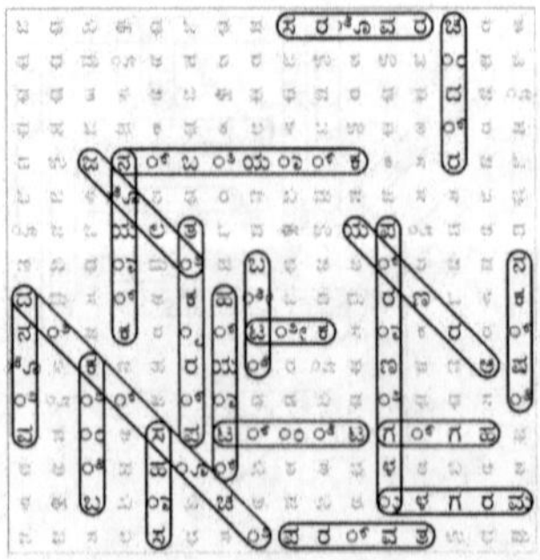

17 - Algebra

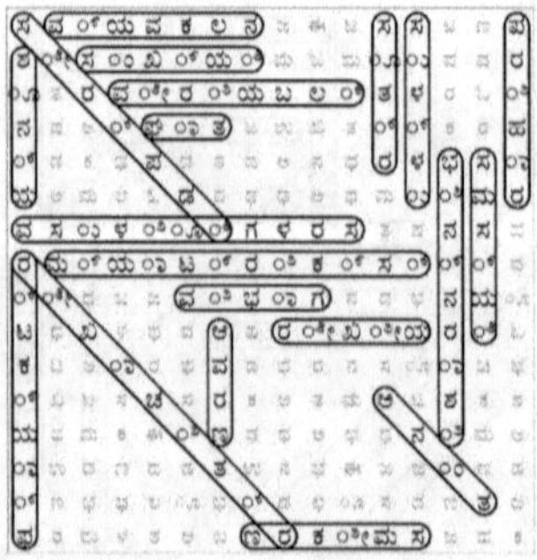

18 - Numbers

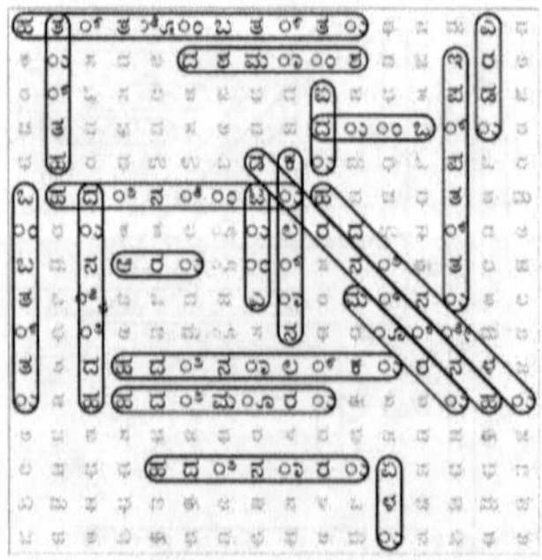

19 - Spices

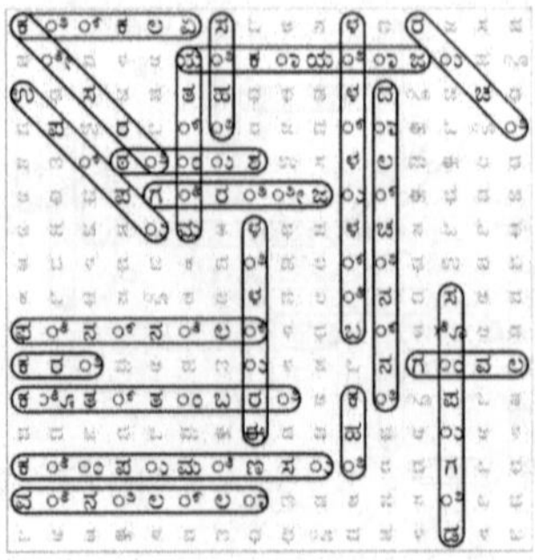

20 - Universe

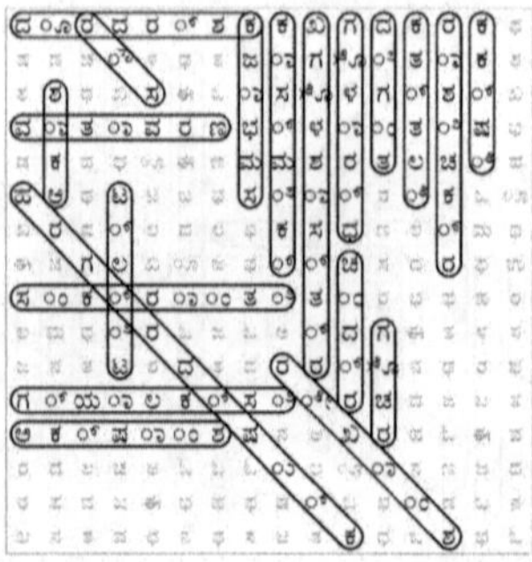

21 - Mammals

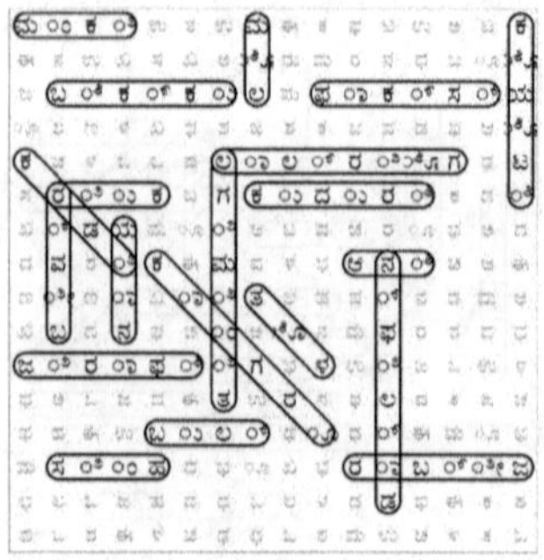

22 - Fishing

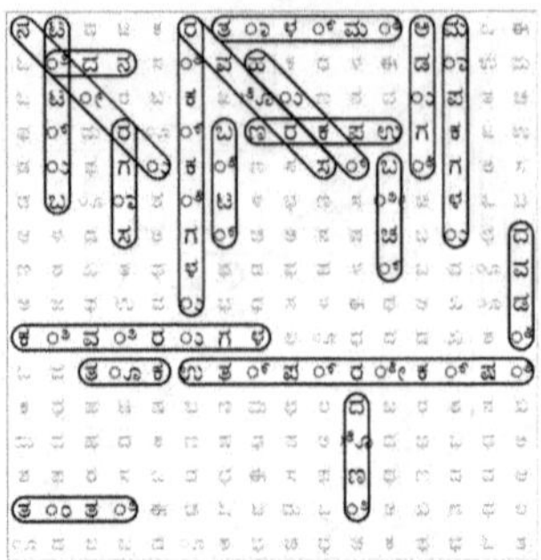

23 - Restaurant #1

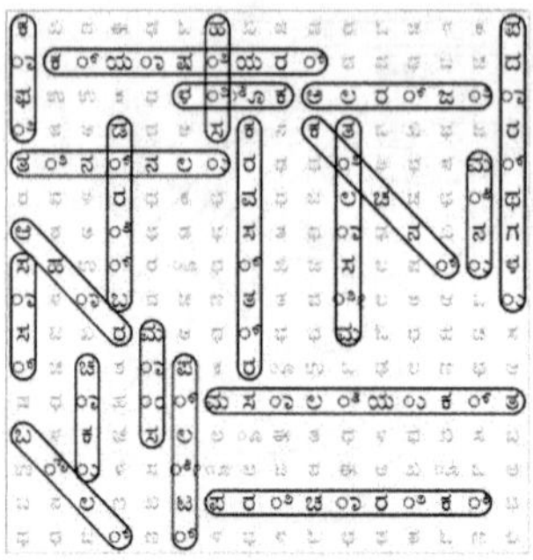

24 - Weather

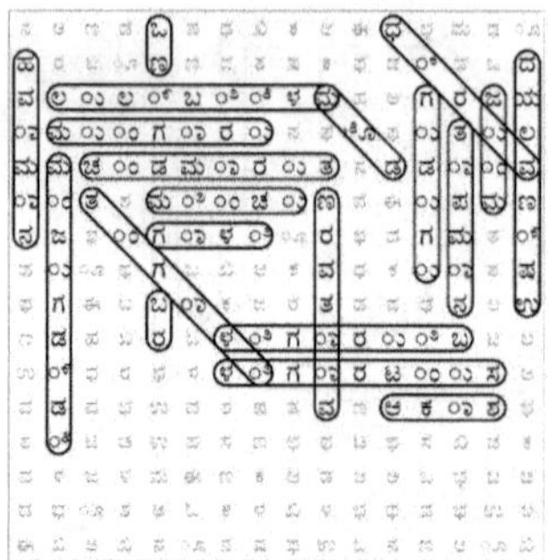

25 - Sport

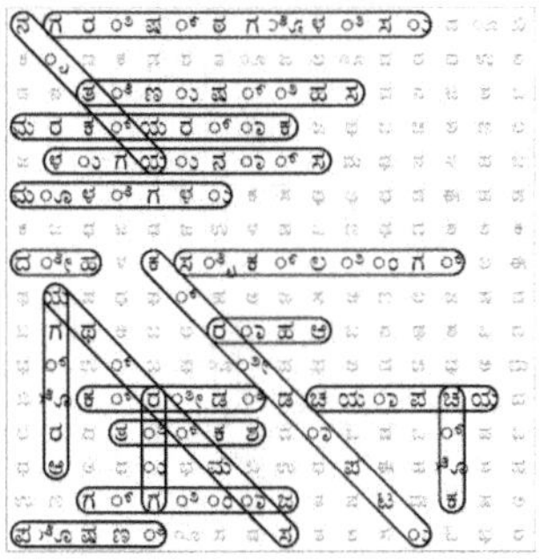

26 - Restaurant #2

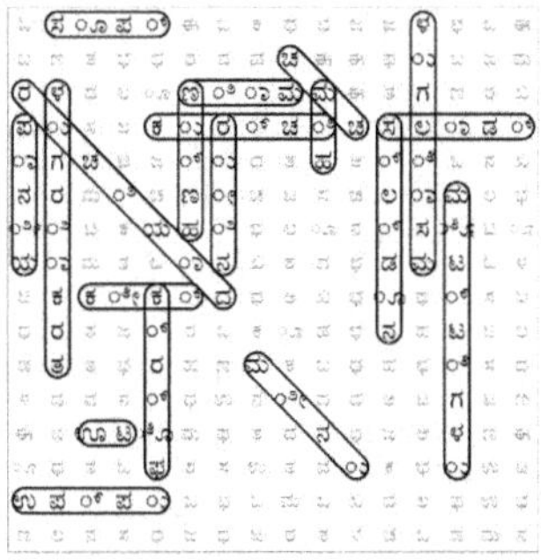

27 - Geology

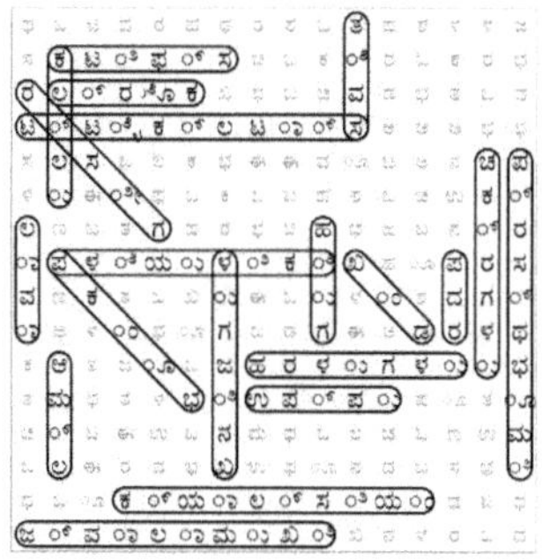

28 - House

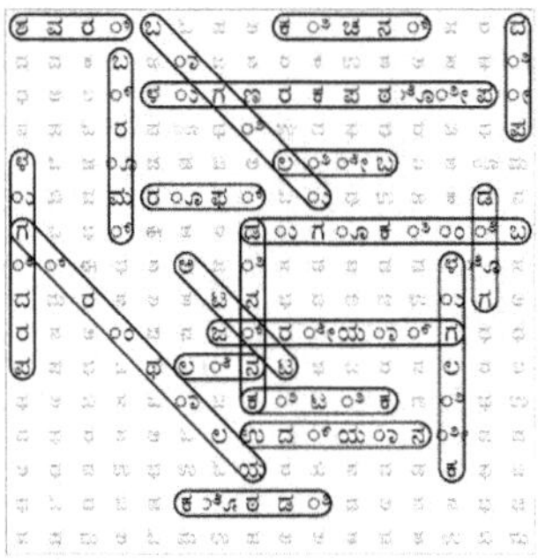

29 - Physics

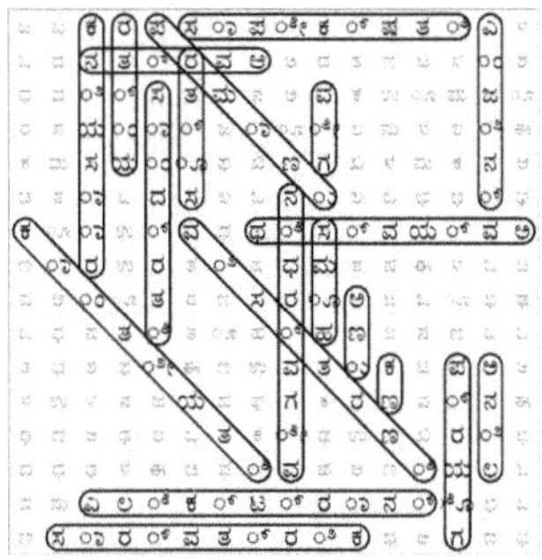

30 - Dance

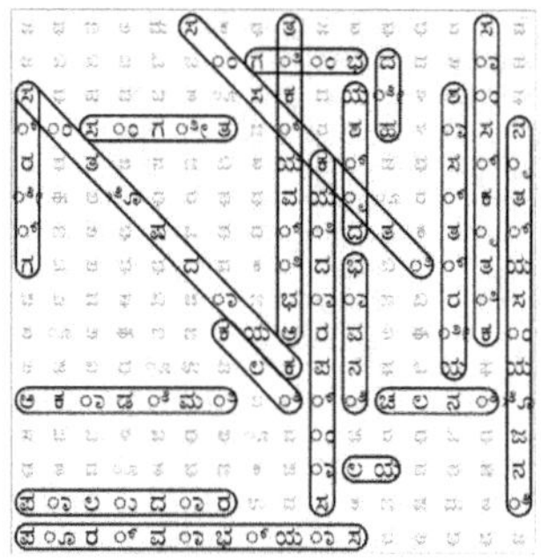

31 - Shapes

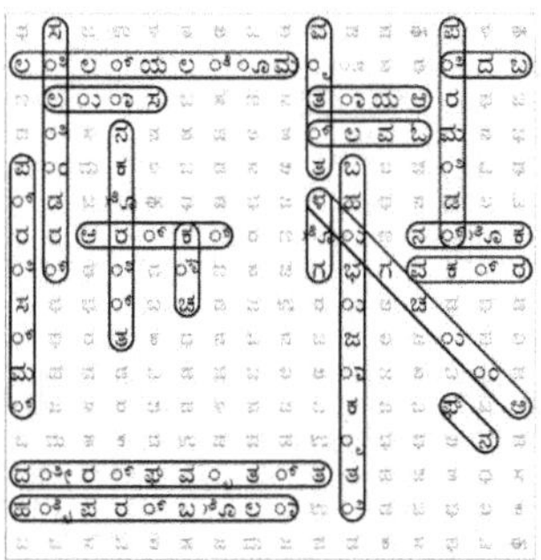

32 - Scientific Disciplines

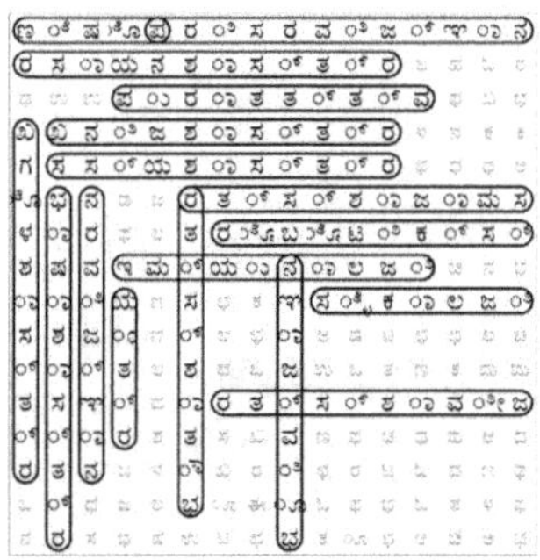

33 - Science

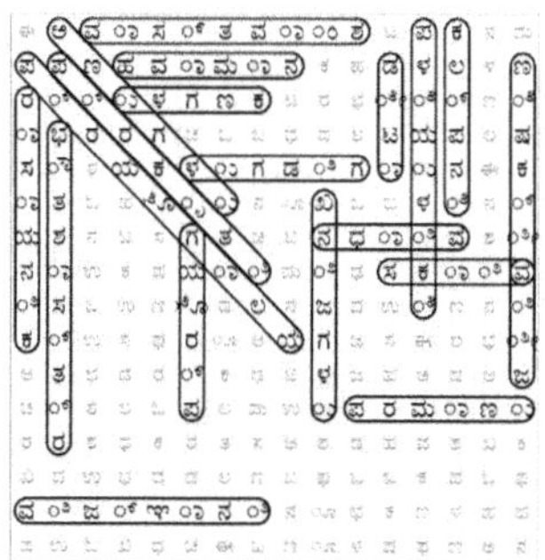

34 - Beauty

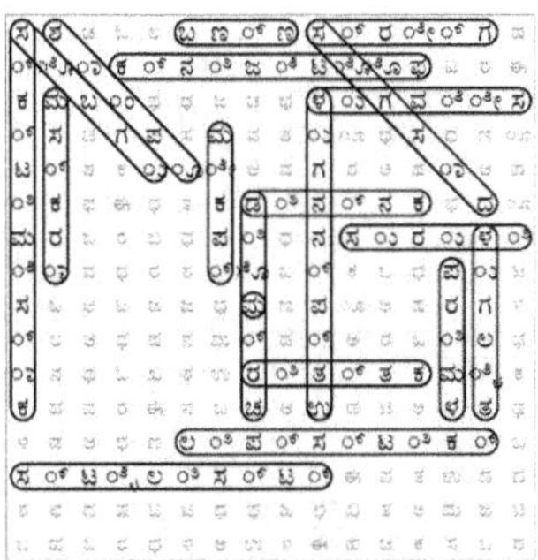

35 - Clothes

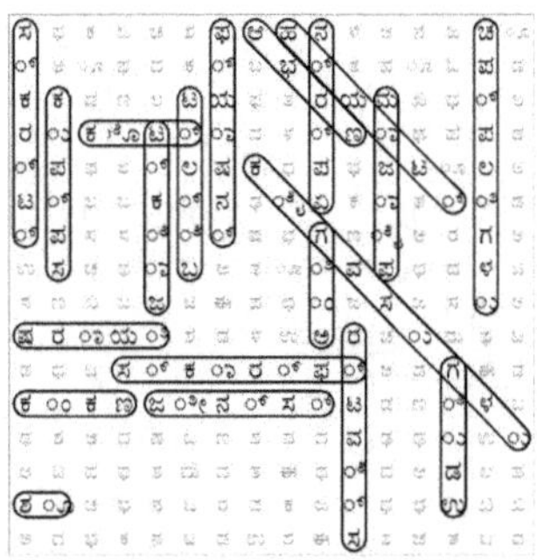

36 - Ethics

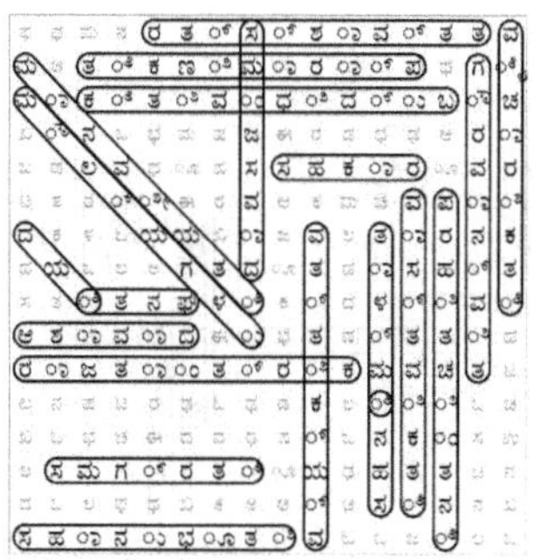

37 - Insects

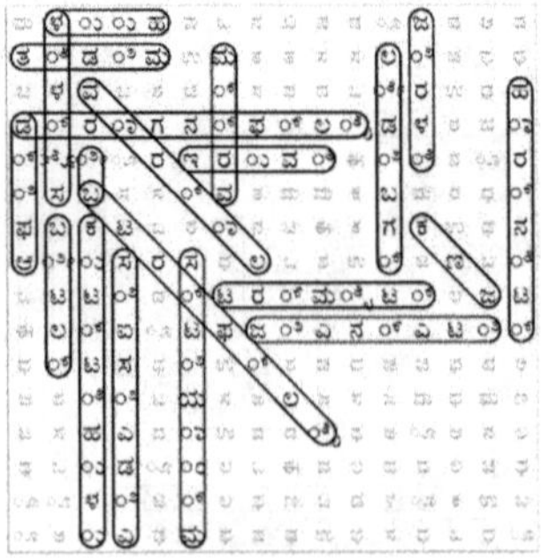

38 - Astronomy

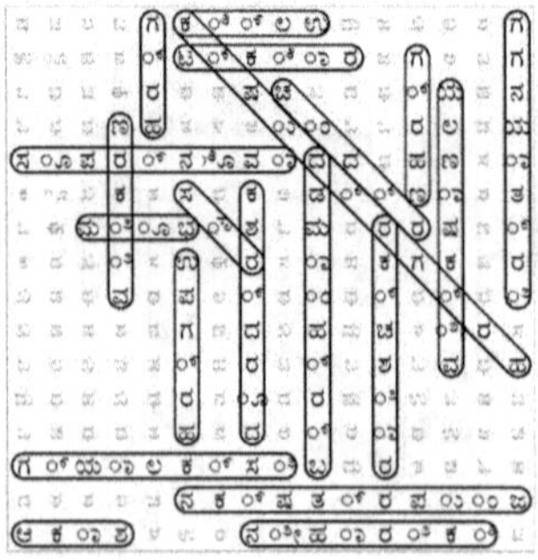

39 - Health and Wellness #2

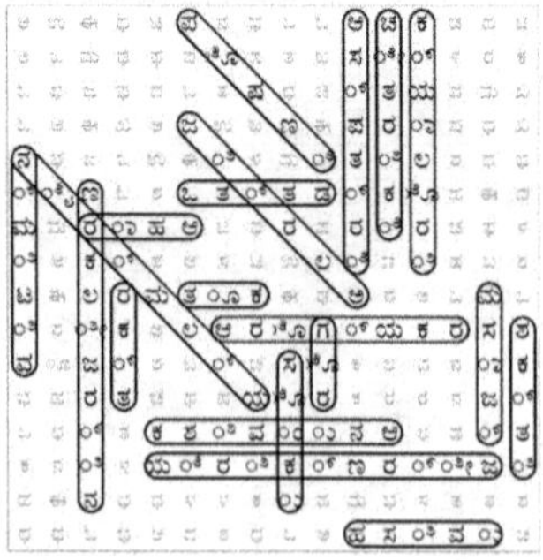

40 - Disease

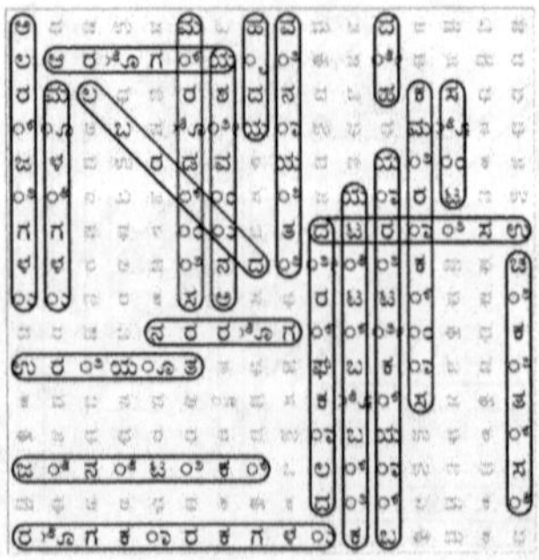

41 - Time

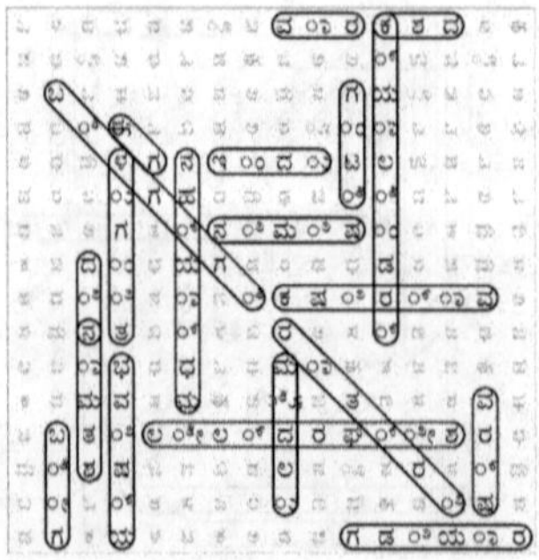

42 - Buildings

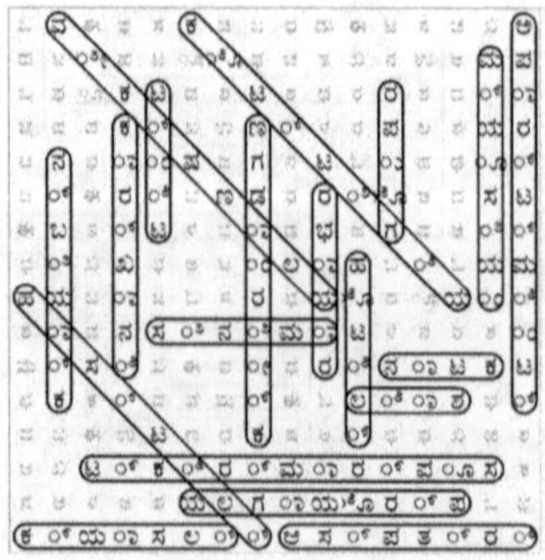

43 - Philanthropy

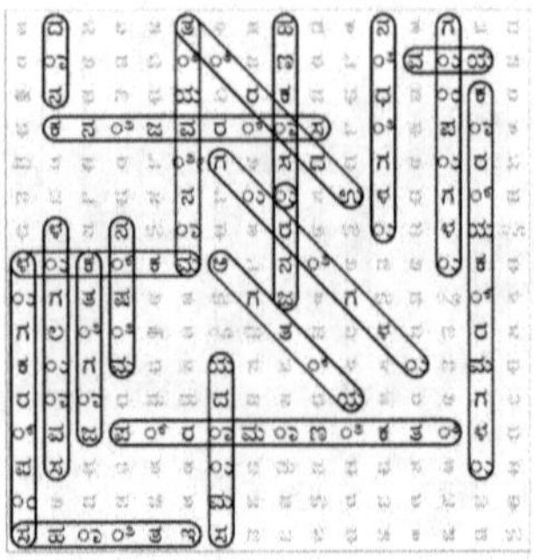

44 - Herbalism

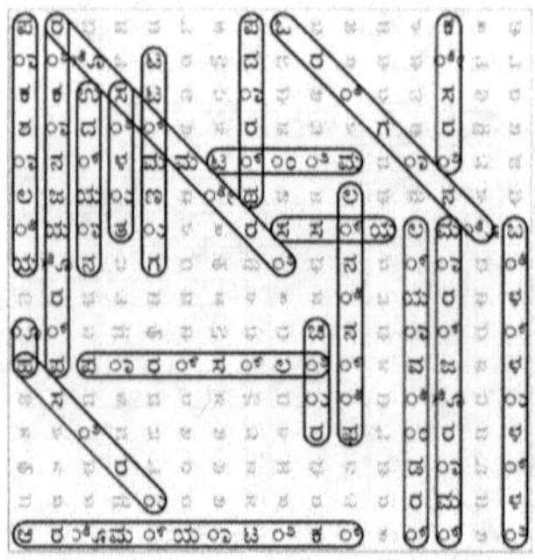

45 - Vehicles

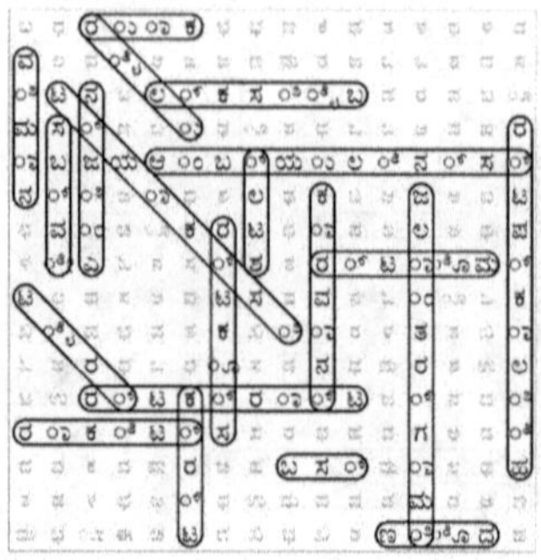

46 - Flowers

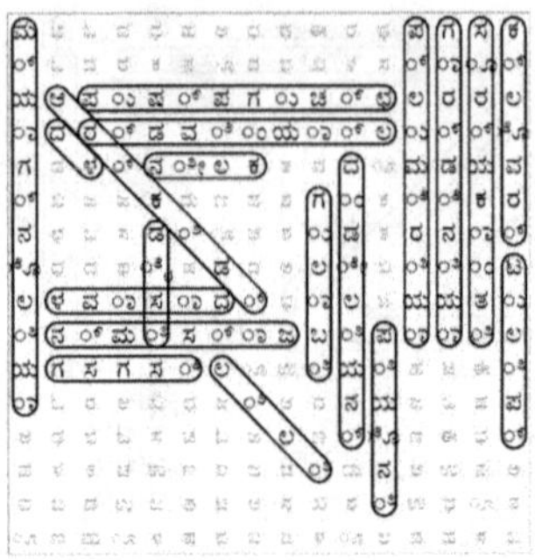

47 - Health and Wellness #1

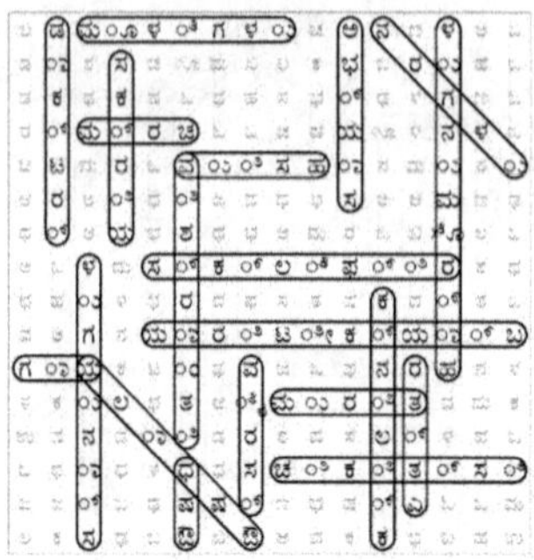

48 - Town

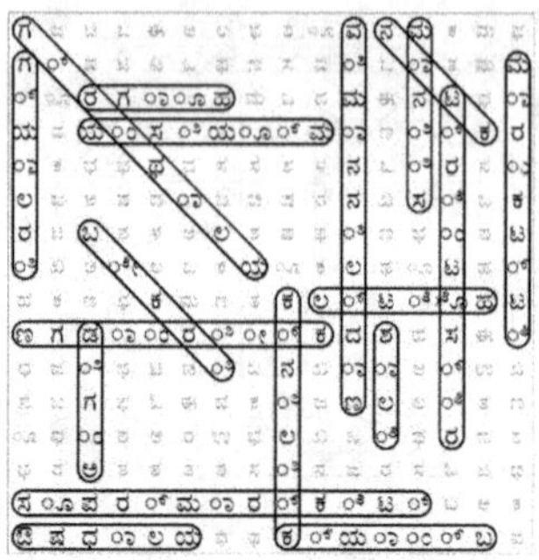

49 - Antarctica

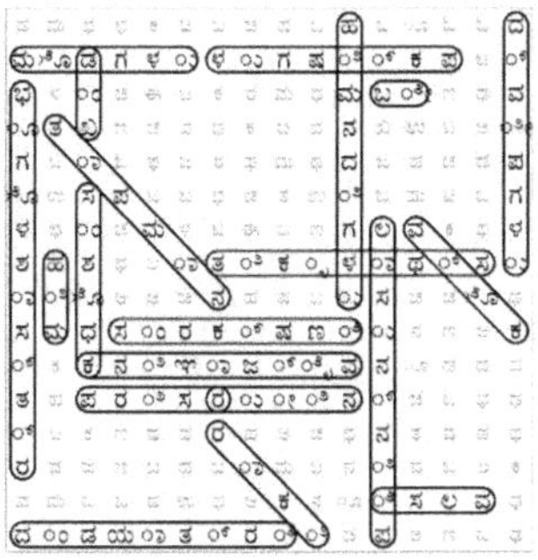

50 - Ballet

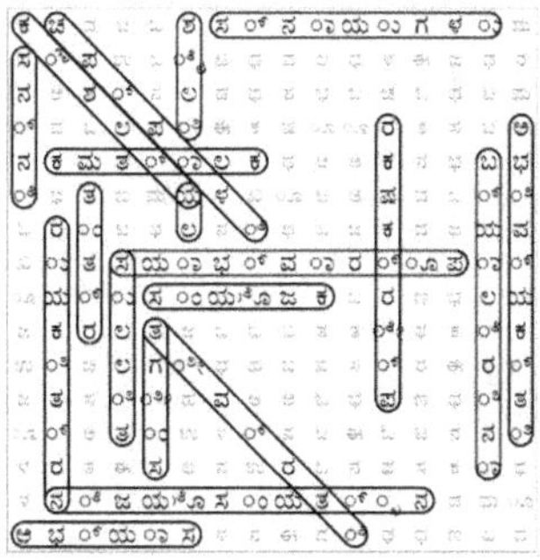

51 - Fashion

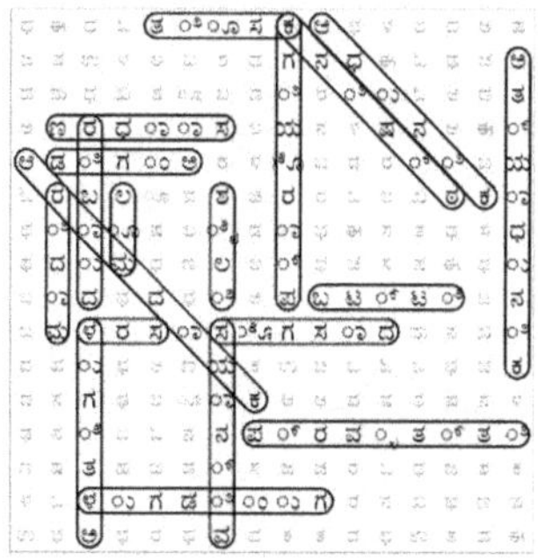

52 - Human Body

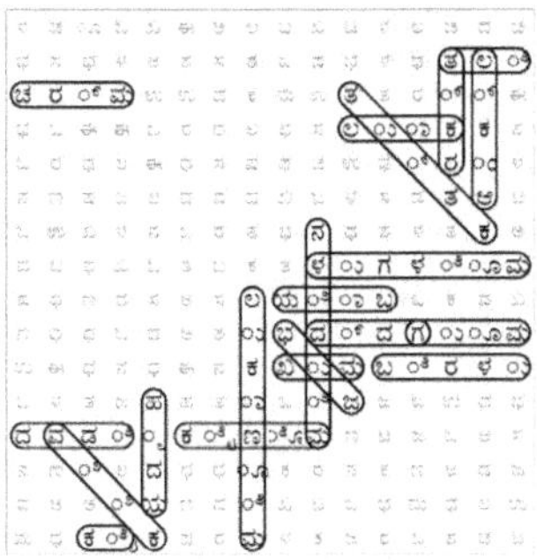

53 - Musical Instruments

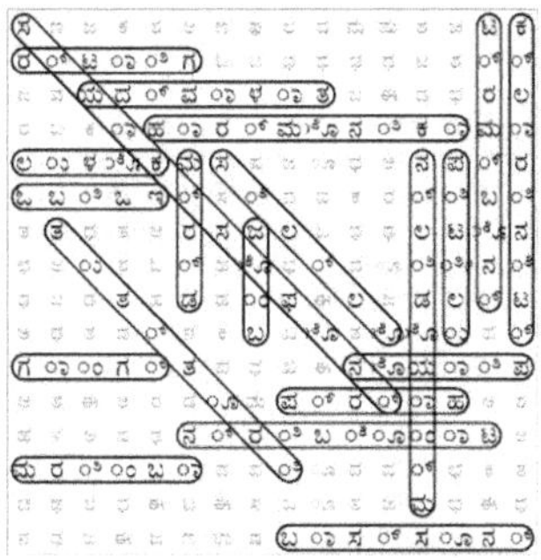

54 - Fruit

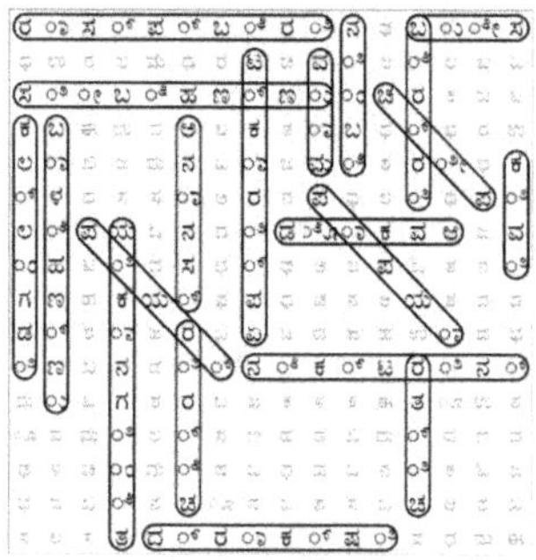

55 - Engineering

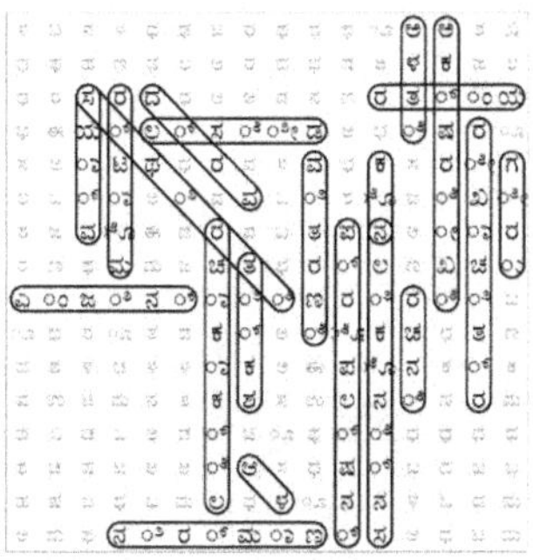

56 - Government

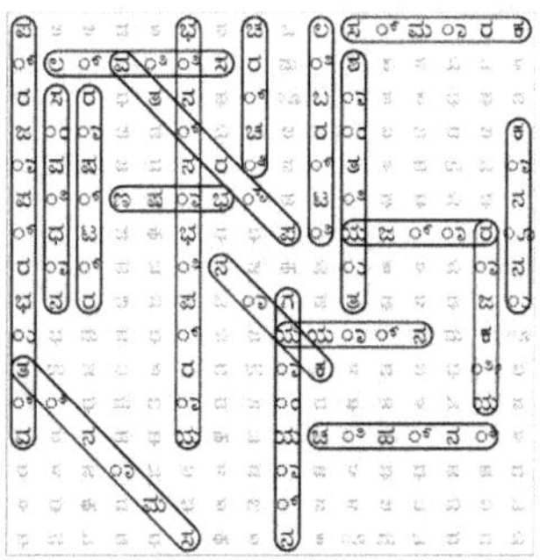

57 - Science Fiction

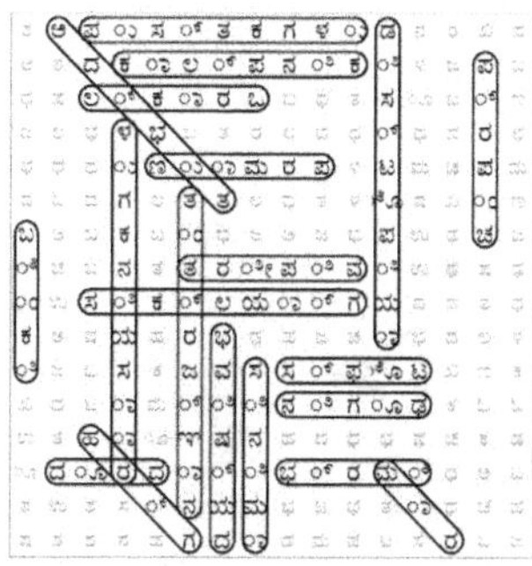

58 - Geometry

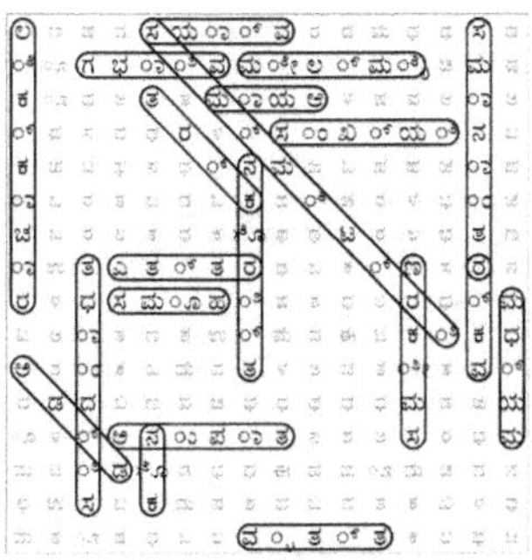

59 - Airplanes

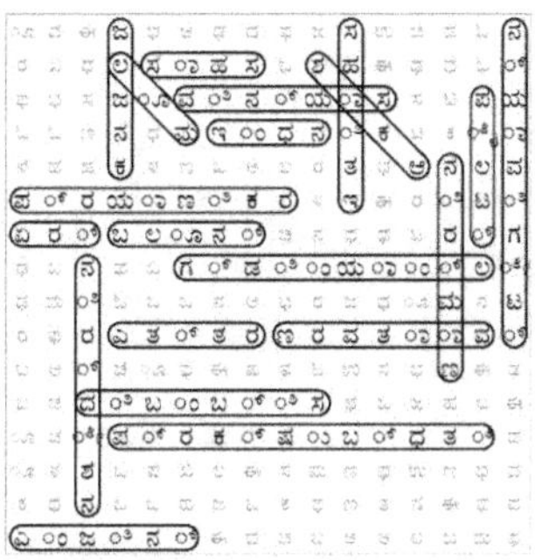

60 - Ocean

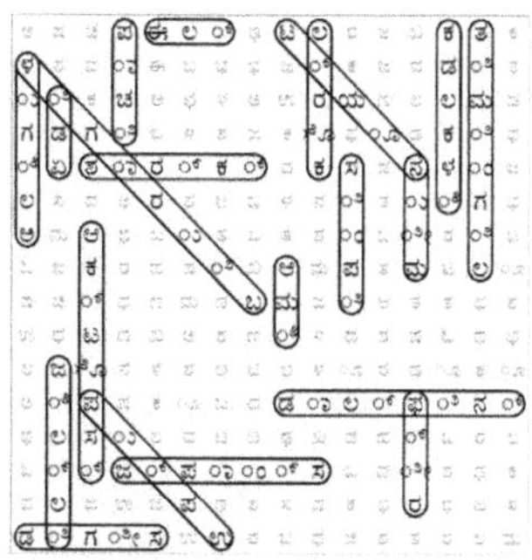

61 - Birds

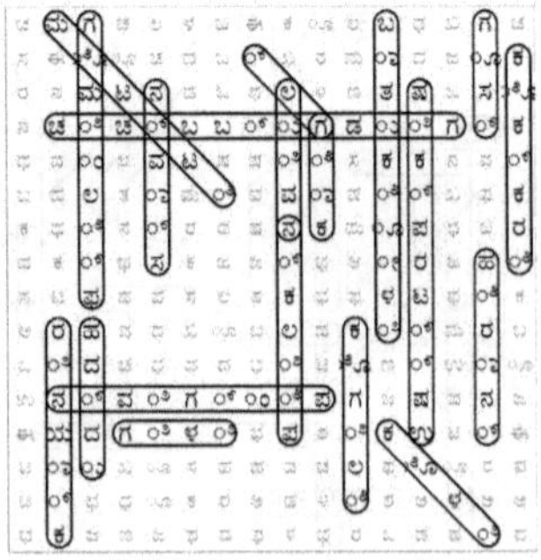

62 - Nutrition

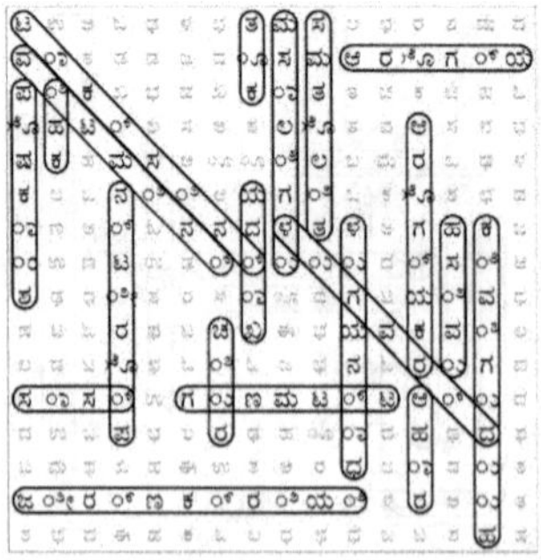

63 - Hiking

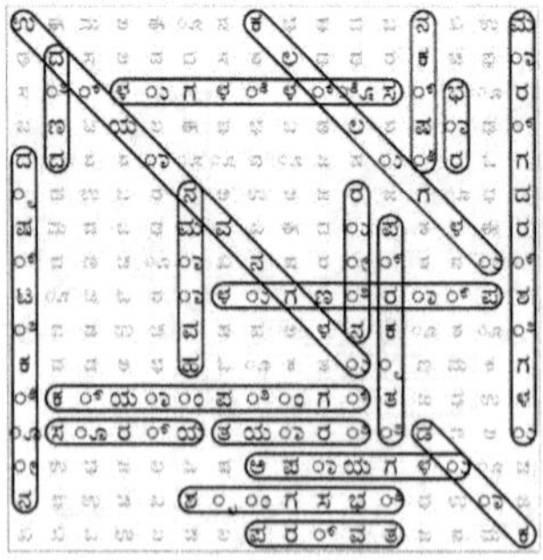

64 - Professions #1

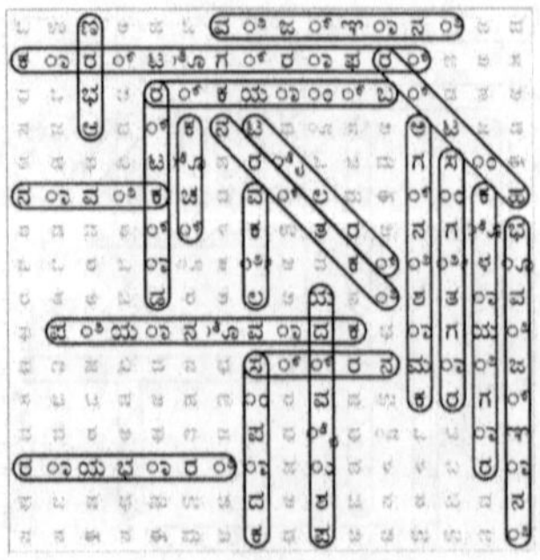

65 - Barbecues

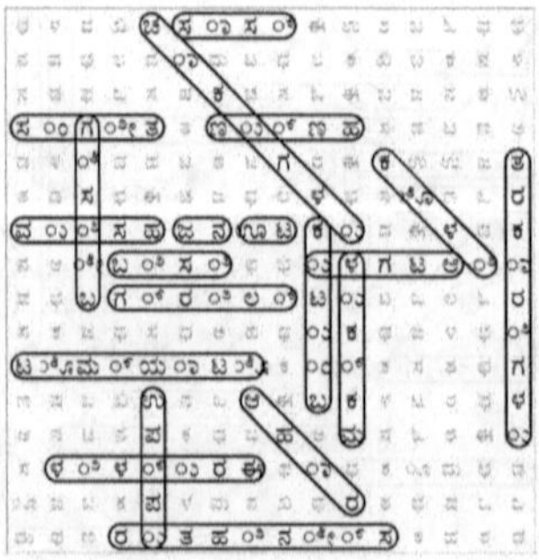

66 - Vegetables

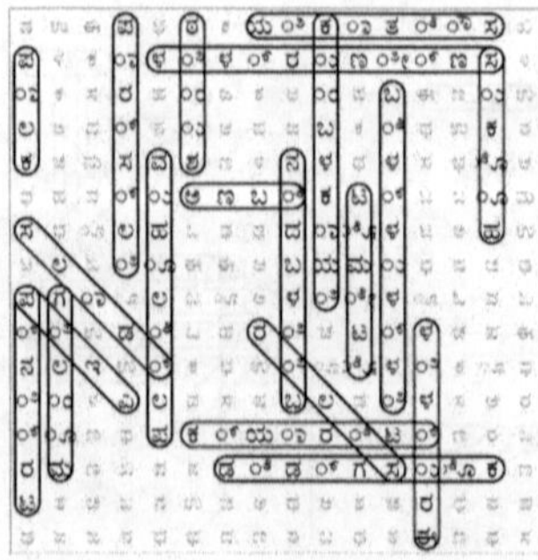

67 - The Media

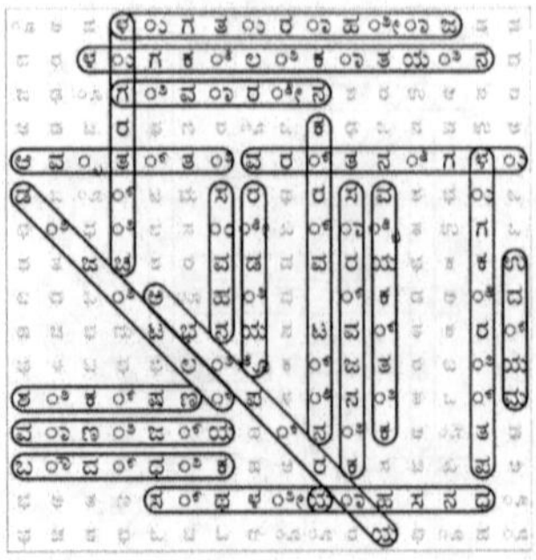

68 - Boats

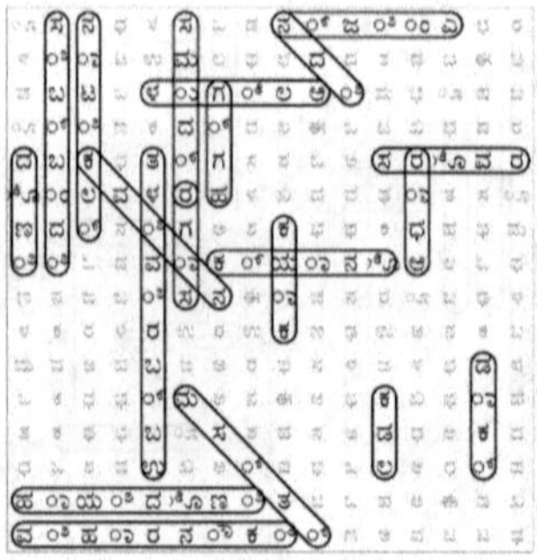

69 - Activities and Leisure

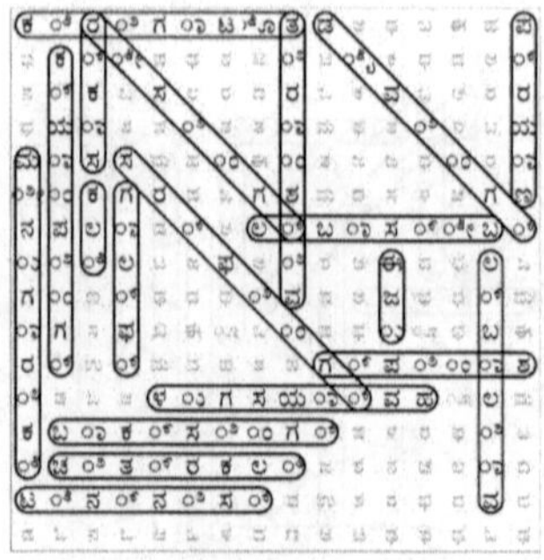

70 - Driving

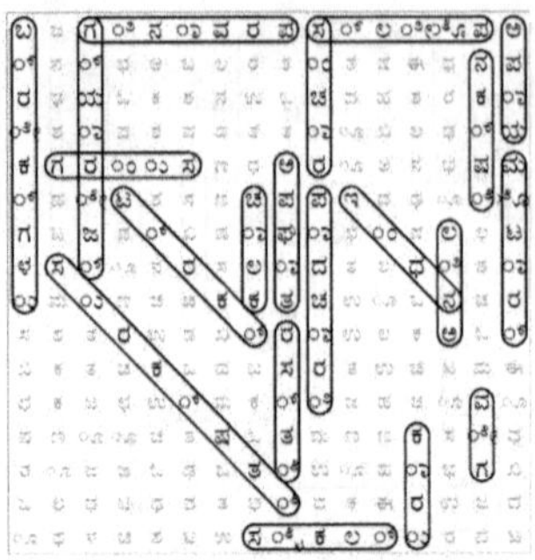

71 - Biology

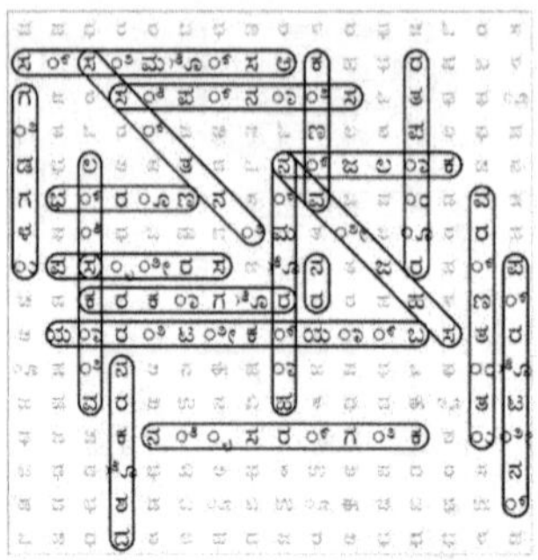

72 - Professions #2

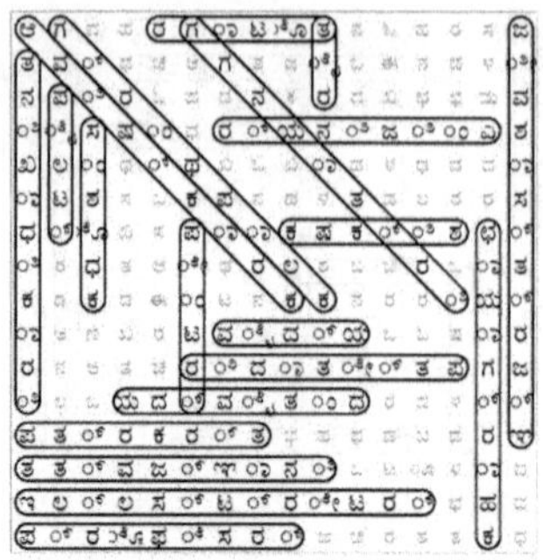

73 - Mythology

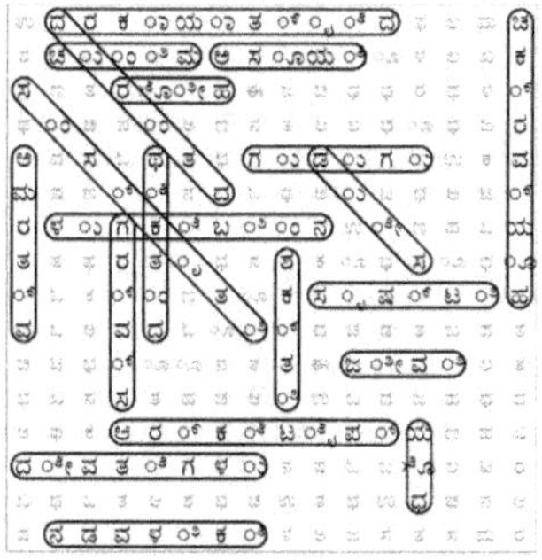

74 - Agronomy

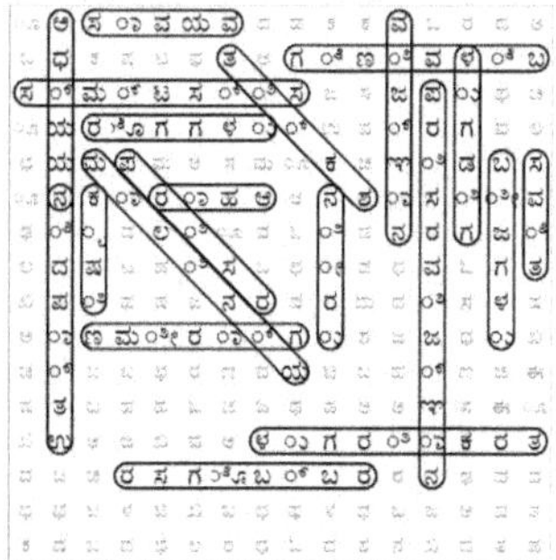

75 - Hair Types

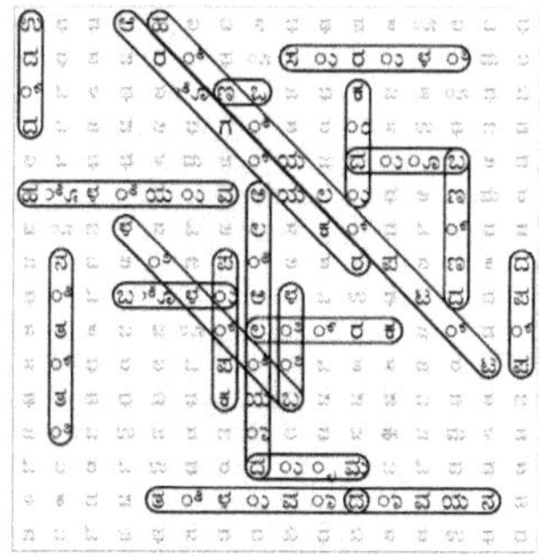

76 - Diplomacy

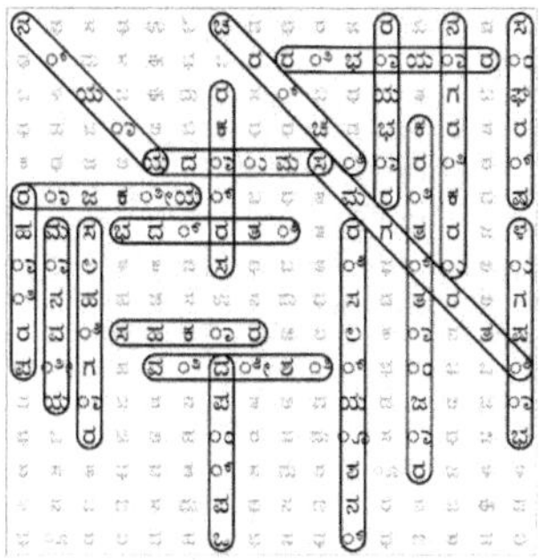

77 - Beach

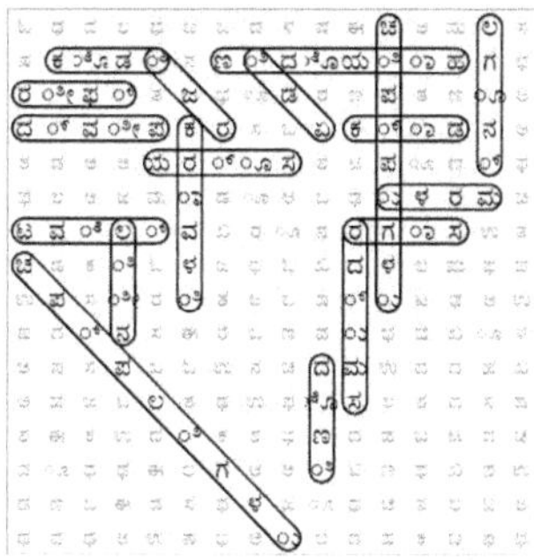

78 - Countries #1

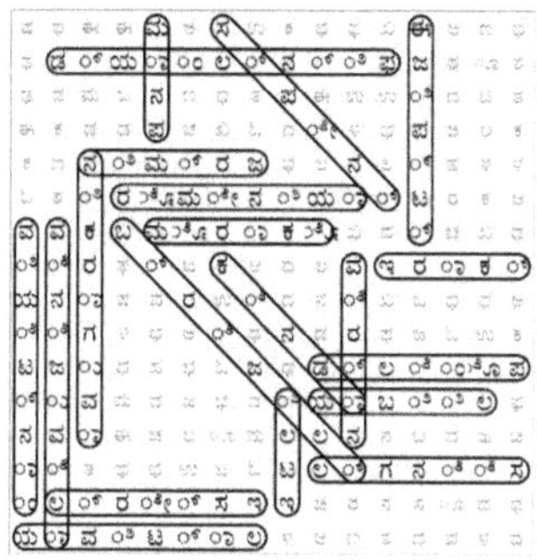

79 - Immigration

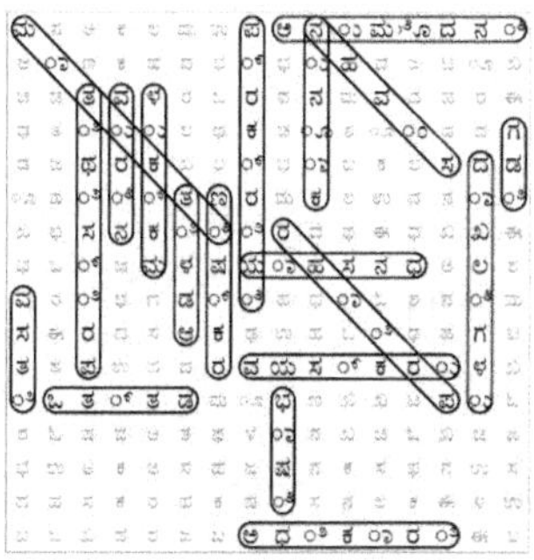

80 - Adjectives #1

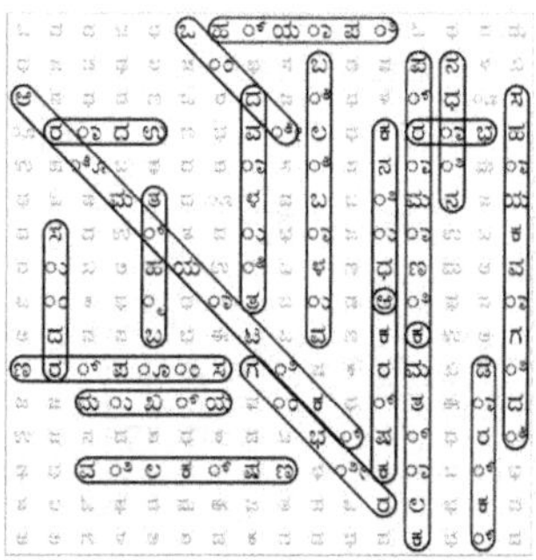

81 - Rainforest

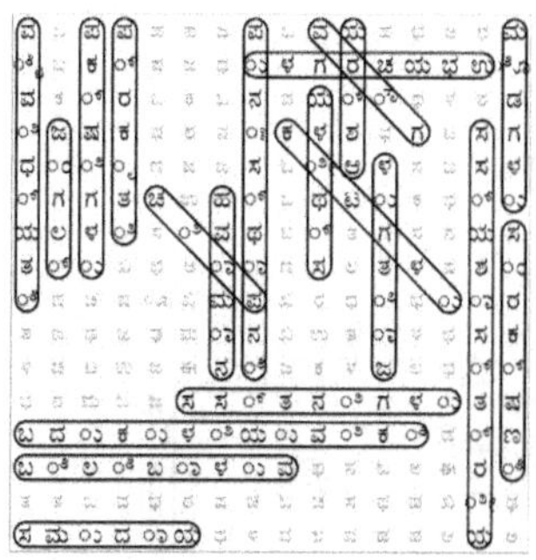

82 - Technology

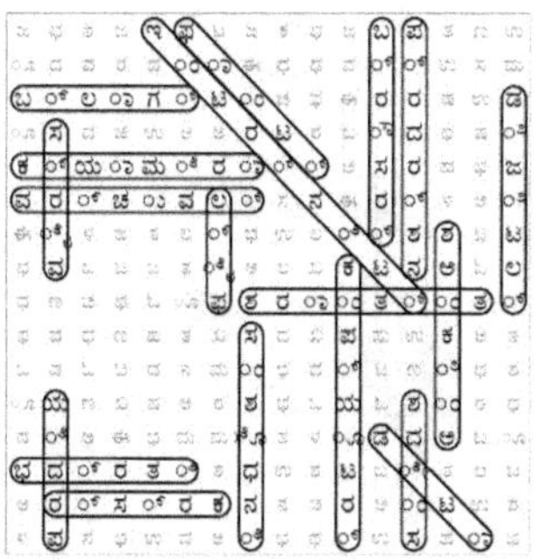

83 - Global Warming

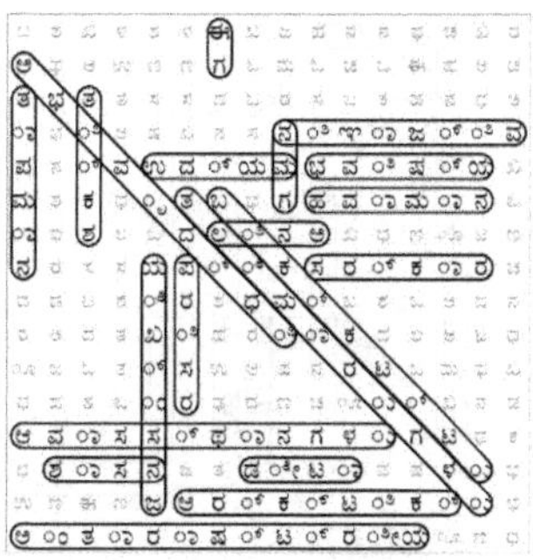

84 - Landscapes

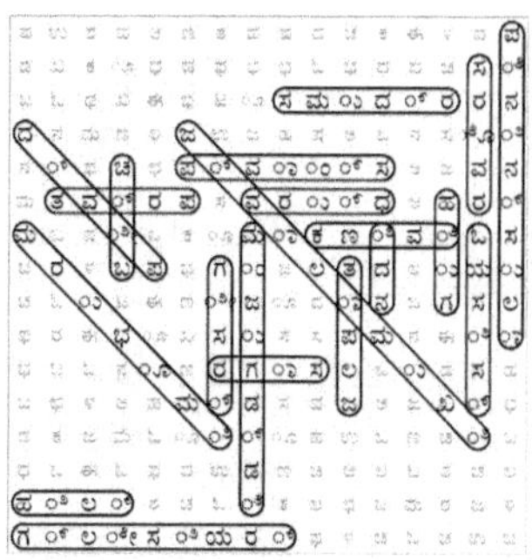

85 - Visual Arts

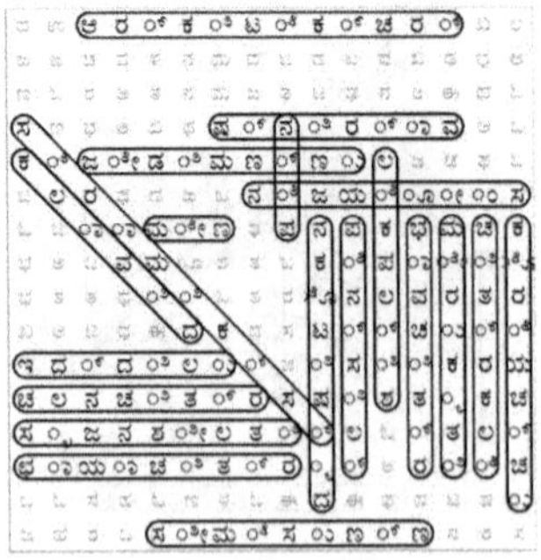

86 - Plants

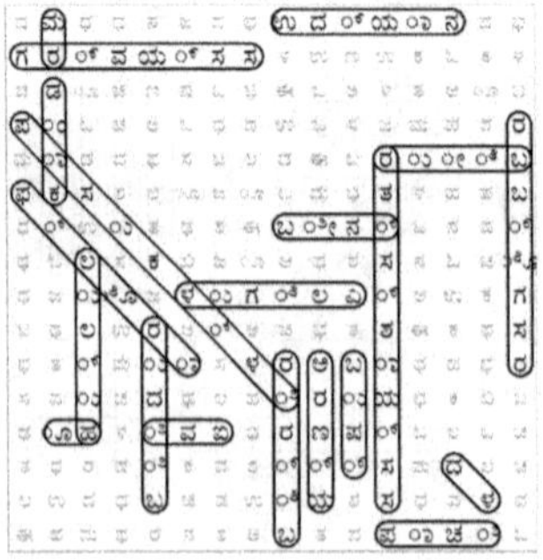

87 - Countries #2

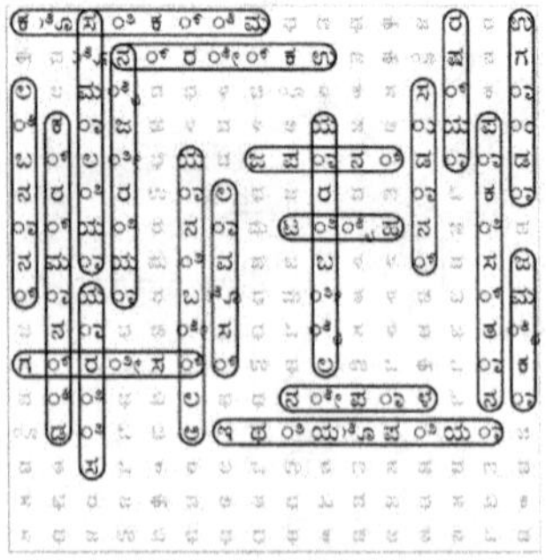

88 - Ecology

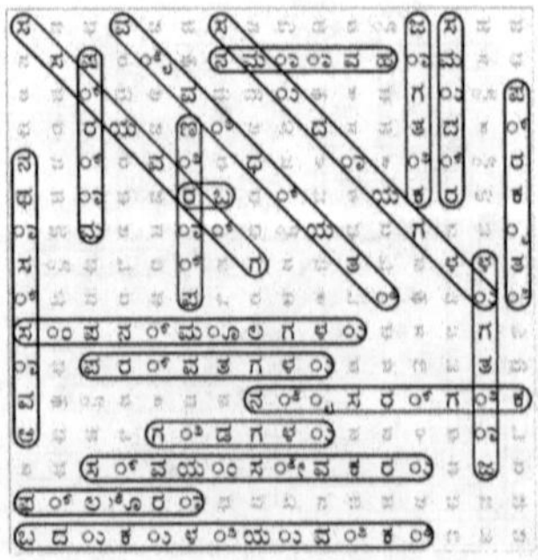

89 - Adjectives #2

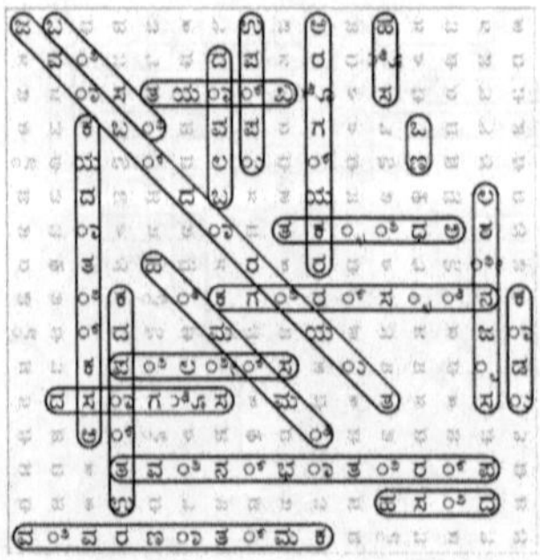

90 - Psychology

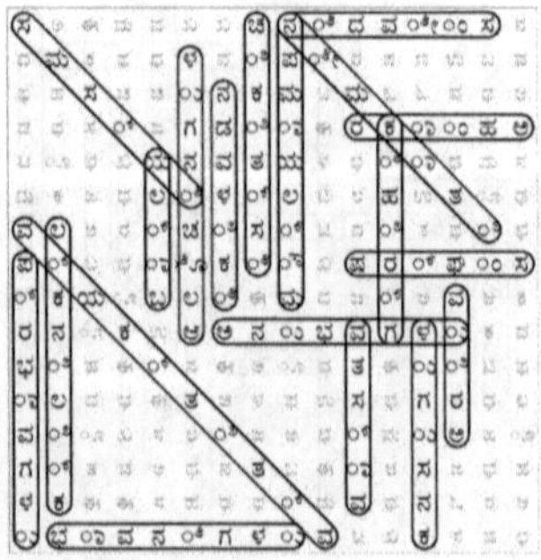

91 - Math

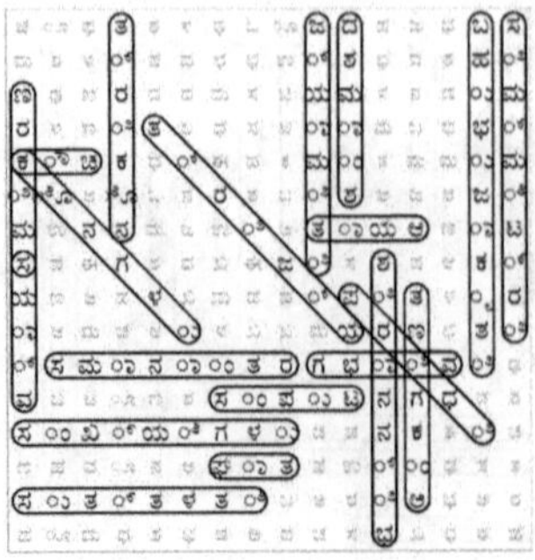

92 - Water

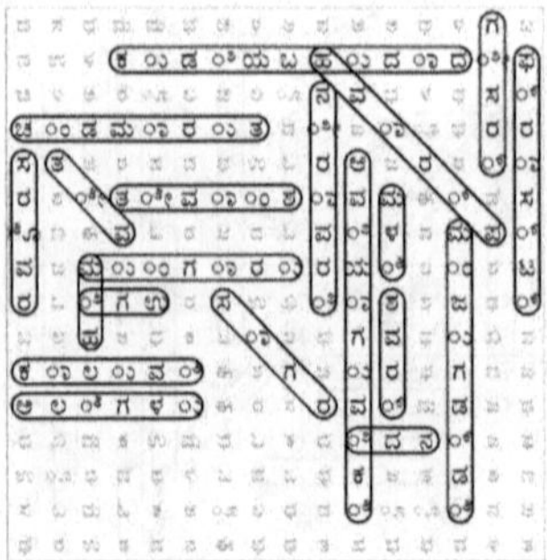

93 - Activities

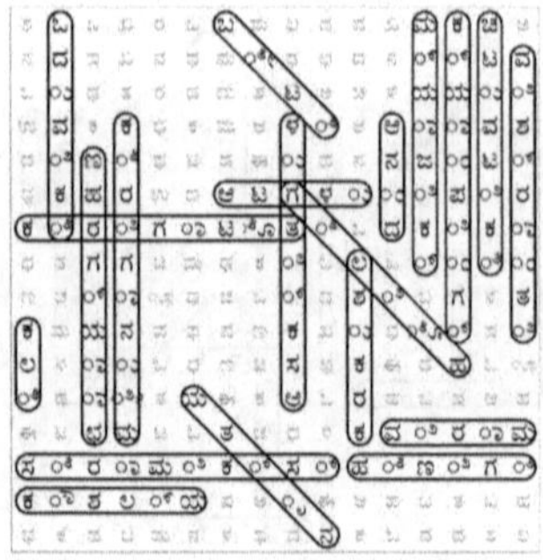

94 - Business

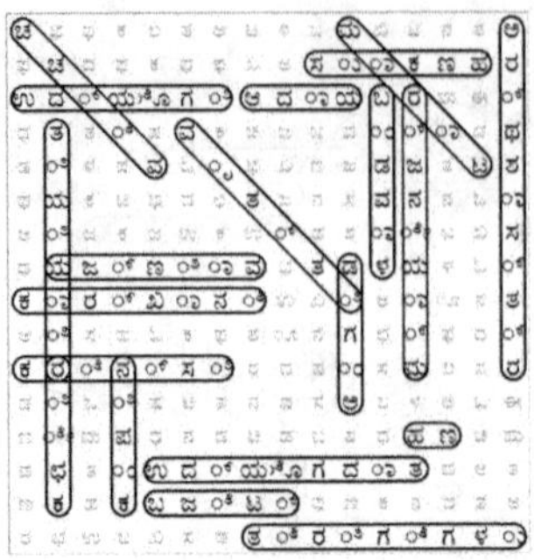

95 - The Company

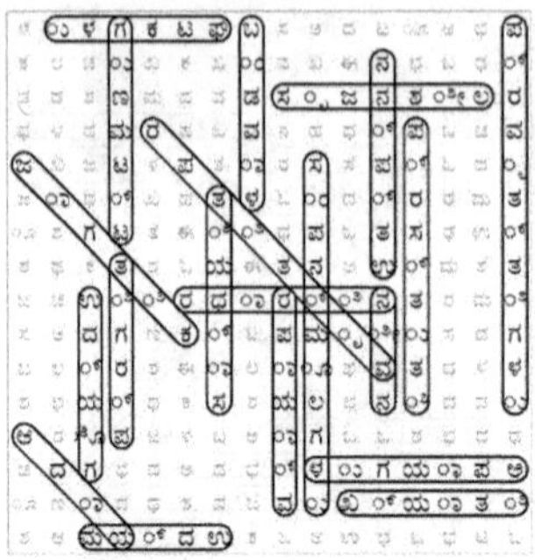

96 - Literature

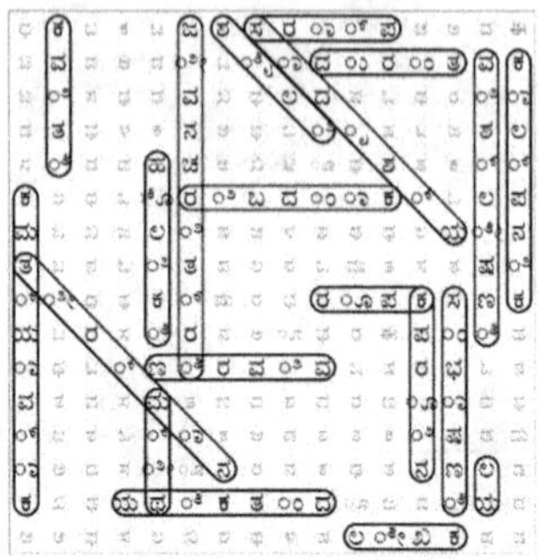

97 - Geography

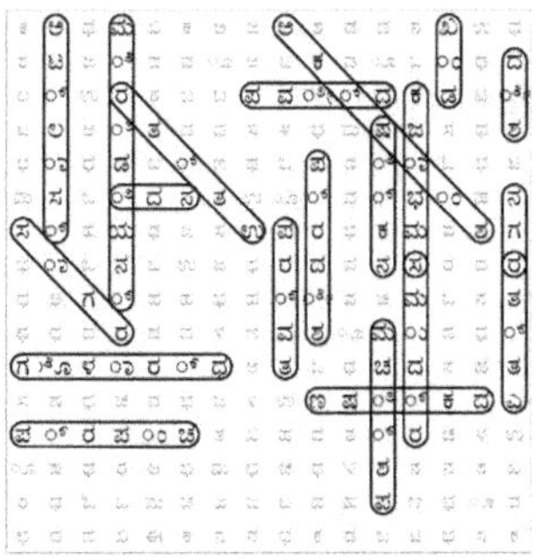

98 - Jazz

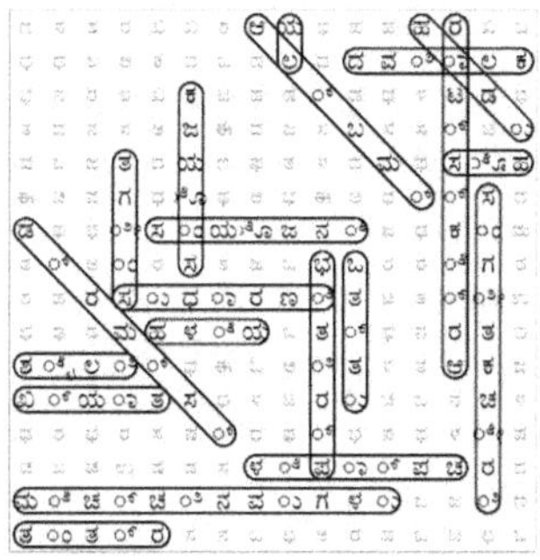

99 - Nature

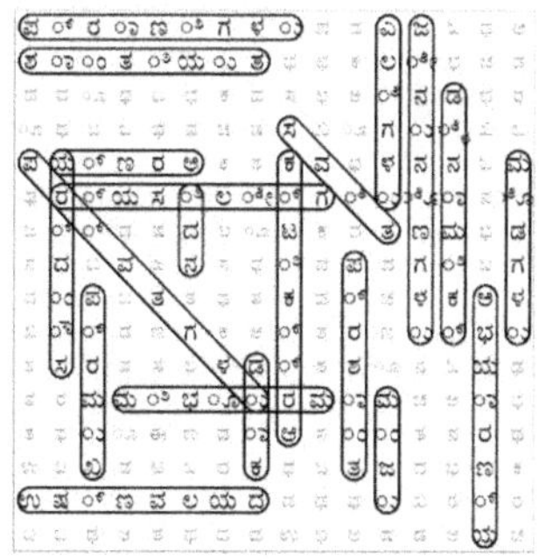

100 - Vacation #2

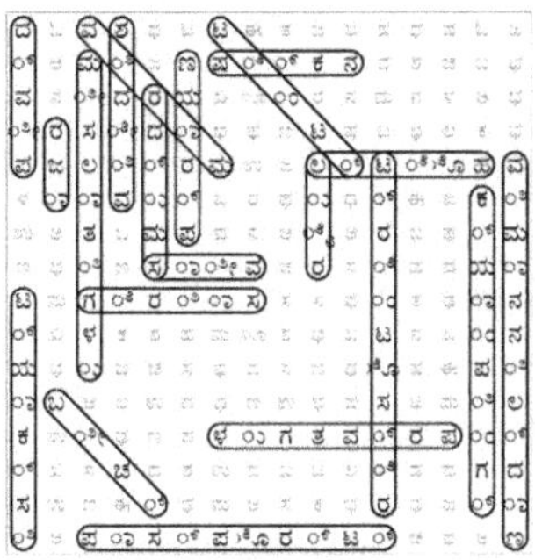

Dictionary

Activities
ಚಟುವಟಿಕೆಗಳು

Activity	ಚಟುವಟಿಕೆ
Art	ಕಲೆ
Camping	ಕ್ಯಾಂಪಿಂಗ್
Ceramics	ಸೆರಾಮಿಕ್ಸ್
Crafts	ಕರಕುಶಲ
Dancing	ನೃತ್ಯ
Fishing	ಮೀನುಗಾರಿಕೆ
Games	ಆಟಗಳು
Gardening	ತೋಟಗಾರಿಕೆ
Hunting	ಬೇಟೆ
Interests	ಆಸಕ್ತಿಗಳು
Knitting	ಹೆಣಿಗೆ
Leisure	ವಿರಾಮ
Magic	ಮ್ಯಾಜಿಕ್
Photography	ಛಾಯಾಗ್ರಹಣ
Pleasure	ಆನಂದ
Reading	ಓದುವಿಕೆ
Relaxation	ವಿಶ್ರಾಂತಿ
Sewing	ಹೊಲಿಗೆ
Skill	ಕೌಶಲ್ಯ

Activities and Leisure
ಚಟುವಟಿಕೆಗಳು ಮತ್ತು ವಿರಾಮ

Art	ಕಲೆ
Baseball	ಬೇಸ್ ಬಾಲ್
Boxing	ಬಾಕ್ಸಿಂಗ್
Camping	ಕ್ಯಾಂಪಿಂಗ್
Diving	ಡೈವಿಂಗ್
Fishing	ಮೀನುಗಾರಿಕೆ
Gardening	ತೋಟಗಾರಿಕೆ
Golf	ಗಾಲ್ಫ್
Hobbies	ಹವ್ಯಾಸಗಳು
Painting	ಚಿತ್ರಕಲೆ
Racing	ರೇಸಿಂಗ್
Relaxing	ವಿಶ್ರಾಂತಿ
Shopping	ಶಾಪಿಂಗ್
Soccer	ಸಾಕರ್
Surfing	ಸರ್ಫಿಂಗ್
Swimming	ಈಜು
Tennis	ಟೆನ್ನಿಸ್
Travel	ಪ್ರಯಾಣ
Volleyball	ವಾಲಿಬಾಲ್

Adjectives #1
ಗುಣವಾಚಕಗಳು #1

Absolute	ಸಂಪೂರ್ಣ
Aromatic	ಆರೊಮ್ಯಾಟಿಕ್
Artistic	ಕಲಾತ್ಮಕ
Attractive	ಆಕರ್ಷಕ
Beautiful	ಸುಂದರ
Dark	ಡಾರ್ಕ್
Exotic	ವಿಲಕ್ಷಣ
Generous	ಉದಾರ
Happy	ಹ್ಯಾಪಿ
Heavy	ಭಾರ
Helpful	ಸಹಾಯಕವಾಗಿದೆ
Honest	ಪ್ರಾಮಾಣಿಕ
Huge	ಬೃಹತ್
Identical	ಒಂದೇ
Important	ಮುಖ್ಯ
Modern	ಆಧುನಿಕ
Serious	ಗಂಭೀರ
Slow	ನಿಧಾನ
Thin	ತೆಳುವಾದ
Valuable	ಬೆಲೆಬಾಳುವ

Adjectives #2
ಗುಣವಾಚಕಗಳು #2

Authentic	ಅಧಿಕೃತ
Creative	ಸೃಜನಶೀಲ
Descriptive	ವಿವರಣಾತ್ಮಕ
Dry	ಒಣ
Elegant	ಸೊಗಸಾದ
Famous	ಖ್ಯಾತ
Gifted	ಪ್ರತಿಭಾನ್ವಿತ
Healthy	ಆರೋಗ್ಯಕರ
Hot	ಬಿಸಿ
Hungry	ಹಸಿದ
Interesting	ಆಸಕ್ತಿದಾಯಕ
Natural	ನೈಸರ್ಗಿಕ
New	ಹೊಸ
Productive	ಉತ್ಪಾದಕ
Proud	ಹೆಮ್ಮೆ
Responsible	ಜವಾಬ್ದಾರಿಯುತ
Salty	ಉಪ್ಪು
Sleepy	ಸ್ಲೀಪಿ
Strong	ಬಲವಾದ
Wild	ಕಾಡು

Agronomy
ಕೃಷಿ ವಿಜ್ಞಾನ

Agriculture	ಕೃಷಿ
Diseases	ರೋಗಗಳು
Ecology	ಪರಿಸರ ವಿಜ್ಞಾನ
Energy	ಶಕ್ತಿ
Environment	ಪರಿಸರ
Erosion	ಸವೆತ
Fertilizer	ರಸಗೊಬ್ಬರ
Food	ಆಹಾರ
Growth	ಬೆಳವಣಿಗೆ
Organic	ಸಾವಯವ
Plants	ಗಿಡಗಳು
Pollution	ಮಾಲಿನ್ಯ
Production	ಉತ್ಪಾದನೆ
Rural	ಗ್ರಾಮೀಣ
Science	ವಿಜ್ಞಾನ
Seeds	ಬೀಜಗಳು
Study	ಅಧ್ಯಯನ
Systems	ಸಿಸ್ಟಮ್ಸ್
Vegetables	ತರಕಾರಿಗಳು
Water	ನೀರು

Airplanes
ವಿಮಾನಗಳು

Adventure	ಸಾಹಸ
Air	ಏರ್
Atmosphere	ವಾತಾವರಣ
Balloon	ಬಲೂನ್
Construction	ನಿರ್ಮಾಣ
Crew	ಸಿಬ್ಬಂದಿ
Descent	ಮೂಲ
Design	ವಿನ್ಯಾಸ
Direction	ನಿರ್ದೇಶನ
Engine	ಎಂಜಿನ್
Fuel	ಇಂಧನ
Height	ಎತ್ತರ
History	ಇತಿಹಾಸ
Hydrogen	ಜಲಜನಕ
Landing	ಲ್ಯಾಂಡಿಂಗ್
Navigate	ನ್ಯಾವಿಗೇಟ್
Passenger	ಪ್ರಯಾಣಿಕರ
Pilot	ಪೈಲಟ್
Sky	ಆಕಾಶ
Turbulence	ಪ್ರಕ್ಷುಬ್ಧತೆ

Algebra
ಬೀಜಗಣಿತ

Addition	ಸೇರ್ಪಡೆ
Diagram	ರೇಖಾಚಿತ್ರ
Division	ವಿಭಾಗ
Equation	ಸಮೀಕರಣ
Exponent	ಘಾತ
Factor	ಫ್ಯಾಕ್ಟರ್
False	ಸುಳ್ಳು
Formula	ಸೂತ್ರ
Fraction	ಭಿನ್ನರಾಶಿ
Infinite	ಅನಂತ
Linear	ರೇಖೀಯ
Matrix	ಮ್ಯಾಟ್ರಿಕ್ಸ್
Number	ಸಂಖ್ಯೆ
Parenthesis	ಆವರಣ
Problem	ಸಮಸ್ಯೆ
Simplify	ಸರಳಗೊಳಿಸುವ
Solution	ಪರಿಹಾರ
Subtraction	ವ್ಯವಕಲನ
Variable	ವೇರಿಯಬಲ್
Zero	ಶೂನ್ಯ

Antarctica
ಅಂಟಾರ್ಟಿಕಾ

Bay	ಬೇ
Birds	ಪಕ್ಷಿಗಳು
Clouds	ಮೋಡಗಳು
Conservation	ಸಂರಕ್ಷಣೆ
Continent	ಖಂಡ
Cove	ಕೋವ್
Environment	ಪರಿಸರ
Expedition	ದಂಡಯಾತ್ರೆ
Geography	ಭೂಗೋಳಶಾಸ್ತ್ರ
Glaciers	ಹಿಮನದಿಗಳು
Ice	ಹಿಮ
Islands	ದ್ವೀಪಗಳು
Migration	ವಲಸೆ
Peninsula	ಪೆನಿನ್ಸುಲಾ
Researcher	ಸಂಶೋಧಕ
Rocky	ರಾಕಿ
Scientific	ವೈಜ್ಞಾನಿಕ
Temperature	ತಾಪಮಾನ
Topography	ಸ್ಥಳಾಕೃತಿ
Water	ನೀರು

Antiques
ಪ್ರಾಚೀನ ವಸ್ತುಗಳು

Art	ಕಲೆ
Auction	ಹರಾಜು
Authentic	ಅಧಿಕೃತ
Century	ಶತಮಾನ
Coins	ನಾಣ್ಯಗಳು
Decades	ದಶಕಗಳ
Decorative	ಅಲಂಕಾರಿಕ
Elegant	ಸೊಗಸಾದ
Furniture	ಪೀಠೋಪಕರಣಗಳು
Gallery	ಗ್ಯಾಲರಿ
Investment	ಬಂಡವಾಳ
Jewelry	ಆಭರಣ
Old	ಹಳೆಯ
Price	ಬೆಲೆ
Quality	ಗುಣಮಟ್ಟ
Restoration	ಪುನಃಸ್ಥಾಪನೆ
Sculpture	ಶಿಲ್ಪ
Style	ಶೈಲಿ
Unusual	ಅಸಾಮಾನ್ಯ
Value	ಮೌಲ್ಯ

Archeology
ಪುರಾತತ್ತ್ವ ಶಾಸ್ತ್ರ

Analysis	ವಿಶ್ಲೇಷಣೆ
Ancient	ಪ್ರಾಚೀನ
Antiquity	ಪ್ರಾಚೀನತೆ
Bones	ಮೂಳೆಗಳು
Civilization	ನಾಗರಿಕತೆಯ
Descendant	ವಂಶಸ್ಥರು
Era	ಯುಗ
Evaluation	ಮೌಲ್ಯಮಾಪನ
Expert	ತಜ್ಞ
Findings	ಸಂಶೋಧನೆಗಳು
Forgotten	ಮರೆತುಹೋಗಿದೆ
Fossil	ಪಳೆಯುಳಿಕೆ
Mystery	ರಹಸ್ಯ
Objects	ವಸ್ತುಗಳು
Relic	ಅವಶೇಷ
Researcher	ಸಂಶೋಧಕ
Team	ತಂಡ
Temple	ದೇವಾಲಯ
Tomb	ಸಮಾಧಿ
Unknown	ಅಜ್ಞಾತ

Astronomy
ಖಗೋಳಶಾಸ್ತ್ರ

Asteroid	ಕ್ಷುದ್ರಗ್ರಹ
Astronaut	ಗಗನಯಾತ್ರಿ
Constellation	ನಕ್ಷತ್ರಪುಂಜ
Cosmos	ಬ್ರಹ್ಮಾಂಡದ
Earth	ಭೂಮಿ
Eclipse	ಗ್ರಹಣ
Galaxy	ಗ್ಯಾಲಕ್ಸಿ
Meteor	ಉಲ್ಕೆ
Moon	ಚಂದ್ರ
Nebula	ನೀಹಾರಿಕೆ
Observatory	ವೀಕ್ಷಣಾಲಯ
Planet	ಗ್ರಹ
Radiation	ವಿಕಿರಣ
Rocket	ರಾಕೆಟ್
Satellite	ಉಪಗ್ರಹ
Sky	ಆಕಾಶ
Solar	ಸೌರ
Supernova	ಸೂಪರ್ನೋವಾ
Telescope	ದೂರದರ್ಶಕ
Zodiac	ರಾಶಿಚಕ್ರ

Ballet
ಬ್ಯಾಲೆಟ್

Applause	ಚಪ್ಪಾಳೆ
Artistic	ಕಲಾತ್ಮಕ
Audience	ಪ್ರೇಕ್ಷಕರ
Ballerina	ಬ್ಯಾಲೆರಿನಾ
Choreography	ನೃತ್ಯ ಸಂಯೋಜನೆ
Composer	ಸಂಯೋಜಕ
Dancers	ನರ್ತಕಿಯರು
Expressive	ಅಭಿವ್ಯಕ್ತಿ
Gesture	ಸನ್ನೆ
Graceful	ಸುಲಲಿತ
Intensity	ತೀವ್ರತೆ
Muscles	ಸ್ನಾಯುಗಳು
Music	ಸಂಗೀತ
Orchestra	ಆರ್ಕೆಸ್ಟ್ರಾ
Practice	ಅಭ್ಯಾಸ
Rehearsal	ಪೂರ್ವಾಭ್ಯಾಸ
Rhythm	ಲಯ
Skill	ಕೌಶಲ್ಯ
Style	ಶೈಲಿ
Technique	ತಂತ್ರ

Barbecues
ಬಾರ್ಬೆಕ್ಯೂಗಳು

Chicken	ಕೋಳಿ
Children	ಮಕ್ಕಳು
Dinner	ಊಟ
Family	ಕುಟುಂಬ
Food	ಆಹಾರ
Forks	ಜನ
Friends	ಸ್ನೇಹಿತರು
Fruit	ಹಣ್ಣು
Games	ಆಟಗಳು
Grill	ಗ್ರಿಲ್
Hot	ಬಿಸಿ
Hunger	ಹಸಿವು
Knives	ಚಾಕುಗಳು
Music	ಸಂಗೀತ
Onions	ಈರುಳ್ಳಿ
Salt	ಉಪ್ಪು
Sauce	ಸಾಸ್
Summer	ಬೇಸಿಗೆ
Tomatoes	ಟೊಮ್ಯಾಟೊ
Vegetables	ತರಕಾರಿಗಳು

Beach
ಸಮುದ್ರತೀರ

Blue	ನೀಲಿ
Boat	ದೋಣಿ
Coast	ಕರಾವಳಿ
Crab	ಏಡಿ
Dock	ಡಾಕ್
Island	ದ್ವೀಪ
Lagoon	ಲಗೂನ್
Ocean	ಸಾಗರ
Reef	ರೀಫ್
Sailboat	ಹಾಯಿದೋಣಿ
Sand	ಮರಳು
Sandals	ಚಪ್ಪಲಿಗಳು
Sea	ಸಮುದ್ರ
Shells	ಚಿಪ್ಪುಗಳು
Sun	ಸೂರ್ಯ
Towel	ಟವೆಲ್
Umbrella	ಕೊಡೆ
Vacation	ರಜೆ

Beauty
ಸೌಂದರ್ಯ

Charm	ಮೋಡಿ
Color	ಬಣ್ಣ
Cosmetics	ಕಾಸ್ಮೆಟಿಕ್ಸ್
Curls	ಸುರುಳಿ
Elegance	ಸೊಬಗು
Elegant	ಸೊಗಸಾದ
Fragrance	ಪರಿಮಳ
Grace	ಗ್ರೇಸ್
Lipstick	ಲಿಪ್ಸ್ಟಿಕ್
Makeup	ಮೇಕಪ್
Mascara	ಮಸ್ಕರಾ
Mirror	ಕನ್ನಡಿ
Oils	ತೈಲಗಳು
Photogenic	ಫೋಟೊಜೆನಿಕ್
Products	ಉತ್ಪನ್ನಗಳು
Scissors	ಕತ್ತರಿ
Services	ಸೇವೆಗಳು
Shampoo	ಶಾಂಪೂ
Skin	ಚರ್ಮ
Stylist	ಸ್ಟೈಲಿಸ್ಟ್

Biology
ಜೀವಶಾಸ್ತ್ರ

Bacteria	ಬ್ಯಾಕ್ಟೀರಿಯಾ
Cell	ಸೆಲ್
Chromosome	ವರ್ಣತಂತು
Collagen	ಕಾಲಜನ್
Embryo	ಭ್ರೂಣ
Enzyme	ಕಿಣ್ವ
Evolution	ವಿಕಾಸ
Hormone	ಹಾರ್ಮೋನ್
Mammal	ಸಸ್ತನಿ
Mutation	ರೂಪಾಂತರ
Natural	ನೈಸರ್ಗಿಕ
Nerve	ನರ
Neuron	ನರಕೋಶದ
Osmosis	ಆಸ್ಮೋಸಿಸ್
Pathogen	ರೋಗಕಾರಕ
Plants	ಗಿಡಗಳು
Protein	ಪ್ರೋಟೀನ್
Reptile	ಸರೀಸೃಪ
Symbiosis	ಸಹಜೀವನ
Synapse	ಸಿನಾಪ್ಸೆ

Birds
ಬರ್ಡ್ಸ್

Canary	ಕ್ಯಾನರಿ
Chicken	ಕೋಳಿ
Crow	ಕಾಗೆ
Cuckoo	ಕೋಗಿಲೆ
Duck	ಬಾತುಕೋಳಿ
Eagle	ಹದ್ದು
Egg	ಮೊಟ್ಟೆ
Flamingo	ಫ್ಲೆಮಿಂಗೊ
Goose	ಗೂಸ್
Gull	ಗಲ್
Hawk	ಗಿಡುಗ
Heron	ಹೆರಾನ್
Ostrich	ಉಷ್ಟ್ರಪಕ್ಷಿ
Parrot	ಗಿಳಿ
Peacock	ನವಿಲು
Pelican	ಪೆಲಿಕನ್
Penguin	ಪೆಂಗ್ವಿನ್
Sparrow	ಗುಬ್ಬಚ್ಚಿ
Stork	ಕೊಕ್ಕರೆ
Swan	ಸ್ವಾನ್

Boats
ದೋಣಿಗಳು

Anchor	ಆಧಾರ
Canoe	ಕ್ಯಾನೋ
Crew	ಸಿಬ್ಬಂದಿ
Dock	ಡಾಕ್
Engine	ಎಂಜಿನ್
Ferry	ದೋಣಿ
Kayak	ಕಾಯಕ
Lake	ಸರೋವರ
Maritime	ಕಡಲ
Mast	ಮಸ್ತ್
Nautical	ನಾಟಿಕಲ್
Ocean	ಸಾಗರ
River	ನದಿ
Rope	ಹಗ್ಗ
Sailboat	ಹಾಯಿದೋಣಿ
Sailor	ನಾವಿಕ
Sea	ಸಮುದ್ರ
Tide	ಉಬ್ಬರವಿಳಿತ
Waves	ಅಲೆಗಳು
Yacht	ವಿಹಾರ ನೌಕೆ

Books
ಪುಸ್ತಕಗಳು

Adventure	ಸಾಹಸ
Author	ಲೇಖಕ
Collection	ಸಂಗ್ರಹ
Context	ಸನ್ನಿವೇಶ
Duality	ದ್ವಂದ್ವತೆ
Epic	ಮಹಾಕಾವ್ಯ
Historical	ಐತಿಹಾಸಿಕ
Humorous	ಹಾಸ್ಯಮಯ
Inventive	ಸೃಜನಶೀಲ
Literary	ಸಾಹಿತ್ಯ
Narrator	ನಿರೂಪಕ
Novel	ಕಾದಂಬರಿ
Page	ಪುಟ
Poem	ಕವಿತೆ
Poetry	ಕವನ
Reader	ರೀಡರ್
Relevant	ಸಂಬಂಧಿತ
Story	ಕಥೆ
Tragic	ದುರಂತ
Written	ಬರೆಯಲಾಗಿದೆ

Buildings
ಕಟ್ಟಡಗಳು

Apartment	ಅಪಾರ್ಟ್ಮೆಂಟ್
Barn	ಕೊಟ್ಟಿಗೆಯ
Cabin	ಕ್ಯಾಬಿನ್
Castle	ಕ್ಯಾಸಲ್
Cinema	ಸಿನಿಮಾ
Embassy	ರಾಯಭಾರ
Factory	ಕಾರ್ಖಾನೆ
Hospital	ಆಸ್ಪತ್ರೆ
Hostel	ಹಾಸ್ಟೆಲ್
Hotel	ಹೋಟೆಲ್
Laboratory	ಪ್ರಯೋಗಾಲಯ
Museum	ಮ್ಯೂಸಿಯಂ
Observatory	ವೀಕ್ಷಣಾಲಯ
School	ಶಾಲೆ
Stadium	ಕ್ರೀಡಾಂಗಣ
Supermarket	ಸೂಪರ್ಮಾರ್ಕೆಟ್
Tent	ಟೆಂಟ್
Theater	ನಾಟಕ
Tower	ಗೋಪುರ
University	ವಿಶ್ವವಿದ್ಯಾಲಯ

Business
ವ್ಯಾಪಾರ

Budget	ಬಜೆಟ್
Career	ವೃತ್ತಿ
Company	ಕಂಪನಿ
Cost	ವೆಚ್ಚ
Currency	ಕರೆನ್ಸಿ
Discount	ರಿಯಾಯಿತಿ
Economics	ಅರ್ಥಶಾಸ್ತ್ರ
Employee	ಉದ್ಯೋಗಿ
Employer	ಉದ್ಯೋಗದಾತ
Factory	ಕಾರ್ಖಾನೆ
Finance	ಹಣಕಾಸು
Income	ಆದಾಯ
Investment	ಬಂಡವಾಳ
Manager	ಮ್ಯಾನೇಜರ್
Merchandise	ವಾಣಿಜ್ಯ
Money	ಹಣ
Office	ಕಛೇರಿ
Sale	ಮಾರಾಟ
Shop	ಅಂಗಡಿ
Taxes	ತೆರಿಗೆಗಳು

Camping
ಕ್ಯಾಂಪಿಂಗ್

Adventure	ಸಾಹಸ
Animals	ಪ್ರಾಣಿಗಳು
Cabin	ಕ್ಯಾಬಿನ್
Canoe	ಕ್ಯಾನೋ
Compass	ದಿಕ್ಸೂಚಿ
Fire	ಬೆಂಕಿ
Forest	ಅರಣ್ಯ
Fun	ವಿನೋದ
Hammock	ಜೋಲಿ
Hat	ಹ್ಯಾಟ್
Hunting	ಬೇಟೆ
Insect	ಕೀಟ
Lake	ಸರೋವರ
Map	ನಕ್ಷೆ
Moon	ಚಂದ್ರ
Mountain	ಪರ್ವತ
Nature	ಪ್ರಕೃತಿ
Rope	ಹಗ್ಗ
Tent	ಟೆಂಟ್
Trees	ಮರಗಳು

Chemistry
ರಾಸಾಯನಿಕ ಶಾಸ್ತ್ರ

Acid	ಆಮ್ಲ
Alkaline	ಕ್ಷಾರೀಯ
Carbon	ಇಂಗಾಲ
Catalyst	ವೇಗವರ್ಧಕ
Chlorine	ಕ್ಲೋರಿನ್
Electron	ಎಲೆಕ್ಟ್ರಾನ್
Enzyme	ಕಿಣ್ವ
Gas	ಅನಿಲ
Heat	ಶಾಖ
Hydrogen	ಜಲಜನಕ
Ion	ಅಯಾನ್
Liquid	ದ್ರವ
Metals	ಲೋಹಗಳು
Molecule	ಅಣು
Nuclear	ಪರಮಾಣು
Organic	ಸಾವಯವ
Oxygen	ಆಮ್ಲಜನಕ
Salt	ಉಪ್ಪು
Temperature	ತಾಪಮಾನ
Weight	ತೂಕ

Chess
ಚೆಸ್

Black	ಕಪ್ಪು
Challenges	ಸವಾಲುಗಳು
Champion	ಚಾಂಪಿಯನ್
Clever	ಚತುರ
Contest	ಸ್ಪರ್ಧೆ
Diagonal	ಕರ್ಣ
Game	ಆಟ
King	ರಾಜ
Opponent	ಎದುರಾಳಿ
Passive	ನಿಷ್ಕ್ರಿಯ
Player	ಆಟಗಾರ
Points	ಅಂಕಗಳು
Queen	ರಾಣಿ
Rules	ನಿಯಮಗಳು
Sacrifice	ತ್ಯಾಗ
Strategy	ತಂತ್ರ
Time	ಸಮಯ
To Learn	ಕಲಿಯಲು
White	ಬಿಳಿ

Clothes
ಬಟ್ಟೆ

Apron	ಏಪ್ರನ್
Belt	ಬೆಲ್ಟ್
Blouse	ಕುಪ್ಪಸ
Bracelet	ಕಂಕಣ
Coat	ಕೋಟ್
Dress	ಉಡುಗೆ
Fashion	ಫ್ಯಾಷನ್
Gloves	ಕೈಗವಸುಗಳು
Hat	ಹ್ಯಾಟ್
Jacket	ಜಾಕೆಟ್
Jeans	ಜೀನ್ಸ್
Jewelry	ಆಭರಣ
Pajamas	ಪೈಜಾಮಾ
Pants	ಷರಾಯಿ
Sandals	ಚಪ್ಪಲಿಗಳು
Scarf	ಸ್ಕಾರ್ಫ್
Shirt	ಅಂಗಿ
Shoe	ಶೂ
Skirt	ಸ್ಕರ್ಟ್
Sweater	ಸ್ವೆಟರ್

Countries #1
ದೇಶಗಳು #1

Brazil	ಬ್ರೆಜಿಲ್
Canada	ಕೆನಡಾ
Egypt	ಈಜಿಪ್ಟ್
Finland	ಫಿನ್‌ಲ್ಯಾಂಡ್
Germany	ಜರ್ಮನಿ
Iraq	ಇರಾಕ್
Israel	ಇಸ್ರೇಲ್
Italy	ಇಟಲಿ
Latvia	ಲಾಟ್ವಿಯಾ
Libya	ಲಿಬಿಯಾ
Morocco	ಮೊರಾಕೊ
Nicaragua	ನಿಕರಾಗುವಾ
Norway	ನಾರ್ವೆ
Panama	ಪನಾಮ
Poland	ಪೋಲೆಂಡ್
Romania	ರೊಮೇನಿಯಾ
Senegal	ಸೆನೆಗಲ್
Spain	ಸ್ಪೇನ್
Venezuela	ವೆನೆಜುವೆಲಾ
Vietnam	ವಿಯೆಟ್ನಾಂ

Countries #2
ದೇಶಗಳು #2

Albania	ಅಲ್ಬೇನಿಯಾ
Denmark	ಡೆನ್ಮಾರ್ಕ್
Ethiopia	ಇಥಿಯೋಪಿಯಾ
Greece	ಗ್ರೀಸ್
Haiti	ಹೈಟಿ
Jamaica	ಜಮೈಕಾ
Japan	ಜಪಾನ್
Laos	ಲಾವೋಸ್
Lebanon	ಲೆಬನಾನ್
Liberia	ಲೈಬೀರಿಯಾ
Mexico	ಮೆಕ್ಸಿಕೋ
Nepal	ನೇಪಾಳ
Nigeria	ನೈಜೀರಿಯಾ
Pakistan	ಪಾಕಿಸ್ತಾನ
Russia	ರಷ್ಯಾ
Somalia	ಸೊಮಾಲಿಯಾ
Sudan	ಸುಡಾನ್
Syria	ಸಿರಿಯಾ
Uganda	ಉಗಾಂಡಾ
Ukraine	ಉಕ್ರೇನ್

Dance
ನೃತ್ಯ

Academy	ಅಕಾಡೆಮಿ
Art	ಕಲೆ
Body	ದೇಹ
Choreography	ನೃತ್ಯ ಸಂಯೋಜನೆ
Classical	ಶಾಸ್ತ್ರೀಯ
Cultural	ಸಾಂಸ್ಕೃತಿಕ
Culture	ಸಂಸ್ಕೃತಿ
Emotion	ಭಾವನೆ
Expressive	ಅಭಿವ್ಯಕ್ತಿ
Grace	ಗ್ರೇಸ್
Joyful	ಸಂತೋಷದಾಯಕ
Movement	ಚಲನೆ
Music	ಸಂಗೀತ
Partner	ಪಾಲುದಾರ
Posture	ಭಂಗಿ
Rehearsal	ಪೂರ್ವಾಭ್ಯಾಸ
Rhythm	ಲಯ
Traditional	ಸಾಂಪ್ರದಾಯಿಕ
Visual	ದೃಶ್ಯ

Days and Months
ದಿನಗಳು ಮತ್ತು ತಿಂಗಳುಗಳು

April	ಏಪ್ರಿಲ್
August	ಆಗಸ್ಟ್
Calendar	ಕ್ಯಾಲೆಂಡರ್
February	ಫೆಬ್ರವರಿ
Friday	ಶುಕ್ರವಾರ
January	ಜನವರಿ
July	ಜುಲೈ
March	ಮಾರ್ಚ್
Monday	ಸೋಮವಾರ
Month	ತಿಂಗಳು
November	ನವೆಂಬರ್
October	ಅಕ್ಟೋಬರ್
Saturday	ಶನಿವಾರ
September	ಸೆಪ್ಟೆಂಬರ್
Sunday	ಭಾನುವಾರ
Thursday	ಗುರುವಾರ
Tuesday	ಮಂಗಳವಾರ
Wednesday	ಬುಧವಾರ
Week	ವಾರ
Year	ವರ್ಷ

Diplomacy
ರಾಜತಾಂತ್ರಿಕತೆ

Adviser	ಸಲಹೆಗಾರ
Ambassador	ರಾಯಭಾರಿ
Citizens	ನಾಗರಿಕರು
Community	ಸಮುದಾಯ
Conflict	ಸಂಘರ್ಷ
Cooperation	ಸಹಕಾರ
Diplomatic	ರಾಜತಾಂತ್ರಿಕ
Discussion	ಚರ್ಚೆ
Embassy	ರಾಯಭಾರ
Foreign	ವಿದೇಶಿ
Government	ಸರ್ಕಾರ
Humanitarian	ಮಾನವೀಯ
Integrity	ಸಮಗ್ರತೆ
Justice	ನ್ಯಾಯ
Languages	ಭಾಷೆಗಳು
Politics	ರಾಜಕೀಯ
Resolution	ರೆಸಲ್ಯೂಶನ್
Security	ಭದ್ರತೆ
Solution	ಪರಿಹಾರ
Treaty	ಒಪ್ಪಂದ

Disease
ರೋಗ

Abdominal	ಕಿಬ್ಬೊಟ್ಟೆಯ
Allergies	ಅಲರ್ಜಿಗಳು
Bacterial	ಬ್ಯಾಕ್ಟೀರಿಯಾ
Body	ದೇಹ
Bones	ಮೂಳೆಗಳು
Chronic	ದೀರ್ಘಕಾಲದ
Contagious	ಸಾಂಕ್ರಾಮಿಕ
Genetic	ಜೆನೆಟಿಕ್
Health	ಆರೋಗ್ಯ
Heart	ಹೃದಯ
Hereditary	ಅನುವಂಶೀಯ
Immunity	ವಿನಾಯಿತಿ
Inflammation	ಉರಿಯೂತ
Lumbar	ಸೊಂಟ
Neuropathy	ನರರೋಗ
Pathogens	ರೋಗಕಾರಕಗಳು
Respiratory	ಉಸಿರಾಟದ
Syndrome	ಸಿಂಡ್ರೋಮ್
Therapy	ಚಿಕಿತ್ಸೆ
Weak	ದುರ್ಬಲ

Driving
ಚಾಲನಾ

Accident	ಅಪಘಾತ
Brakes	ಬ್ರೇಕ್ ಗಳು
Car	ಕಾರು
Danger	ಅಪಾಯ
Driver	ಚಾಲಕ
Fuel	ಇಂಧನ
Garage	ಗ್ಯಾರೇಜ್
Gas	ಅನಿಲ
License	ಪರವಾನಗಿ
Map	ನಕ್ಷೆ
Motor	ಮೋಟಾರ್
Motorcycle	ಸೈಕಲ್
Pedestrian	ಪಾದಚಾರಿ
Police	ಪೊಲೀಸ್
Road	ರಸ್ತೆ
Safety	ಸುರಕ್ಷತೆ
Speed	ವೇಗ
Traffic	ಸಂಚಾರ
Truck	ಟ್ರಕ್
Tunnel	ಸುರಂಗ

Ecology
ಪರಿಸರ ವಿಜ್ಞಾನ

Climate	ಹವಾಮಾನ
Communities	ಸಮುದಾಯಗಳು
Diversity	ವೈವಿಧ್ಯತೆ
Drought	ಬರ
Fauna	ಪ್ರಾಣಿ
Flora	ಫ್ಲೋರಾ
Global	ಜಾಗತಿಕ
Habitat	ಆವಾಸಸ್ಥಾನ
Marine	ಸಮುದ್ರ
Marsh	ಮಾರ್ಷ್
Mountains	ಪರ್ವತಗಳು
Natural	ನೈಸರ್ಗಿಕ
Nature	ಪ್ರಕೃತಿ
Plants	ಗಿಡಗಳು
Resources	ಸಂಪನ್ಮೂಲಗಳು
Species	ಜಾತಿಗಳು
Survival	ಬದುಕುಳಿಯುವಿಕೆ
Vegetation	ಸಸ್ಯವರ್ಗ
Volunteers	ಸ್ವಯಂಸೇವಕರು

Energy
ಶಕ್ತಿ

Battery	ಬ್ಯಾಟರಿ
Carbon	ಇಂಗಾಲ
Diesel	ಡೀಸೆಲ್
Electric	ವಿದ್ಯುತ್
Electron	ಎಲೆಕ್ಟ್ರಾನ್
Engine	ಎಂಜಿನ್
Entropy	ಎಂಟ್ರೋಪಿ
Environment	ಪರಿಸರ
Fuel	ಇಂಧನ
Gasoline	ಗ್ಯಾಸೋಲಿನ್
Heat	ಶಾಖ
Hydrogen	ಜಲಜನಕ
Industry	ಉದ್ಯಮ
Motor	ಮೋಟಾರ್
Nuclear	ಪರಮಾಣು
Photon	ಫೋಟಾನ್
Pollution	ಮಾಲಿನ್ಯ
Renewable	ನವೀಕರಿಸಬಹುದಾದ
Turbine	ಟರ್ಬೈನ್
Wind	ಗಾಳಿ

Engineering
ಎಂಜಿನಿಯರಿಂಗ್

Angle	ಕೋನ
Axis	ಅಕ್ಷರೇಖೆ
Calculation	ಲೆಕ್ಕಾಚಾರ
Construction	ನಿರ್ಮಾಣ
Depth	ಆಳ
Diagram	ರೇಖಾಚಿತ್ರ
Diameter	ವ್ಯಾಸ
Diesel	ಡೀಸೆಲ್
Distribution	ವಿತರಣೆ
Energy	ಶಕ್ತಿ
Engine	ಎಂಜಿನ್
Gears	ಗೇರು
Levers	ಸನ್ನೆಕೋಲಿನ
Liquid	ದ್ರವ
Machine	ಯಂತ್ರ
Measurement	ಅಳತೆ
Motor	ಮೋಟಾರ್
Propulsion	ಪ್ರೊಪಲ್ಷನ್
Stability	ಸ್ಥಿರತೆ
Structure	ರಚನೆ

Ethics
ನೀತಿಶಾಸ್ತ್ರ

Altruism	ಪರಹಿತಚಿಂತನೆ
Compassion	ಸಹಾನುಭೂತಿ
Cooperation	ಸಹಕಾರ
Dignity	ಘನತೆ
Diplomatic	ರಾಜತಾಂತ್ರಿಕ
Honesty	ಪ್ರಾಮಾಣಿಕತೆ
Humanity	ಮಾನವೀಯತೆ
Individualism	ವ್ಯಕ್ತಿತ್ವ
Integrity	ಸಮಗ್ರತೆ
Kindness	ದಯೆ
Optimism	ಆಶಾವಾದ
Patience	ತಾಳ್ಮೆ
Philosophy	ತತ್ವಶಾಸ್ತ್ರ
Rationality	ವೈಚಾರಿಕತೆ
Realism	ವಾಸ್ತವಿಕತೆ
Reasonable	ಸಮಂಜಸವಾದ
Respectful	ಗೌರವಾನ್ವಿತ
Tolerance	ಸಹನೆ
Values	ಮೌಲ್ಯಗಳು
Wisdom	ಬುದ್ಧಿವಂತಿಕೆ

Family

ಕುಟುಂಬ

Ancestor	ಪೂರ್ವಜ
Aunt	ಚಿಕ್ಕಮ್ಮ
Brother	ಸಹೋದರ
Child	ಮಗು
Childhood	ಬಾಲ್ಯ
Children	ಮಕ್ಕಳು
Cousin	ಸೋದರಸಂಬಂಧಿ
Daughter	ಮಗಳು
Grandchild	ಮೊಮ್ಮಕ್ಕಳು
Grandfather	ಅಜ್ಜ
Grandson	ಮೊಮ್ಮಗ
Husband	ಗಂಡ
Maternal	ತಾಯಿಯ
Mother	ತಾಯಿ
Nephew	ಸೋದರಳಿಯ
Niece	ಸೊಸೆ
Paternal	ತಂದೆಯ
Sister	ಸಹೋದರಿ
Uncle	ಚಿಕ್ಕಪ್ಪ
Wife	ಪತ್ನಿ

Farm #1

ಕೃಷಿ #1

Agriculture	ಕೃಷಿ
Bee	ಬೀ
Bison	ಕಾಡೆಮ್ಮೆ
Calf	ಕರು
Cat	ಬೆಕ್ಕು
Chicken	ಕೋಳಿ
Cow	ಹಸು
Crow	ಕಾಗೆ
Dog	ನಾಯಿ
Donkey	ಕತ್ತೆ
Fence	ಬೇಲಿ
Fertilizer	ರಸಗೊಬ್ಬರ
Field	ಕ್ಷೇತ್ರ
Goat	ಮೇಕೆ
Hay	ಹೇ
Honey	ಜೇನು
Horse	ಕುದುರೆ
Rice	ಅಕ್ಕಿ
Seeds	ಬೀಜಗಳು
Water	ನೀರು

Farm #2

ಕೃಷಿ #2

Animals	ಪ್ರಾಣಿಗಳು
Barley	ಬಾರ್ಲಿ
Barn	ಕೊಟ್ಟಿಗೆಯ
Beehive	ಜೇನುಗೂಡು
Corn	ಕಾರ್ನ್
Duck	ಬಾತುಕೋಳಿ
Farmer	ರೈತ
Food	ಆಹಾರ
Fruit	ಹಣ್ಣು
Irrigation	ನೀರಾವರಿ
Llama	ಲಾಮಾ
Meadow	ಹುಲ್ಲುಗಾವಲು
Milk	ಹಾಲು
Sheep	ಕುರಿ
Shepherd	ಕುರುಬ
To Grow	ಬೆಳೆಯಲು
Tractor	ಟ್ರಾಕ್ಟರ್
Vegetable	ತರಕಾರಿ
Wheat	ಗೋಧಿ
Windmill	ವಿಂಡ್ ಮಿಲ್

Fashion

ಫ್ಯಾಷನ್

Boutique	ಅಂಗಡಿ
Buttons	ಗುಂಡಿಗಳು
Clothing	ಬಟ್ಟೆ
Comfortable	ಆರಾಮದಾಯಕ
Elegant	ಸೊಗಸಾದ
Embroidery	ಕಸೂತಿ
Expensive	ದುಬಾರಿ
Measurements	ಅಳತೆಗಳು
Minimalist	ಕನಿಷ್ಠ
Modern	ಆಧುನಿಕ
Modest	ಸಾಧಾರಣ
Original	ಮೂಲ
Pattern	ಮಾದರಿ
Practical	ಪ್ರಾಯೋಗಿಕ
Simple	ಸರಳ
Sophisticated	ಅತ್ಯಾಧುನಿಕ
Style	ಶೈಲಿ
Texture	ವಿನ್ಯಾಸ
Trend	ಪ್ರವೃತ್ತಿ

Fishing

ಮೀನುಗಾರಿಕೆ

Bait	ಬೆಟ್
Basket	ಬುಟ್ಟಿ
Beach	ಬೀಚ್
Boat	ದೋಣಿ
Cook	ಅಡುಗೆ
Equipment	ಉಪಕರಣ
Exaggeration	ಉತ್ಪ್ರೇಕ್ಷೆ
Fins	ರೆಕ್ಕೆಗಳು
Gills	ಕಿವಿರುಗಳ
Hook	ಹುಕ್
Jaw	ದವಡೆ
Lake	ಸರೋವರ
Ocean	ಸಾಗರ
Patience	ತಾಳ್ಮೆ
River	ನದಿ
Scales	ಮಾಪಕಗಳು
Water	ನೀರು
Weight	ತೂಕ
Wire	ತಂತಿ

Flowers

ಹೂಗಳು

Bouquet	ಪುಷ್ಪಗುಚ್ಛ
Clover	ಕ್ಲೋವರ್
Daisy	ಡೈಸಿ
Dandelion	ದಂಡೇಲಿಯನ್
Gardenia	ಗಾರ್ಡೆನಿಯಾ
Hibiscus	ದಾಸವಾಳ
Jasmine	ಜಾಸ್ಮಿನ್
Lavender	ಲ್ಯಾವೆಂಡರ್
Lilac	ನೀಲಕ
Lily	ಲಿಲಿ
Magnolia	ಮ್ಯಾಗ್ನೋಲಿಯಾ
Orchid	ಆರ್ಕಿಡ್
Peony	ಪಿಯೋನಿ
Petal	ದಳ
Plumeria	ಪ್ಲುಮೆರಿಯಾ
Poppy	ಗಸಗಸೆ
Rose	ಗುಲಾಬಿ
Sunflower	ಸೂರ್ಯಕಾಂತಿ
Tulip	ಟುಲಿಪ್

Food #1
ಆಹಾರ #1

Apricot	ಏಪ್ರಿಕಾಟ್
Barley	ಬಾರ್ಲಿ
Basil	ತುಳಸಿ
Carrot	ಕ್ಯಾರೆಟ್
Cinnamon	ದಾಲ್ಚಿನ್ನಿ
Garlic	ಬೆಳ್ಳುಳ್ಳಿ
Juice	ರಸ
Lemon	ನಿಂಬೆ
Milk	ಹಾಲು
Onion	ಈರುಳ್ಳಿ
Peanut	ಕಡಲೇಕಾಯಿ
Pear	ಪಿಯರ್
Salad	ಸಲಾಡ್
Salt	ಉಪ್ಪು
Soup	ಸೂಪ್
Spinach	ಪಾಲಕ
Strawberry	ಸ್ಟ್ರಾಬೆರಿ
Sugar	ಸಕ್ಕರೆ
Tuna	ಟ್ಯೂನ
Turnip	ಟರ್ನಿಪ್

Food #2
ಆಹಾರ #2

Apple	ಸೇಬು
Artichoke	ಪಲ್ಲೆಹೂವು
Banana	ಬಾಳೆಹಣ್ಣು
Broccoli	ಕೋಸುಗಡ್ಡೆ
Celery	ಸೆಲರಿ
Cheese	ಗಿಣ್ಣು
Cherry	ಚೆರ್ರಿ
Chicken	ಕೋಳಿ
Chocolate	ಚಾಕೊಲೇಟ್
Egg	ಮೊಟ್ಟೆ
Eggplant	ಬಿಳಿಬದನೆ
Fish	ಮೀನು
Grape	ದ್ರಾಕ್ಷಿ
Ham	ಹ್ಯಾಮ್
Kiwi	ಕಿವಿ
Mushroom	ಅಣಬೆ
Rice	ಅಕ್ಕಿ
Tomato	ಟೊಮೇಟೊ
Wheat	ಗೋಧಿ
Yogurt	ಮೊಸರು

Fruit
ಹಣ್ಣು

Apple	ಸೇಬು
Apricot	ಏಪ್ರಿಕಾಟ್
Avocado	ಆವಕಾಡೊ
Banana	ಬಾಳೆಹಣ್ಣು
Berry	ಬೆರ್ರಿ
Cherry	ಚೆರ್ರಿ
Coconut	ತೆಂಗಿನಕಾಯಿ
Fig	ಚಿತ್ರ
Grape	ದ್ರಾಕ್ಷಿ
Guava	ಸೀಬೆಹಣ್ಣು
Kiwi	ಕಿವಿ
Lemon	ನಿಂಬೆ
Mango	ಮಾವು
Melon	ಕಲ್ಲಂಗಡಿ
Nectarine	ನೆಕ್ಟರಿನ್
Papaya	ಪಾಪಯಾ
Peach	ಪೀಚ್
Pear	ಪಿಯರ್
Pineapple	ಅನಾನಸ್
Raspberry	ರಾಸ್ಪ್ಬೆರಿ

Geography
ಭೂಗೋಳ

Altitude	ಎತ್ತರ
Atlas	ಅಟ್ಲಾಸ್
City	ನಗರ
Continent	ಖಂಡ
Country	ದೇಶ
Equator	ಸಮಭಾಜಕ
Hemisphere	ಗೋಳಾರ್ಧ
Island	ದ್ವೀಪ
Latitude	ಅಕ್ಷಾಂಶ
Map	ನಕ್ಷೆ
Meridian	ಮೆರಿಡಿಯನ್
Mountain	ಪರ್ವತ
North	ಉತ್ತರ
Ocean	ಸಾಗರ
Region	ಪ್ರದೇಶ
River	ನದಿ
Sea	ಸಮುದ್ರ
South	ದಕ್ಷಿಣ
West	ಪಶ್ಚಿಮ
World	ಪ್ರಪಂಚ

Geology
ಭೂವಿಜ್ಞಾನ

Acid	ಆಮ್ಲ
Calcium	ಕ್ಯಾಲ್ಸಿಯಂ
Cavern	ಗುಹೆ
Continent	ಖಂಡ
Coral	ಕೋರಲ್
Crystals	ಹರಳುಗಳು
Cycles	ಚಕ್ರಗಳು
Earthquake	ಭೂಕಂಪ
Erosion	ಸವೆತ
Fossil	ಪಳೆಯುಳಿಕೆ
Geyser	ಗೀಸರ್
Lava	ಲಾವಾ
Layer	ಪದರ
Minerals	ಖನಿಜಗಳು
Plateau	ಪ್ರಸ್ಥಭೂಮಿ
Quartz	ಸ್ಫಟಿಕ
Salt	ಉಪ್ಪು
Stalactite	ಸ್ಟಾಲಕ್ಟೈಟ್
Stone	ಕಲ್ಲು
Volcano	ಜ್ವಾಲಾಮುಖಿ

Geometry
ರೇಖಾಗಣಿತ

Angle	ಕೋನ
Calculation	ಲೆಕ್ಕಾಚಾರ
Circle	ವೃತ್ತ
Curve	ವಕ್ರ
Diameter	ವ್ಯಾಸ
Dimension	ಆಯಾಮ
Equation	ಸಮೀಕರಣ
Height	ಎತ್ತರ
Horizontal	ಅಡ್ಡ
Logic	ತರ್ಕ
Mass	ಸಮೂಹ
Median	ಮಧ್ಯಮ
Number	ಸಂಖ್ಯೆ
Parallel	ಸಮಾನಾಂತರ
Proportion	ಅನುಪಾತ
Segment	ವಿಭಾಗ
Surface	ಮೇಲ್ಮೈ
Symmetry	ಸಿಮ್ಮೆಟ್ರಿ
Theory	ಸಿದ್ಧಾಂತ
Triangle	ತ್ರಿಕೋನ

Global Warming
ಜಾಗತಿಕ ತಾಪಮಾನ

Arctic	ಆರ್ಕ್ಟಿಕ್
Attention	ಗಮನ
Climate	ಹವಾಮಾನ
Crisis	ಬಿಕ್ಕಟ್ಟು
Data	ಡೇಟಾ
Development	ಅಭಿವೃದ್ಧಿ
Energy	ಶಕ್ತಿ
Environmental	ಪರಿಸರ
Future	ಭವಿಷ್ಯ
Gas	ಅನಿಲ
Generations	ತಲೆಮಾರುಗಳು
Government	ಸರ್ಕಾರ
Habitats	ಆವಾಸಸ್ಥಾನಗಳು
Industry	ಉದ್ಯಮ
International	ಅಂತಾರಾಷ್ಟ್ರೀಯ
Legislation	ಶಾಸನ
Now	ಈಗ
Populations	ಜನಸಂಖ್ಯೆ
Scientist	ವಿಜ್ಞಾನಿ
Temperatures	ತಾಪಮಾನ

Government
ಸರ್ಕಾರ

Citizenship	ಪೌರತ್ವ
Civil	ಸಿವಿಲ್
Constitution	ಸಂವಿಧಾನ
Democracy	ಪ್ರಜಾಪ್ರಭುತ್ವ
Discussion	ಚರ್ಚೆ
Dissent	ಭಿನ್ನಾಭಿಪ್ರಾಯ
Equality	ಸಮಾನತೆ
Independence	ಸ್ವಾತಂತ್ರ್ಯ
Judicial	ನ್ಯಾಯಾಂಗ
Justice	ನ್ಯಾಯ
Law	ಕಾನೂನು
Leader	ನಾಯಕ
Liberty	ಲಿಬರ್ಟಿ
Monument	ಸ್ಮಾರಕ
Nation	ರಾಷ್ಟ್ರ
Peaceful	ಶಾಂತಿಯುತ
Politics	ರಾಜಕೀಯ
Speech	ಭಾಷಣ
State	ರಾಜ್ಯ
Symbol	ಚಿಹ್ನೆ

Hair Types
ಕೂದಲಿನ ವಿಧಗಳು

Bald	ಬೋಳು
Black	ಕಪ್ಪು
Braided	ಹೆಣೆಯಲ್ಪಟ್ಟ
Brown	ಕಂದು
Colored	ಬಣ್ಣದ
Curls	ಸುರುಳಿ
Curly	ಕರ್ಲಿ
Dry	ಒಣ
Gray	ಬೂದು
Healthy	ಆರೋಗ್ಯಕರ
Long	ಉದ್ದ
Scalp	ನೆತ್ತಿ
Shiny	ಹೊಳೆಯುವ
Silver	ಬೆಳ್ಳಿ
Smooth	ನಯವಾದ
Soft	ಮೃದು
Thick	ದಪ್ಪ
Thin	ತೆಳುವಾದ
Wavy	ಅಲೆಅಲೆಯಾದ
White	ಬಿಳಿ

Health and Wellness #1
ಆರೋಗ್ಯ ಮತ್ತು ಸ್ವಾಸ್ಥ್ಯ #1

Active	ಸಕ್ರಿಯ
Bacteria	ಬ್ಯಾಕ್ಟೀರಿಯಾ
Bones	ಮೂಳೆಗಳು
Clinic	ಕ್ಲಿನಿಕ್
Doctor	ಡಾಕ್ಟರ್
Fracture	ಮುರಿತ
Habit	ಅಭ್ಯಾಸ
Height	ಎತ್ತರ
Hormones	ಹಾರ್ಮೋನುಗಳು
Hunger	ಹಸಿವು
Injury	ಗಾಯ
Medicine	ಔಷಧ
Muscles	ಸ್ನಾಯುಗಳು
Nerves	ನರಗಳು
Pharmacy	ಔಷಧಾಲಯ
Reflex	ರಿಫ್ಲೆಕ್ಸ್
Relaxation	ವಿಶ್ರಾಂತಿ
Skin	ಚರ್ಮ
Treatment	ಚಿಕಿತ್ಸೆ
Virus	ವೈರಸ್

Health and Wellness #2
ಆರೋಗ್ಯ ಮತ್ತು ಸ್ವಾಸ್ಥ್ಯ #2

Allergy	ಅಲರ್ಜಿ
Appetite	ಹಸಿವು
Blood	ರಕ್ತ
Calorie	ಕ್ಯಾಲೋರಿ
Dehydration	ನಿರ್ಜಲೀಕರಣ
Diet	ಆಹಾರ
Digestion	ಜೀರ್ಣಕ್ರಿಯೆ
Disease	ರೋಗ
Energy	ಶಕ್ತಿ
Genetics	ಆನುವಂಶಿಕ
Healthy	ಆರೋಗ್ಯಕರ
Hospital	ಆಸ್ಪತ್ರೆ
Hygiene	ನೈರ್ಮಲ್ಯ
Infection	ಸೋಂಕು
Massage	ಮಸಾಜ್
Nutrition	ಪೋಷಣೆ
Recovery	ಚೇತರಿಕೆ
Stress	ಒತ್ತಡ
Vitamin	ವಿಟಮಿನ್
Weight	ತೂಕ

Herbalism
ಗಿಡಮೂಲಿಕೆ

Aromatic	ಆರೊಮ್ಯಾಟಿಕ್
Basil	ತುಳಸಿ
Beneficial	ಪ್ರಯೋಜನಕಾರಿ
Culinary	ಪಾಕಶಾಲೆಯ
Fennel	ಫೆನ್ನೆಲ್
Flavor	ರುಚಿ
Flower	ಹೂ
Garden	ಉದ್ಯಾನ
Garlic	ಬೆಳ್ಳುಳ್ಳಿ
Green	ಹಸಿರು
Ingredient	ಪದಾರ್ಥ
Lavender	ಲ್ಯಾವೆಂಡರ್
Marjoram	ಮಾರ್ಜೋರಾಮ್
Mint	ಮಿಂಟ್
Oregano	ಓರೆಗಾನೊ
Parsley	ಪಾರ್ಸ್ಲಿ
Plant	ಸಸ್ಯ
Quality	ಗುಣಮಟ್ಟ
Rosemary	ರೋಸ್ಮೇರಿ
Saffron	ಕೇಸರಿ

Hiking
ಪಾದಯಾತ್ರೆ

Animals	ಪ್ರಾಣಿಗಳು
Camping	ಕ್ಯಾಂಪಿಂಗ್
Climate	ಹವಾಮಾನ
Guides	ಮಾರ್ಗದರ್ಶಿಗಳು
Hazards	ಅಪಾಯಗಳು
Heavy	ಭಾರ
Map	ನಕ್ಷೆ
Mosquitoes	ಸೊಳ್ಳೆಗಳು
Mountain	ಪರ್ವತ
Nature	ಪ್ರಕೃತಿ
Orientation	ದೃಷ್ಟಿಕೋನ
Parks	ಉದ್ಯಾನವನಗಳು
Preparation	ತಯಾರಿ
Stones	ಕಲ್ಲುಗಳು
Summit	ಶೃಂಗಸಭೆ
Sun	ಸೂರ್ಯ
Tired	ದಣಿದ
Water	ನೀರು
Wild	ಕಾಡು

House
ಮನೆ

Attic	ಅಟ್ಟ
Broom	ಬ್ರೂಮ್
Curtains	ಪರದೆಗಳು
Door	ಬಾಗಿಲು
Fence	ಬೇಲಿ
Fireplace	ಬೆಂಕಿಗೂಡು
Floor	ನೆಲ
Furniture	ಪೀಠೋಪಕರಣಗಳು
Garage	ಗ್ಯಾರೇಜ್
Garden	ಉದ್ಯಾನ
Keys	ಕೀಲಿಗಳು
Kitchen	ಕಿಚನ್
Lamp	ದೀಪ
Library	ಗ್ರಂಥಾಲಯ
Mirror	ಕನ್ನಡಿ
Roof	ರೂಫ್
Room	ಕೊಠಡಿ
Shower	ಶವರ್
Wall	ಗೋಡೆ
Window	ಕಿಟಕಿ

Human Body
ಮಾನವ ದೇಹ

Ankle	ಆಂಕಲ್
Blood	ರಕ್ತ
Bones	ಮೂಳೆಗಳು
Brain	ಮೆದುಳಿನ
Chin	ಗದ್ದ
Ear	ಕಿವಿ
Elbow	ಮೊಣಕೈ
Face	ಮುಖ
Finger	ಬೆರಳು
Hand	ಕೈ
Head	ತಲೆ
Heart	ಹೃದಯ
Jaw	ದವಡೆ
Knee	ಮೊಣಕಾಲು
Leg	ಕಾಲು
Mouth	ಬಾಯಿ
Neck	ಕತ್ತು
Nose	ಮೂಗು
Shoulder	ಭುಜ
Skin	ಚರ್ಮ

Immigration
ವಲಸೆ

Administration	ಆಡಳಿತ
Adults	ವಯಸ್ಕರು
Aid	ನೆರವು
Approval	ಅನುಮೋದನೆ
Borders	ಗಡಿ
Children	ಮಕ್ಕಳು
Communication	ಸಂವಹನ
Documents	ದಾಖಲೆಗಳು
Funding	ಧನಸಹಾಯ
Housing	ವಸತಿ
Language	ಭಾಷೆ
Law	ಕಾನೂನು
Negotiation	ಮಾತುಕತೆ
Officer	ಅಧಿಕಾರಿ
Process	ಪ್ರಕ್ರಿಯೆ
Protection	ರಕ್ಷಣೆ
Situation	ಪರಿಸ್ಥಿತಿ
Solution	ಪರಿಹಾರ
Stress	ಒತ್ತಡ

Insects
ಕೀಟಗಳು

Ant	ಇರುವೆ
Aphid	ಆಫಿಡ್
Bee	ಬೀ
Beetle	ಬೀಟಲ್
Butterfly	ಬಟರ್ಫ್ಲೈ
Cicada	ಸಿಐಸಿಎಡಿಎ
Cockroach	ಜಿರಳೆ
Dragonfly	ಡ್ರಾಗನ್ಫ್ಲೈ
Flea	ಕುಟ್ಟೆಹುಳು
Gnat	ಜಿ.ಎನ್.ಎ.ಟಿ.
Grasshopper	ಮಿಡತೆ
Hornet	ಹಾರ್ನೆಟ್
Ladybug	ಲೇಡಿಬಗ್
Larva	ಲಾರ್ವಾ
Mantis	ಮ್ಯಾಂಟಿಸ್
Mosquito	ಸೊಳ್ಳೆ
Moth	ಹುಳು
Termite	ಟರ್ಮೈಟ್
Wasp	ಕಣಜ
Worm	ವರ್ಮ್

Jazz
ಜಾಝ್

Album	ಆಲ್ಬಮ್
Applause	ಚಪ್ಪಾಳೆ
Artist	ಕಲಾವಿದ
Composer	ಸಂಯೋಜಕ
Composition	ಸಂಯೋಜನೆ
Concert	ಸಂಗೀತ ಕಚೇರಿ
Drums	ಡ್ರಮ್ಸ್
Emphasis	ಒತ್ತು
Famous	ಖ್ಯಾತ
Favorites	ಮೆಚ್ಚಿನವುಗಳು
Improvisation	ಸುಧಾರಣೆ
Music	ಸಂಗೀತ
New	ಹೊಸ
Old	ಹಳೆಯ
Orchestra	ಆರ್ಕೆಸ್ಟ್ರಾ
Rhythm	ಲಯ
Song	ಹಾಡು
Style	ಶೈಲಿ
Talent	ಪ್ರತಿಭೆ
Technique	ತಂತ್ರ

Landscapes	ಭೂದೃಶ್ಯಗಳು
Beach	ಬೀಚ್
Cave	ಗುಹೆ
Desert	ಮರುಭೂಮಿ
Geyser	ಗೀಸರ್
Glacier	ಗ್ಲೇಸಿಯರ್
Hill	ಹಿಲ್
Iceberg	ಮಂಜುಗಡ್ಡೆ
Island	ದ್ವೀಪ
Lake	ಸರೋವರ
Mountain	ಪರ್ವತ
Oasis	ಓಯಸಿಸ್
Ocean	ಸಾಗರ
Peninsula	ಪೆನಿನ್ಸುಲಾ
River	ನದಿ
Sea	ಸಮುದ್ರ
Swamp	ಸ್ವಾಂಪ್
Tundra	ಧ್ರುವ
Valley	ಕಣಿವೆ
Volcano	ಜ್ವಾಲಾಮುಖಿ
Waterfall	ಜಲಪಾತ

Literature	ಸಾಹಿತ್ಯ
Analogy	ಸಾದೃಶ್ಯ
Analysis	ವಿಶ್ಲೇಷಣೆ
Anecdote	ದಂತಕಥೆಯ
Author	ಲೇಖಕ
Biography	ಜೀವನಚರಿತ್ರೆ
Comparison	ಹೋಲಿಕೆ
Conclusion	ತೀರ್ಮಾನ
Description	ವಿವರಣೆ
Dialogue	ಸಂಭಾಷಣೆ
Fiction	ಕಾಲ್ಪನಿಕ
Metaphor	ರೂಪಕ
Narrator	ನಿರೂಪಕ
Novel	ಕಾದಂಬರಿ
Poem	ಕವಿತೆ
Poetic	ಕಾವ್ಯಾತ್ಮಕ
Rhyme	ಪ್ರಾಸ
Rhythm	ಲಯ
Style	ಶೈಲಿ
Theme	ಥೀಮ್
Tragedy	ದುರಂತ

Mammals	ಸಸ್ತನಿಗಳು
Bear	ಕರಡಿ
Beaver	ಬೀವರ್
Bull	ಬುಲ್
Cat	ಬೆಕ್ಕು
Coyote	ಕೊಯೊಟೆ
Dog	ನಾಯಿ
Dolphin	ಡಾಲ್ಫಿನ್
Elephant	ಆನೆ
Fox	ಫಾಕ್ಸ್
Giraffe	ಜಿರಾಫೆ
Gorilla	ಗೊರಿಲ್ಲಾ
Horse	ಕುದುರೆ
Kangaroo	ಕಾಂಗರೂ
Lion	ಸಿಂಹ
Monkey	ಮಂಕಿ
Rabbit	ಮೊಲ
Sheep	ಕುರಿ
Whale	ತಿಮಿಂಗಿಲ
Wolf	ತೋಳ
Zebra	ಜೀಬ್ರಾ

Math	ಗಣಿತ
Angles	ಕೋನಗಳು
Arithmetic	ಅಂಕಗಣಿತ
Circumference	ಸುತ್ತಳತೆ
Decimal	ದಶಮಾಂಶ
Diameter	ವ್ಯಾಸ
Division	ವಿಭಾಗ
Equation	ಸಮೀಕರಣ
Exponent	ಘಾತ
Fraction	ಭಿನ್ನರಾಶಿ
Geometry	ಜ್ಯಾಮಿತಿ
Numbers	ಸಂಖ್ಯೆಗಳು
Parallel	ಸಮಾನಾಂತರ
Perimeter	ಪರಿಧಿ
Polygon	ಬಹುಭುಜಾಕೃತಿ
Radius	ತ್ರಿಜ್ಯ
Rectangle	ಆಯಾತ
Square	ಚೌಕ
Symmetry	ಸಿಮ್ಮೆಟ್ರಿ
Triangle	ತ್ರಿಕೋನ
Volume	ಸಂಪುಟ

Measurements	ಅಳತೆಗಳು
Byte	ಬೈಟ್
Centimeter	ಸೆಂಟಿಮೀಟರ್
Decimal	ದಶಮಾಂಶ
Degree	ಪದವಿ
Depth	ಆಳ
Gram	ಗ್ರಾಂ
Height	ಎತ್ತರ
Inch	ಇಂಚು
Kilogram	ಕಿಲೋಗ್ರಾಂ
Kilometer	ಕಿಲೋಮೀಟರ್
Length	ಉದ್ದ
Liter	ಲೀಟರ್
Mass	ಸಮೂಹ
Meter	ಮೀಟರ್
Minute	ನಿಮಿಷ
Ounce	ಔನ್ಸ್
Ton	ಟನ್
Volume	ಸಂಪುಟ
Weight	ತೂಕ
Width	ಅಗಲ

Meditation	ಧ್ಯಾನ
Acceptance	ಸ್ವೀಕಾರ
Attention	ಗಮನ
Calm	ಶಾಂತ
Clarity	ಸ್ಪಷ್ಟತೆ
Compassion	ಸಹಾನುಭೂತಿ
Emotions	ಭಾವನೆಗಳು
Gratitude	ಕೃತಜ್ಞತೆ
Insight	ಒಳನೋಟ
Kindness	ದಯೆ
Mental	ಮಾನಸಿಕ
Mind	ಮನಸ್ಸು
Movement	ಚಲನೆ
Music	ಸಂಗೀತ
Nature	ಪ್ರಕೃತಿ
Observation	ವೀಕ್ಷಣೆ
Peace	ಶಾಂತಿ
Perspective	ದೃಷ್ಟಿಕೋನ
Silence	ಮೌನ
Thoughts	ಆಲೋಚನೆಗಳು
To Learn	ಕಲಿಯಲು

Hiking
ಪಾದಯಾತ್ರೆ

Animals	ಪ್ರಾಣಿಗಳು
Camping	ಕ್ಯಾಂಪಿಂಗ್
Climate	ಹವಾಮಾನ
Guides	ಮಾರ್ಗದರ್ಶಿಗಳು
Hazards	ಅಪಾಯಗಳು
Heavy	ಭಾರ
Map	ನಕ್ಷೆ
Mosquitoes	ಸೊಳ್ಳೆಗಳು
Mountain	ಪರ್ವತ
Nature	ಪ್ರಕೃತಿ
Orientation	ದೃಷ್ಟಿಕೋನ
Parks	ಉದ್ಯಾನವನಗಳು
Preparation	ತಯಾರಿ
Stones	ಕಲ್ಲುಗಳು
Summit	ಶೃಂಗಸಭೆ
Sun	ಸೂರ್ಯ
Tired	ದಣಿದ
Water	ನೀರು
Wild	ಕಾಡು

House
ಮನೆ

Attic	ಅಟ್ಟ
Broom	ಬ್ರೂಮ್
Curtains	ಪರದೆಗಳು
Door	ಬಾಗಿಲು
Fence	ಬೇಲಿ
Fireplace	ಬೆಂಕಿಗೂಡು
Floor	ನೆಲ
Furniture	ಪೀಠೋಪಕರಣಗಳು
Garage	ಗ್ಯಾರೇಜ್
Garden	ಉದ್ಯಾನ
Keys	ಕೀಲಿಗಳು
Kitchen	ಕಿಚನ್
Lamp	ದೀಪ
Library	ಗ್ರಂಥಾಲಯ
Mirror	ಕನ್ನಡಿ
Roof	ರೂಫ್
Room	ಕೊಠಡಿ
Shower	ಶವರ್
Wall	ಗೋಡೆ
Window	ಕಿಟಕಿ

Human Body
ಮಾನವ ದೇಹ

Ankle	ಆಂಕಲ್
Blood	ರಕ್ತ
Bones	ಮೂಳೆಗಳು
Brain	ಮೆದುಳಿನ
Chin	ಗದ್ದ
Ear	ಕಿವಿ
Elbow	ಮೊಣಕೈ
Face	ಮುಖ
Finger	ಬೆರಳು
Hand	ಕೈ
Head	ತಲೆ
Heart	ಹೃದಯ
Jaw	ದವಡೆ
Knee	ಮೊಣಕಾಲು
Leg	ಕಾಲು
Mouth	ಬಾಯಿ
Neck	ಕತ್ತು
Nose	ಮೂಗು
Shoulder	ಭುಜ
Skin	ಚರ್ಮ

Immigration
ವಲಸೆ

Administration	ಆಡಳಿತ
Adults	ವಯಸ್ಕರು
Aid	ನೆರವು
Approval	ಅನುಮೋದನೆ
Borders	ಗಡಿ
Children	ಮಕ್ಕಳು
Communication	ಸಂವಹನ
Documents	ದಾಖಲೆಗಳು
Funding	ಧನಸಹಾಯ
Housing	ವಸತಿ
Language	ಭಾಷೆ
Law	ಕಾನೂನು
Negotiation	ಮಾತುಕತೆ
Officer	ಅಧಿಕಾರಿ
Process	ಪ್ರಕ್ರಿಯೆ
Protection	ರಕ್ಷಣೆ
Situation	ಪರಿಸ್ಥಿತಿ
Solution	ಪರಿಹಾರ
Stress	ಒತ್ತಡ

Insects
ಕೀಟಗಳು

Ant	ಇರುವೆ
Aphid	ಆಫಿಡ್
Bee	ಬೀ
Beetle	ಬೀಟಲ್
Butterfly	ಬಟರ್ಫ್ಲೈ
Cicada	ಸಿಐಸಿಎಡಿಎ
Cockroach	ಜಿರಳೆ
Dragonfly	ಡ್ರಾಗನ್ಫ್ಲೈ
Flea	ಕುಟ್ಟೆಹುಳು
Gnat	ಜಿ.ಎನ್.ಎ.ಟಿ.
Grasshopper	ಮಿಡತೆ
Hornet	ಹಾರ್ನೆಟ್
Ladybug	ಲೇಡಿಬಗ್
Larva	ಲಾರ್ವಾ
Mantis	ಮ್ಯಾಂಟಿಸ್
Mosquito	ಸೊಳ್ಳೆ
Moth	ಹುಳು
Termite	ಟರ್ಮೈಟ್
Wasp	ಕಣಜ
Worm	ವರ್ಮ್

Jazz
ಜಾಝ್

Album	ಆಲ್ಬಮ್
Applause	ಚಪ್ಪಾಳೆ
Artist	ಕಲಾವಿದ
Composer	ಸಂಯೋಜಕ
Composition	ಸಂಯೋಜನೆ
Concert	ಸಂಗೀತ ಕಚೇರಿ
Drums	ಡ್ರಮ್ಸ್
Emphasis	ಒತ್ತು
Famous	ಖ್ಯಾತ
Favorites	ಮೆಚ್ಚಿನವುಗಳು
Improvisation	ಸುಧಾರಣೆ
Music	ಸಂಗೀತ
New	ಹೊಸ
Old	ಹಳೆಯ
Orchestra	ಆರ್ಕೆಸ್ಟ್ರಾ
Rhythm	ಲಯ
Song	ಹಾಡು
Style	ಶೈಲಿ
Talent	ಪ್ರತಿಭೆ
Technique	ತಂತ್ರ

Landscapes
ಭೂದೃಶ್ಯಗಳು

Beach	ಬೀಚ್
Cave	ಗುಹೆ
Desert	ಮರುಭೂಮಿ
Geyser	ಗೀಸರ್
Glacier	ಗ್ಲೇಸಿಯರ್
Hill	ಹಿಲ್
Iceberg	ಮಂಜುಗಡ್ಡೆ
Island	ದ್ವೀಪ
Lake	ಸರೋವರ
Mountain	ಪರ್ವತ
Oasis	ಓಯಸಿಸ್
Ocean	ಸಾಗರ
Peninsula	ಪೆನಿನ್ಸುಲಾ
River	ನದಿ
Sea	ಸಮುದ್ರ
Swamp	ಸ್ವಾಂಪ್
Tundra	ಧ್ರುವ
Valley	ಕಣಿವೆ
Volcano	ಜ್ವಾಲಾಮುಖಿ
Waterfall	ಜಲಪಾತ

Literature
ಸಾಹಿತ್ಯ

Analogy	ಸಾದೃಶ್ಯ
Analysis	ವಿಶ್ಲೇಷಣೆ
Anecdote	ದಂತಕಥೆಯ
Author	ಲೇಖಕ
Biography	ಜೀವನಚರಿತ್ರೆ
Comparison	ಹೋಲಿಕೆ
Conclusion	ತೀರ್ಮಾನ
Description	ವಿವರಣೆ
Dialogue	ಸಂಭಾಷಣೆ
Fiction	ಕಾಲ್ಪನಿಕ
Metaphor	ರೂಪಕ
Narrator	ನಿರೂಪಕ
Novel	ಕಾದಂಬರಿ
Poem	ಕವಿತೆ
Poetic	ಕಾವ್ಯಾತ್ಮಕ
Rhyme	ಪ್ರಾಸ
Rhythm	ಲಯ
Style	ಶೈಲಿ
Theme	ಥೀಮ್
Tragedy	ದುರಂತ

Mammals
ಸಸ್ತನಿಗಳು

Bear	ಕರಡಿ
Beaver	ಬೀವರ್
Bull	ಬುಲ್
Cat	ಬೆಕ್ಕು
Coyote	ಕೊಯೊಟೆ
Dog	ನಾಯಿ
Dolphin	ಡಾಲ್ಫಿನ್
Elephant	ಆನೆ
Fox	ಫಾಕ್ಸ್
Giraffe	ಜಿರಾಫೆ
Gorilla	ಗೊರಿಲ್ಲಾ
Horse	ಕುದುರೆ
Kangaroo	ಕಾಂಗರೂ
Lion	ಸಿಂಹ
Monkey	ಮಂಕಿ
Rabbit	ಮೊಲ
Sheep	ಕುರಿ
Whale	ತಿಮಿಂಗಿಲ
Wolf	ತೋಳ
Zebra	ಜೀಬ್ರಾ

Math
ಗಣಿತ

Angles	ಕೋನಗಳು
Arithmetic	ಅಂಕಗಣಿತ
Circumference	ಸುತ್ತಳತೆ
Decimal	ದಶಮಾಂಶ
Diameter	ವ್ಯಾಸ
Division	ವಿಭಾಗ
Equation	ಸಮೀಕರಣ
Exponent	ಘಾತ
Fraction	ಭಿನ್ನರಾಶಿ
Geometry	ಜ್ಯಾಮಿತಿ
Numbers	ಸಂಖ್ಯೆಗಳು
Parallel	ಸಮಾನಾಂತರ
Perimeter	ಪರಿಧಿ
Polygon	ಬಹುಭುಜಾಕೃತಿ
Radius	ತ್ರಿಜ್ಯ
Rectangle	ಆಯಾತ
Square	ಚೌಕ
Symmetry	ಸಿಮ್ಮೆಟ್ರಿ
Triangle	ತ್ರಿಕೋನ
Volume	ಸಂಪುಟ

Measurements
ಅಳತೆಗಳು

Byte	ಬೈಟ್
Centimeter	ಸೆಂಟಿಮೀಟರ್
Decimal	ದಶಮಾಂಶ
Degree	ಪದವಿ
Depth	ಆಳ
Gram	ಗ್ರಾಂ
Height	ಎತ್ತರ
Inch	ಇಂಚು
Kilogram	ಕಿಲೋಗ್ರಾಂ
Kilometer	ಕಿಲೋಮೀಟರ್
Length	ಉದ್ದ
Liter	ಲೀಟರ್
Mass	ಸಮೂಹ
Meter	ಮೀಟರ್
Minute	ನಿಮಿಷ
Ounce	ಔನ್ಸ್
Ton	ಟನ್
Volume	ಸಂಪುಟ
Weight	ತೂಕ
Width	ಅಗಲ

Meditation
ಧ್ಯಾನ

Acceptance	ಸ್ವೀಕಾರ
Attention	ಗಮನ
Calm	ಶಾಂತ
Clarity	ಸ್ಪಷ್ಟತೆ
Compassion	ಸಹಾನುಭೂತಿ
Emotions	ಭಾವನೆಗಳು
Gratitude	ಕೃತಜ್ಞತೆ
Insight	ಒಳನೋಟ
Kindness	ದಯೆ
Mental	ಮಾನಸಿಕ
Mind	ಮನಸ್ಸು
Movement	ಚಲನೆ
Music	ಸಂಗೀತ
Nature	ಪ್ರಕೃತಿ
Observation	ವೀಕ್ಷಣೆ
Peace	ಶಾಂತಿ
Perspective	ದೃಷ್ಟಿಕೋನ
Silence	ಮೌನ
Thoughts	ಆಲೋಚನೆಗಳು
To Learn	ಕಲಿಯಲು

Music
ಸಂಗೀತ

Album	ಆಲ್ಬಮ್
Ballad	ಬಲ್ಲಾಡ್
Chorus	ಕೋರಸ್
Classical	ಶಾಸ್ತ್ರೀಯ
Eclectic	ಆಯ್ದ
Harmonic	ಹಾರ್ಮೋನಿಕ್
Harmony	ಸಾಮರಸ್ಯ
Lyrical	ಭಾವಗೀತಾತ್ಮಕ
Melody	ಮಧುರ
Microphone	ಮೈಕ್ರೊಫೋನ್
Musical	ಸಂಗೀತ
Musician	ಸಂಗೀತಗಾರ
Opera	ಒಪೆರಾ
Poetic	ಕಾವ್ಯಾತ್ಮಕ
Recording	ರೆಕಾರ್ಡಿಂಗ್
Rhythm	ಲಯ
Rhythmic	ಲಯಬದ್ಧ
Sing	ಹಾಡಿ
Singer	ಗಾಯಕ
Vocal	ಗಾಯನ

Musical Instruments
ಸಂಗೀತ ವಾದ್ಯಗಳು

Banjo	ಬಂಜೋ
Bassoon	ಬಾಸ್ಸೂನ್
Cello	ಸೆಲ್ಲೋ
Clarinet	ಕ್ಲಾರಿನೆಟ್
Drum	ಡ್ರಮ್
Flute	ಕೊಳಲು
Gong	ಗಾಂಗ್
Guitar	ಗಿಟಾರ್
Harmonica	ಹಾರ್ಮೋನಿಕಾ
Harp	ಹಾರ್ಪ್
Mandolin	ಮ್ಯಾಂಡೋಲಿನ್
Marimba	ಮರಿಂಬಾ
Oboe	ಓಬಿಓ
Percussion	ತಾಳವಾದ್ಯ
Piano	ಪಿಯಾನೋ
Saxophone	ಸ್ಯಾಕ್ಸೋಫೋನ್
Tambourine	ಟಾಂಬೊರಿನ್
Trombone	ಟ್ರಮ್ಬೊನ್
Trumpet	ತುತ್ತೂರಿ
Violin	ಪಿಟೀಲು

Mythology
ಪುರಾಣ

Archetype	ಆರ್ಕೆಟೈಪ್
Behavior	ನಡವಳಿಕೆ
Beliefs	ನಂಬಿಕೆಗಳು
Creation	ಸೃಷ್ಟಿ
Creature	ಜೀವಿ
Culture	ಸಂಸ್ಕೃತಿ
Deities	ದೇವತೆಗಳು
Disaster	ದುರಂತದ
Heaven	ಸ್ವರ್ಗ
Hero	ಹೀರೋ
Immortality	ಅಮರತ್ವ
Jealousy	ಅಸೂಯೆ
Labyrinth	ಚಕ್ರವ್ಯೂಹ
Legend	ದಂತಕಥೆ
Lightning	ಮಿಂಚು
Monster	ದೈತ್ಯಾಕಾರದ
Revenge	ಸೇಡು
Strength	ಶಕ್ತಿ
Thunder	ಗುಡುಗು
Warrior	ಯೋಧ

Nature
ಪ್ರಕೃತಿ

Animals	ಪ್ರಾಣಿಗಳು
Arctic	ಆರ್ಕ್ಟಿಕ್
Beauty	ಸೌಂದರ್ಯ
Bees	ಜೇನುನೊಣಗಳು
Clouds	ಮೋಡಗಳು
Desert	ಮರುಭೂಮಿ
Dynamic	ಡೈನಾಮಿಕ್
Erosion	ಸವೆತ
Fog	ಮಂಜು
Foliage	ಎಲೆಗಳು
Forest	ಅರಣ್ಯ
Glacier	ಗ್ಲೇಸಿಯರ್
Mountains	ಪರ್ವತಗಳು
Peaceful	ಶಾಂತಿಯುತ
River	ನದಿ
Sanctuary	ಅಭಯಾರಣ್ಯ
Serene	ಪ್ರಶಾಂತ
Tropical	ಉಷ್ಣವಲಯದ
Vital	ಪ್ರಮುಖ
Wild	ಕಾಡು

Numbers
ಸಂಖ್ಯೆಗಳು

Decimal	ದಶಮಾಂಶ
Eight	ಎಂಟು
Eighteen	ಹದಿನೆಂಟು
Fifteen	ಹದಿನೈದು
Five	ಐದು
Four	ನಾಲ್ಕು
Fourteen	ಹದಿನಾಲ್ಕು
Nine	ಒಂಬತ್ತು
Nineteen	ಹತ್ತೊಂಬತ್ತು
One	ಒಂದು
Seven	ಏಳು
Seventeen	ಹದಿನೇಳು
Six	ಆರು
Sixteen	ಹದಿನಾರು
Ten	ಹತ್ತು
Thirteen	ಹದಿಮೂರು
Three	ಮೂರು
Twelve	ಹನ್ನೆರಡು
Twenty	ಇಪ್ಪತ್ತು
Two	ಎರಡು

Nutrition
ಪೋಷಣೆ

Appetite	ಹಸಿವು
Balanced	ಸಮತೋಲಿತ
Bitter	ಕಹಿ
Cereals	ಧಾನ್ಯಗಳು
Diet	ಆಹಾರ
Digestion	ಜೀರ್ಣಕ್ರಿಯೆ
Edible	ಖಾದ್ಯ
Fermentation	ಹುದುಗುವಿಕೆ
Flavor	ರುಚಿ
Health	ಆರೋಗ್ಯ
Healthy	ಆರೋಗ್ಯಕರ
Liquids	ದ್ರವಗಳು
Nutrient	ಪೋಷಕಾಂಶ
Proteins	ಪ್ರೋಟೀನ್
Quality	ಗುಣಮಟ್ಟ
Sauce	ಸಾಸ್
Spices	ಮಸಾಲೆಗಳು
Toxin	ಟಾಕ್ಸಿನ್
Vitamin	ವಿಟಮಿನ್
Weight	ತೂಕ

Ocean
ಸಾಗರ

Algae	ಪಾಚಿ
Coral	ಕೋರಲ್
Crab	ಏಡಿ
Dolphin	ಡಾಲ್ಫಿನ್
Eel	ಈಲ್
Fish	ಮೀನು
Jellyfish	ಜೆಲ್ಲಿ
Octopus	ಆಕ್ಟೋಪಸ್
Oyster	ಸಿಂಪಿ
Reef	ರೀಫ್
Salt	ಉಪ್ಪು
Seaweed	ಕಡಲಕಳೆ
Shark	ಶಾರ್ಕ್
Shrimp	ಸೀಗಡಿ
Sponge	ಸ್ಪಾಂಜ್
Storm	ಬಿರುಗಾಳಿ
Tuna	ಟ್ಯೂನ
Turtle	ಆಮೆ
Waves	ಅಲೆಗಳು
Whale	ತಿಮಿಂಗಿಲ

Philanthropy
ಲೋಕೋಪಕಾರ

Challenges	ಸವಾಲುಗಳು
Children	ಮಕ್ಕಳು
Community	ಸಮುದಾಯ
Contacts	ಸಂಪರ್ಕಗಳು
Donate	ದಾನ
Finance	ಹಣಕಾಸು
Funds	ನಿಧಿಗಳು
Generosity	ಉದಾರತೆ
Global	ಜಾಗತಿಕ
Goals	ಗುರಿಗಳು
Groups	ಗುಂಪುಗಳು
History	ಇತಿಹಾಸ
Honesty	ಪ್ರಾಮಾಣಿಕತೆ
Humanity	ಮಾನವೀಯತೆ
Mission	ಮಿಷನ್
Need	ಅಗತ್ಯ
People	ಜನರು
Programs	ಕಾರ್ಯಕ್ರಮಗಳು
Public	ಸಾರ್ವಜನಿಕ
Youth	ಯುವ

Physics
ಭೌತಶಾಸ್ತ್ರ

Acceleration	ವೇಗವರ್ಧನೆ
Chaos	ಅವ್ಯವಸ್ಥೆ
Chemical	ರಾಸಾಯನಿಕ
Density	ಸಾಂದ್ರತೆ
Electron	ಎಲೆಕ್ಟ್ರಾನ್
Engine	ಎಂಜಿನ್
Expansion	ವಿಸ್ತರಣೆ
Experiment	ಪ್ರಯೋಗ
Formula	ಸೂತ್ರ
Frequency	ಆವರ್ತನ
Gas	ಅನಿಲ
Magnetism	ಕಾಂತೀಯತೆ
Mass	ಸಮೂಹ
Mechanics	ಯಂತ್ರ
Molecule	ಅಣು
Nuclear	ಪರಮಾಣು
Particle	ಕಣ
Relativity	ಸಾಪೇಕ್ಷತೆ
Universal	ಸಾರ್ವತ್ರಿಕ
Velocity	ವೇಗ

Plants
ಸಸ್ಯಗಳು

Bamboo	ಬಿದಿರು
Bean	ಬೀನ್
Berry	ಬೆರ್ರಿ
Botany	ಸಸ್ಯಶಾಸ್ತ್ರ
Bush	ಬುಷ್
Cactus	ಪಾಸುಕಳ್ಳಿ
Fertilizer	ರಸಗೊಬ್ಬರ
Flora	ಫ್ಲೋರಾ
Flower	ಹೂ
Foliage	ಎಲೆಗಳು
Forest	ಅರಣ್ಯ
Garden	ಉದ್ಯಾನ
Grass	ಹುಲ್ಲು
Ivy	ಐವಿ
Moss	ಪಾಚಿ
Petal	ದಳ
Root	ಬೇರು
Stem	ಕಾಂಡ
Tree	ಮರ
Vegetation	ಸಸ್ಯವರ್ಗ

Professions #1
ವೃತ್ತಿಗಳು #1

Ambassador	ರಾಯಭಾರಿ
Attorney	ವಕೀಲ
Banker	ಬ್ಯಾಂಕರ್
Cartographer	ಕಾರ್ಟೋಗ್ರಾಫರ್
Coach	ಕೋಚ್
Dancer	ನರ್ತಕಿ
Doctor	ಡಾಕ್ಟರ್
Editor	ಸಂಪಾದಕ
Firefighter	ಅಗ್ನಿಶಾಮಕ
Geologist	ಭೂವಿಜ್ಞಾನಿ
Hunter	ಹಂಟರ್
Jeweler	ಆಭರಣ
Musician	ಸಂಗೀತಗಾರ
Nurse	ನರ್ಸ್
Pianist	ಪಿಯಾನೋ ವಾದಕ
Plumber	ಕೊಳಾಯಿಗಾರ
Sailor	ನಾವಿಕ
Scientist	ವಿಜ್ಞಾನಿ
Tailor	ಟೈಲರ್
Veterinarian	ಪಶುವೈದ್ಯ

Professions #2
ವೃತ್ತಿಗಳು #2

Astronaut	ಗಗನಯಾತ್ರಿ
Biologist	ಜೀವಶಾಸ್ತ್ರಜ್ಞ
Dentist	ದಂತವೈದ್ಯ
Detective	ಪತ್ತೇದಾರಿ
Engineer	ಎಂಜಿನಿಯರ್
Farmer	ರೈತ
Gardener	ತೋಟಗಾರ
Illustrator	ಇಲ್ಲಸ್ಟ್ರೇಟರ್
Inventor	ಆವಿಷ್ಕಾರಕ
Investigator	ತನಿಖಾಧಿಕಾರಿ
Journalist	ಪತ್ರಕರ್ತ
Librarian	ಗ್ರಂಥಪಾಲಕ
Painter	ಪೇಂಟರ್
Philosopher	ತತ್ವಜ್ಞಾನಿ
Photographer	ಛಾಯಾಗ್ರಾಹಕ
Physician	ವೈದ್ಯ
Pilot	ಪೈಲಟ್
Professor	ಪ್ರೊಫೆಸರ್
Researcher	ಸಂಶೋಧಕ
Teacher	ಶಿಕ್ಷಕ

Psychology
ಮನೋವಿಜ್ಞಾನ

Appointment	ನೇಮಕಾತಿ
Assessment	ಮೌಲ್ಯಮಾಪನ
Behavior	ನಡವಳಿಕೆ
Childhood	ಬಾಲ್ಯ
Clinical	ಕ್ಲಿನಿಕಲ್
Cognition	ಅರಿವು
Conflict	ಸಂಘರ್ಷ
Dreams	ಕನಸುಗಳು
Ego	ಅಹಂಕಾರ
Emotions	ಭಾವನೆಗಳು
Experiences	ಅನುಭವಗಳು
Influences	ಪ್ರಭಾವಗಳು
Perception	ಗ್ರಹಿಕೆ
Personality	ವ್ಯಕ್ತಿತ್ವ
Problem	ಸಮಸ್ಯೆ
Reality	ವಾಸ್ತವ
Sensation	ಸಂವೇದನೆ
Therapy	ಚಿಕಿತ್ಸೆ
Thoughts	ಆಲೋಚನೆಗಳು
Unconscious	ಪ್ರಜ್ಞಾಹೀನ

Rainforest
ಮಳೆಕಾಡು

Amphibians	ಉಭಯಚರಗಳು
Birds	ಪಕ್ಷಿಗಳು
Botanical	ಸಸ್ಯಶಾಸ್ತ್ರೀಯ
Climate	ಹವಾಮಾನ
Clouds	ಮೋಡಗಳು
Community	ಸಮುದಾಯ
Diversity	ವೈವಿಧ್ಯತೆ
Indigenous	ಸ್ಥಳೀಯ
Insects	ಕೀಟಗಳು
Jungle	ಜಂಗಲ್
Mammals	ಸಸ್ತನಿಗಳು
Moss	ಪಾಚಿ
Nature	ಪ್ರಕೃತಿ
Preservation	ಸಂರಕ್ಷಣೆ
Refuge	ಆಶ್ರಯ
Respect	ಗೌರವ
Restoration	ಪುನಃಸ್ಥಾಪನೆ
Species	ಜಾತಿಗಳು
Survival	ಬದುಕುಳಿಯುವಿಕೆ
Valuable	ಬೆಲೆಬಾಳುವ

Restaurant #1
ರೆಸ್ಟೋರೆಂಟ್ #1

Allergy	ಅಲರ್ಜಿ
Bowl	ಬೌಲ್
Bread	ಬ್ರೆಡ್
Cashier	ಕ್ಯಾಷಿಯರ್
Chicken	ಕೋಳಿ
Coffee	ಕಾಫಿ
Dessert	ಸಿಹಿ
Food	ಆಹಾರ
Ingredients	ಪದಾರ್ಥಗಳು
Kitchen	ಕಿಚನ್
Knife	ಚಾಕು
Meat	ಮಾಂಸ
Menu	ಮೆನು
Napkin	ಕರವಸ್ತ್ರ
Plate	ಪ್ಲೇಟ್
Reservation	ಮೀಸಲಾತಿ
Sauce	ಸಾಸ್
Spicy	ಮಸಾಲೆಯುಕ್ತ
To Eat	ತಿನ್ನಲು
Waitress	ಪರಿಚಾರಿಕೆ

Restaurant #2
ರೆಸ್ಟೋರೆಂಟ್ #2

Beverage	ಪಾನೀಯ
Cake	ಕೇಕ್
Chair	ಕುರ್ಚಿ
Delicious	ರುಚಿಯಾದ
Dinner	ಊಟ
Eggs	ಮೊಟ್ಟೆಗಳು
Fish	ಮೀನು
Fork	ಫೋರ್ಕ್
Fruit	ಹಣ್ಣು
Ice	ಹಿಮ
Noodles	ನೂಡಲ್ಸ್
Salad	ಸಲಾಡ್
Salt	ಉಪ್ಪು
Soup	ಸೂಪ್
Spices	ಮಸಾಲೆಗಳು
Spoon	ಚಮಚ
Vegetables	ತರಕಾರಿಗಳು
Waiter	ಮಾಣಿ
Water	ನೀರು

Science
ವಿಜ್ಞಾನ

Atom	ಪರಮಾಣು
Chemical	ರಾಸಾಯನಿಕ
Climate	ಹವಾಮಾನ
Data	ಡೇಟಾ
Evolution	ವಿಕಾಸ
Experiment	ಪ್ರಯೋಗ
Fact	ವಾಸ್ತವಾಂಶ
Fossil	ಪಳೆಯುಳಿಕೆ
Hypothesis	ಕಲ್ಪನೆ
Laboratory	ಪ್ರಯೋಗಾಲಯ
Method	ವಿಧಾನ
Minerals	ಖನಿಜಗಳು
Molecules	ಅಣುಗಳು
Nature	ಪ್ರಕೃತಿ
Observation	ವೀಕ್ಷಣೆ
Organism	ಜೀವಿ
Particles	ಕಣಗಳು
Physics	ಭೌತಶಾಸ್ತ್ರ
Plants	ಗಿಡಗಳು
Scientist	ವಿಜ್ಞಾನಿ

Science Fiction
ವೈಜ್ಞಾನಿಕ ಕಾದಂಬರಿ

Atomic	ಪರಮಾಣು
Books	ಪುಸ್ತಕಗಳು
Chemicals	ರಾಸಾಯನಿಕಗಳು
Cinema	ಸಿನಿಮಾ
Distant	ದೂರದ
Dystopia	ಡಿಸ್ಟೋಪಿಯಾ
Explosion	ಸ್ಫೋಟ
Extreme	ವಿಪರೀತ
Fantastic	ಅದ್ಭುತ
Fire	ಬೆಂಕಿ
Futuristic	ಭವಿಷ್ಯದ
Galaxy	ಗ್ಯಾಲಕ್ಸಿ
Illusion	ಭ್ರಮೆ
Imaginary	ಕಾಲ್ಪನಿಕ
Mysterious	ನಿಗೂಢ
Oracle	ಒರಾಕಲ್
Planet	ಗ್ರಹ
Technology	ತಂತ್ರಜ್ಞಾನ
Utopia	ರಾಮ
World	ಪ್ರಪಂಚ

Scientific Disciplines
ವೈಜ್ಞಾನಿಕ ವಿಭಾಗಗಳು

Archaeology	ಪುರಾತತ್ತ್ವ
Astronomy	ಖಗೋಳಶಾಸ್ತ್ರ
Biology	ಜೀವಶಾಸ್ತ್ರ
Botany	ಸಸ್ಯಶಾಸ್ತ್ರ
Chemistry	ರಸಾಯನಶಾಸ್ತ್ರ
Ecology	ಪರಿಸರ ವಿಜ್ಞಾನ
Geology	ಭೂವಿಜ್ಞಾನ
Immunology	ಇಮ್ಯುನಾಲಜಿ
Kinesiology	ಕಿನಿಸಿಯಾಲಜಿ
Linguistics	ಭಾಷಾಶಾಸ್ತ್ರ
Mechanics	ಯಂತ್ರ
Mineralogy	ಖನಿಜಶಾಸ್ತ್ರ
Neurology	ನರವಿಜ್ಞಾನ
Nutrition	ಪೋಷಣೆ
Physics	ಭೌತಶಾಸ್ತ್ರ
Physiology	ಶರೀರಶಾಸ್ತ್ರ
Psychology	ಸೈಕಾಲಜಿ
Robotics	ರೊಬೊಟಿಕ್ಸ್
Sociology	ಸಮಾಜಶಾಸ್ತ್ರ
Zoology	ಪ್ರಾಣಿಶಾಸ್ತ್ರ

Shapes
ಆಕಾರಗಳು

Arc	ಆರ್ಕ್
Circle	ವೃತ್ತ
Cone	ಕೋನ್
Corner	ಮೂಲೆಯಲ್ಲಿ
Cube	ಘನ
Curve	ವಕ್ರ
Cylinder	ಸಿಲಿಂಡರ್
Edges	ಅಂಚುಗಳು
Ellipse	ದೀರ್ಘವೃತ್ತ
Hyperbola	ಹೈಪರ್ಬೋಲಾ
Line	ಸಾಲು
Oval	ಓವಲ್
Polygon	ಬಹುಭುಜಾಕೃತಿ
Prism	ಪ್ರಿಸ್ಮ್
Pyramid	ಪಿರಮಿಡ್
Rectangle	ಆಯಾತ
Side	ಬದಿ
Sphere	ಗೋಳ
Square	ಚೌಕ
Triangle	ತ್ರಿಕೋನ

Spices
ಮಸಾಲೆಗಳು

Anise	ಸೋಂಪುಗಿಡ
Bitter	ಕಹಿ
Cardamom	ಏಲಕ್ಕಿ
Cinnamon	ದಾಲ್ಚಿನ್ನಿ
Clove	ಲವಂಗ
Coriander	ಕೊತ್ತಂಬರಿ
Cumin	ಜೀರಿಗೆ
Curry	ಕರಿ
Fennel	ಫೆನ್ನೆಲ್
Fenugreek	ಮೆಂತ್ಯ
Flavor	ರುಚಿ
Garlic	ಬೆಳ್ಳುಳ್ಳಿ
Ginger	ಶುಂಠಿ
Nutmeg	ಜಾಯಿಕಾಯಿ
Onion	ಈರುಳ್ಳಿ
Paprika	ಕೆಂಪುಮೆಣಸು
Saffron	ಕೇಸರಿ
Salt	ಉಪ್ಪು
Sweet	ಸಿಹಿ
Vanilla	ವೆನಿಲ್ಲಾ

Sport
ಕ್ರೀಡೆ

Ability	ಸಾಮರ್ಥ್ಯ
Athlete	ಕ್ರೀಡಾಪಟು
Body	ದೇಹ
Bones	ಮೂಳೆಗಳು
Coach	ಕೋಚ್
Cycling	ಸೈಕ್ಲಿಂಗ್
Dancing	ನೃತ್ಯ
Diet	ಆಹಾರ
Endurance	ಸಹಿಷ್ಣುತೆ
Goal	ಗುರಿ
Health	ಆರೋಗ್ಯ
Jogging	ಜಾಗಿಂಗ್
Maximize	ಗರಿಷ್ಠಗೊಳಿಸು
Metabolic	ಚಯಾಪಚಯ
Muscles	ಸ್ನಾಯುಗಳು
Nutrition	ಪೋಷಣೆ
Program	ಕಾರ್ಯಕ್ರಮ
Sports	ಕ್ರೀಡೆ
Strength	ಶಕ್ತಿ

Technology
ತಂತ್ರಜ್ಞಾನ

Blog	ಬ್ಲಾಗ್
Browser	ಬ್ರೌಸರ್
Camera	ಕ್ಯಾಮೆರಾ
Computer	ಕಂಪ್ಯೂಟರ್
Cursor	ಕರ್ಸರ್
Data	ಡೇಟಾ
Digital	ಡಿಜಿಟಲ್
Display	ಪ್ರದರ್ಶನ
File	ಫೈಲ್
Font	ಫಾಂಟ್
Internet	ಇಂಟರ್ನೆಟ್
Message	ಸಂದೇಶ
Research	ಸಂಶೋಧನೆ
Screen	ಪರದೆಯ
Security	ಭದ್ರತೆ
Software	ತಂತ್ರಾಂಶ
Statistics	ಅಂಕಿಅಂಶ
Virtual	ವರ್ಚುವಲ್
Virus	ವೈರಸ್

The Company
ಕಂಪನಿ

Business	ವ್ಯಾಪಾರ
Creative	ಸೃಜನಶೀಲ
Decision	ನಿರ್ಧಾರ
Employment	ಉದ್ಯೋಗ
Global	ಜಾಗತಿಕ
Industry	ಉದ್ಯಮ
Innovative	ನವೀನ
Investment	ಬಂಡವಾಳ
Possibility	ಸಾಧ್ಯತೆ
Presentation	ಪ್ರಸ್ತುತಿ
Product	ಉತ್ಪನ್ನ
Professional	ವೃತ್ತಿಪರ
Progress	ಪ್ರಗತಿ
Quality	ಗುಣಮಟ್ಟ
Reputation	ಖ್ಯಾತಿ
Resources	ಸಂಪನ್ಮೂಲಗಳು
Revenue	ಆದಾಯ
Risks	ಅಪಾಯಗಳು
Trends	ಪ್ರವೃತ್ತಿಗಳು
Units	ಘಟಕಗಳು

The Media
ಮಾಧ್ಯಮ

Advertisements	ಜಾಹೀರಾತುಗಳು
Attitudes	ವರ್ತನೆಗಳು
Commercial	ವಾಣಿಜ್ಯ
Communication	ಸಂವಹನ
Digital	ಡಿಜಿಟಲ್
Edition	ಆವೃತ್ತಿ
Education	ಶಿಕ್ಷಣ
Funding	ಧನಸಹಾಯ
Images	ಚಿತ್ರಗಳು
Individual	ವೈಯಕ್ತಿಕ
Industry	ಉದ್ಯಮ
Intellectual	ಬೌದ್ಧಿಕ
Local	ಸ್ಥಳೀಯ
Magazines	ನಿಯತಕಾಲಿಕೆಗಳು
Network	ನೆಟ್‌ವರ್ಕ್
Newspapers	ಪತ್ರಿಕೆಗಳು
Online	ನೇರವಾಗಿ
Opinion	ಅಭಿಪ್ರಾಯ
Public	ಸಾರ್ವಜನಿಕ
Radio	ರೇಡಿಯೋ

Time
ಸಮಯ

Annual	ವಾರ್ಷಿಕ
Before	ಮೊದಲು
Calendar	ಕ್ಯಾಲೆಂಡರ್
Century	ಶತಮಾನ
Clock	ಗಡಿಯಾರ
Day	ದಿನ
Decade	ದಶಕ
Early	ಬೇಗ
Future	ಭವಿಷ್ಯ
Hour	ಗಂಟೆ
Minute	ನಿಮಿಷ
Month	ತಿಂಗಳು
Morning	ಬೆಳಗ್ಗೆ
Night	ರಾತ್ರಿ
Noon	ಮಧ್ಯಾಹ್ನ
Now	ಈಗ
Soon	ಶೀಘ್ರದಲ್ಲೇ
Today	ಇಂದು
Week	ವಾರ
Year	ವರ್ಷ

Town
ಪಟ್ಟಣ

Airport	ವಿಮಾನ ನಿಲ್ದಾಣ
Bakery	ಬೇಕರಿ
Bank	ಬ್ಯಾಂಕ್
Bookstore	ಪುಸ್ತಕದಂಗಡಿ
Cinema	ಸಿನಿಮಾ
Clinic	ಕ್ಲಿನಿಕ್
Florist	ಹೂಗಾರ
Gallery	ಗ್ಯಾಲರಿ
Hotel	ಹೋಟೆಲ್
Library	ಗ್ರಂಥಾಲಯ
Market	ಮಾರುಕಟ್ಟೆ
Museum	ಮ್ಯೂಸಿಯಂ
Pharmacy	ಔಷಧಾಲಯ
Restaurant	ರೆಸ್ಟೋರೆಂಟ್
School	ಶಾಲೆ
Stadium	ಕ್ರೀಡಾಂಗಣ
Store	ಅಂಗಡಿ
Supermarket	ಸೂಪರ್‌ಮಾರ್ಕೆಟ್
Theater	ನಾಟಕ
University	ವಿಶ್ವವಿದ್ಯಾಲಯ

Universe
ಯೂನಿವರ್ಸ್

Asteroid	ಕ್ಷುದ್ರಗ್ರಹ
Astronomy	ಖಗೋಳಶಾಸ್ತ್ರ
Atmosphere	ವಾತಾವರಣ
Cosmic	ಕಾಸ್ಮಿಕ್
Darkness	ಕತ್ತಲೆ
Equator	ಸಮಭಾಜಕ
Galaxy	ಗ್ಯಾಲಕ್ಸಿ
Hemisphere	ಗೋಳಾರ್ಧ
Horizon	ದಿಗಂತ
Latitude	ಅಕ್ಷಾಂಶ
Longitude	ರೇಖಾಂಶ
Moon	ಚಂದ್ರ
Orbit	ಕಕ್ಷೆ
Sky	ಆಕಾಶ
Solar	ಸೌರ
Solstice	ಸಂಕ್ರಾಂತಿ
Telescope	ದೂರದರ್ಶಕ
Tilt	ಟಿಲ್ಟ್
Visible	ಗೋಚರ
Zodiac	ರಾಶಿಚಕ್ರ

Vacation #2
ರಜೆ #2

Airport	ವಿಮಾನ ನಿಲ್ದಾಣ
Beach	ಬೀಚ್
Camping	ಕ್ಯಾಂಪಿಂಗ್
Foreign	ವಿದೇಶಿ
Holiday	ರಜಾ
Hotel	ಹೋಟೆಲ್
Island	ದ್ವೀಪ
Journey	ಪ್ರಯಾಣ
Leisure	ವಿರಾಮ
Map	ನಕ್ಷೆ
Mountains	ಪರ್ವತಗಳು
Passport	ಪಾಸ್‌ಪೋರ್ಟ್
Reservations	ಮೀಸಲಾತಿಗಳು
Restaurant	ರೆಸ್ಟೋರೆಂಟ್
Sea	ಸಮುದ್ರ
Taxi	ಟ್ಯಾಕ್ಸಿ
Tent	ಟೆಂಟ್
Train	ರೈಲು
Transportation	ಸಾರಿಗೆ
Visa	ವೀಸಾ

Vegetables
ತರಕಾರಿಗಳು

Artichoke	ಪಲ್ಲೆಹೂವು
Broccoli	ಕೋಸುಗಡ್ಡೆ
Carrot	ಕ್ಯಾರೆಟ್
Cauliflower	ಹೂಕೋಸು
Celery	ಸೆಲರಿ
Cucumber	ಸೌತೆಕಾಯಿ
Eggplant	ಬಿಳಿಬದನೆ
Garlic	ಬೆಳ್ಳುಳ್ಳಿ
Ginger	ಶುಂಠಿ
Mushroom	ಅಣಬೆ
Onion	ಈರುಳ್ಳಿ
Parsley	ಪಾರ್ಸ್ಲಿ
Pea	ಪಿಇಎ
Pumpkin	ಕುಂಬಳಕಾಯಿ
Radish	ಮೂಲಂಗಿ
Salad	ಸಲಾಡ್
Shallot	ಸಣ್ಣೀರುಳ್ಳಿ
Spinach	ಪಾಲಕ
Tomato	ಟೊಮೇಟೊ
Turnip	ಟರ್ನಿಪ್

Vehicles
ವಾಹನಗಳು

Airplane	ವಿಮಾನ
Ambulance	ಆಂಬ್ಯುಲೆನ್ಸ್
Bicycle	ಬೈಸಿಕಲ್
Bus	ಬಸ್
Car	ಕಾರು
Caravan	ಕಾರವಾನ್
Engine	ಎಂಜಿನ್
Ferry	ದೋಣಿ
Helicopter	ಹೆಲಿಕಾಪ್ಟರ್
Motor	ಮೋಟಾರ್
Rocket	ರಾಕೆಟ್
Scooter	ಸ್ಕೂಟರ್
Shuttle	ಶಟಲ್
Submarine	ಜಲಾಂತರ್ಗಾಮಿ
Subway	ಸಬ್ ವೇ
Taxi	ಟ್ಯಾಕ್ಸಿ
Tires	ಟೈರ್
Tractor	ಟ್ರಾಕ್ಟರ್
Train	ರೈಲು
Truck	ಟ್ರಕ್

Visual Arts
ದೃಶ್ಯ ಕಲೆಗಳು

Architecture	ಆರ್ಕಿಟೆಕ್ಚರ್
Artist	ಕಲಾವಿದ
Ceramics	ಸೆರಾಮಿಕ್ಸ್
Chalk	ಸೀಮೆಸುಣ್ಣ
Charcoal	ಇದ್ದಿಲು
Clay	ಜೇಡಿಮಣ್ಣು
Composition	ಸಂಯೋಜನೆ
Creativity	ಸೃಜನಶೀಲತೆ
Film	ಚಲನಚಿತ್ರ
Masterpiece	ಮೇರುಕೃತಿ
Painting	ಚಿತ್ರಕಲೆ
Pen	ಪೆನ್
Pencil	ಪೆನ್ಸಿಲ್
Perspective	ದೃಷ್ಟಿಕೋನ
Photograph	ಛಾಯಾಚಿತ್ರ
Portrait	ಭಾವಚಿತ್ರ
Sculpture	ಶಿಲ್ಪಕಲೆ
Stencil	ಕೊರೆಯಚ್ಚು
Varnish	ವಾರ್ನಿಷ್
Wax	ಮೇಣ

Water
ನೀರು

Canal	ಕಾಲುವೆ
Damp	ತೇವ
Drinkable	ಕುಡಿಯಬಹುದಾದ
Evaporation	ಆವಿಯಾಗುವಿಕೆ
Flood	ಪ್ರವಾಹ
Frost	ಫ್ರಾಸ್ಟ್
Geyser	ಗೀಸರ್
Hurricane	ಚಂಡಮಾರುತ
Ice	ಮಂಜುಗಡ್ಡೆ
Irrigation	ನೀರಾವರಿ
Lake	ಸರೋವರ
Moisture	ತೇವಾಂಶ
Monsoon	ಮುಂಗಾರು
Ocean	ಸಾಗರ
Rain	ಮಳೆ
River	ನದಿ
Shower	ಶವರ್
Snow	ಹಿಮ
Steam	ಉಗಿ
Waves	ಅಲೆಗಳು

Weather
ಹವಾಮಾನ

Atmosphere	ವಾತಾವರಣ
Breeze	ತಂಗಾಳಿ
Climate	ಹವಾಮಾನ
Cloud	ಮೋಡ
Drought	ಬರ
Dry	ಒಣ
Fog	ಮಂಜು
Hurricane	ಚಂಡಮಾರುತ
Ice	ಮಂಜುಗಡ್ಡೆ
Lightning	ಮಿಂಚು
Monsoon	ಮುಂಗಾರು
Polar	ಧ್ರುವ
Rainbow	ಮಳೆಬಿಲ್ಲು
Sky	ಆಕಾಶ
Storm	ಬಿರುಗಾಳಿ
Temperature	ತಾಪಮಾನ
Thunder	ಗುಡುಗು
Tornado	ಸುಂಟರಗಾಳಿ
Tropical	ಉಷ್ಣವಲಯದ
Wind	ಗಾಳಿ

Congratulations

You made it!

We hope you enjoyed this book as much as we enjoyed making it. We do our best to make high quality games.
These puzzles are designed in a clever way for you to learn actively while having fun!

Did you love them?

A Simple Request

Our books exist thanks your reviews. Could you help us by leaving one now?

Here is a short link which will take you to your order review page:

BestBooksActivity.com/Review50

MONSTER CHALLENGE!

Challenge #1

Ready for Your Bonus Game? We use them all the time but they are not so easy to find. Here are **Synonyms**!

Note 5 words you discovered in each of the Puzzles noted below (#21, #36, #76) and try to find 2 synonyms for each word.

*Note 5 Words from **Puzzle 21***

Words	Synonym 1	Synonym 2

*Note 5 Words from **Puzzle 36***

Words	Synonym 1	Synonym 2

*Note 5 Words from **Puzzle 76***

Words	Synonym 1	Synonym 2

Congratulations

You made it!

We hope you enjoyed this book as much as we enjoyed making it. We do our best to make high quality games.
These puzzles are designed in a clever way for you to learn actively while having fun!

Did you love them?

A Simple Request

Our books exist thanks your reviews. Could you help us by leaving one now?

Here is a short link which will take you to your order review page:

BestBooksActivity.com/Review50

MONSTER CHALLENGE!

Challenge #1

Ready for Your Bonus Game? We use them all the time but they are not so easy to find. Here are **Synonyms**!

Note 5 words you discovered in each of the Puzzles noted below (#21, #36, #76) and try to find 2 synonyms for each word.

*Note 5 Words from **Puzzle 21***

Words	Synonym 1	Synonym 2

*Note 5 Words from **Puzzle 36***

Words	Synonym 1	Synonym 2

*Note 5 Words from **Puzzle 76***

Words	Synonym 1	Synonym 2

Challenge #2

Now that you are warmed-up, note 5 words you discovered in each Puzzle noted below (#9, #17, #25) and try to find 2 antonyms for each word. How many lines can you do in 20 minutes?

Note 5 Words from ***Puzzle 9***

Words	Antonym 1	Antonym 2

Note 5 Words from ***Puzzle 17***

Words	Antonym 1	Antonym 2

Note 5 Words from ***Puzzle 25***

Words	Antonym 1	Antonym 2

Challenge #3

Wonderful, this monster  challenge is nothing to you!

Ready for the last one? Choose your 10 favorite words discovered in any of the Puzzles and note them below.

1.	6.
2.	7.
3.	8.
4.	9.
5.	10.

Now, using these words and within a maximum of six sentences, your challenge is to compose a text about a person, animal or place that you love!

Tip: You can use the last blank page of this book as a draft!

Your Writing:

NOTEBOOK:

SEE YOU SOON!

Linguas Classics Team

www.ingramcontent.com/pod-product-compliance
Lightning Source LLC
LaVergne TN
LVHW060040210926
848481LV00013B/3914
* 9 7 9 8 3 4 9 0 0 8 3 8 2 *